KB150899

호남·충청 순례

의병은 살아 있다

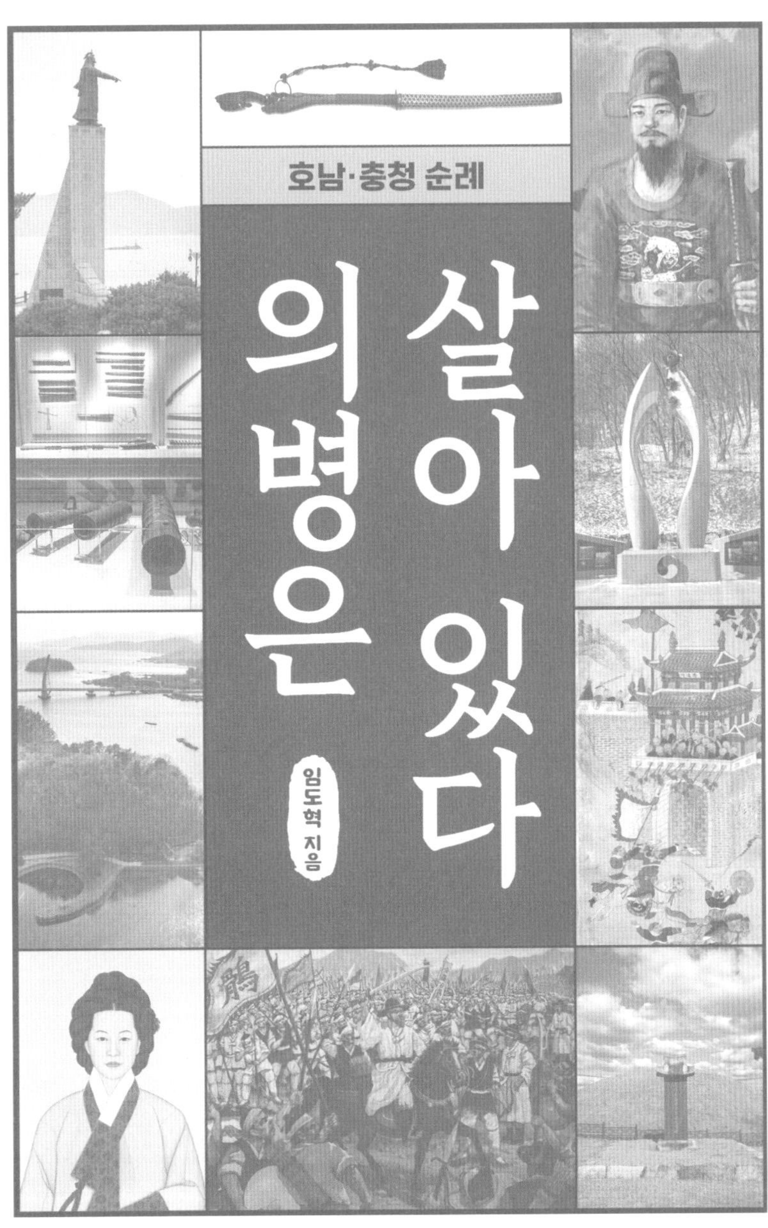

가디언

일러두기

- 이 책에 실린 사진 중 따로 출처 표기가 없는 사진은 저자가 직접 촬영한 것입니다.
- 책·소설집·시문집·실록·지리지·학술지·잡지 등은『 』, 책에 포함된 장·단편과 논문은「 」, 시·그림·노래·드라마 제목 등은〈 〉로 표기했습니다.
- 이 책의 날짜는 양력으로 환산하지 않고 음력 날짜를 그대로 사용했습니다. 예를 들어 1592년 4월 13일, 임진왜란이 발발했다고 적었는데 이는 음력 일입니다.
- 외래어는 중국의 경우 우리식 한자음대로, 일본은 현지음대로 적었으며, 모두 따로 한자를 표기했습니다. 예를 들면 이여송李如松, 가토 기요마사加藤清正로 적습니다.
- 참고문헌은 본문의 마지막 부분에 따로 정리해 두었으며, 본문에서는 '이름(연도)'으로만 표기했습니다.
- 인용문은 대체로 기존 번역문을 그대로 전재했으나, 일부는 전체적인 뜻이 왜곡되지 않는 선에서 저자가 알기 쉽게 조금 수정했습니다.
- 임진왜란을 일으킨 당사자는 우리에게 엄청난 인적·물적 피해를 입힌 침략자이기에 되도록 '일본'이라 하지 않고 '왜군' 또는 '왜적', '왜선倭船'이란 표현을 썼습니다.

이 책은

(재)석오문화재단, (사)서울여해재단의 지원을 받아

저술·출판되었습니다.

서문

의병은 살아있었다. 단절된 과거의, 박제화된 역사가 아니었다. 그들의 충忠과 의義, 나라 사랑 정신은 우리 마음속에 여전히 살아 숨 쉬고 있었다.

의병에 대한 글을 쓰기로 마음먹은 후, 전국 각지의 전적지를 돌아다녔다. 의병을 기리고 선양하며 계승하려 노력하는 그들의 후손과 관계자를 만났다. 기념관과 사당을 찾아보고, 추모 행사에 참석했다. 그렇게 전국 팔도를 돌아다니다 보니, 느끼지 않을 수가 없었다. 나라를 지키고자 하는 의병의 뜨거운 숨결을.

의병은 현재진행형이었다. 의병은 지금도 그리고 앞으로도 우리 생명과 재산을 지켜주고 민족정신을 일깨워주는 소중한 유산이다. 의병은 우리의 미래를 담보하고, 후손을 지켜줄 강력한 방어 시스템이자 정신 자산이다. 의병은 정의로운 역사이며 살아 있는 역사였다.

임진왜란은 우리 역사상 가장 참혹한 미증유의 국난이었다. 거란, 몽골, 청 등 몇 차례의 커다란 외침이 있었지만 임진왜란이 준 피해는 특히 크고

도 참혹했다. 왜군은 여자와 노인, 어린 아이 가릴 것 없이 죽였고, 전과랍시고 코를 베어 본국에 보냈다. 궁궐과 사찰, 민가를 가리지 않고 마구 불태웠으며, 능을 파헤치는 치졸한 짓을 마다하지 않았다. 도공과 인쇄공 등 기술자를 납치해 갔고, 문화유산을 약탈하는 도적질은 예사였다. 왜적의 만행은 그야말로 천인공노할 만한 짓이었다.

역설적이게도 이런 야만 행위에 맞서느라 이 시기는 한민족사에 있어 그 어느 때보다 충, 의, 효孝를 하늘 높이 떨친 때였다. 주인과 노비, 아버지와 아들 그리고 스승과 제자가 낫이나 칼을 들고 산과 들에서, 강과 바다에서 목숨 바쳐 왜적과 싸웠다. 의병은 삶의 터전을 지키기 위해 떨쳐 일어난 이 땅의 민초였다. 김천일, 고경명, 조헌 같은 몇몇 의병장이 역사에 이름을 올리고 있으나 이들보다 훨씬 많은 사람들이 이름 없이 싸우다 죽어갔다.

이들만이 아니었다. 군량을 모아서 댄 지주와 선비, 병장기를 만든 대장장이, 행주치마에 돌을 나르고 주먹밥을 해준 부녀자에 이르기까지 모두가 자랑스러운 의병이었다. 의병은 죽음을 무릅쓴 채 피를 흘리며 이 땅을 지켜냈다. 그러기에 우리는 이들의 행적을 더 찾아내고 기리고 기억해야 할 의무가 있다.

에드워드 카E.H.Carr는 일찍이 그의 명저 『역사란 무엇인가』에서 "역사란 사가史家와 사실 사이의 지속적인 상호작용이며, 현재와 과거의 끊임없는 대화(History is a continuous process of interaction between the historian and his facts, an unending dialogue between the present and the past)"라고 정의했다. 억지 춘향격일지 모르겠으나 필자는 에드워드 카의 명제를 늘 염두에 두고 펜을 들었다. 단순히 임진왜란 당시의 옛날 옛적 이야기를 쓰는데 머무르지 않으려 했다. 전적지와 관련된 인물을 소개할 때 지금에 미친 영향이나 의미를 나름대로 해석하면서 의병에 대한 성찰을 이 책에 담아보고자 노력했다.

예를 들어, 4부 1장 안의와 손홍록의 『조선왕조실록』 이안 및 수호에 관한 글에서는 '문화재지킴이의 날'이 어떻게 제정됐고, '안의·손홍록 선생 선양 모임'이 왜 만들어졌는지 언급했다. 서울대 규장각에 있던 태백산본을 1985년 왜 부산역사기록관으로 이관시켰는지도 설명했다. 두 선비 덕에 임진왜란 이전 실록이 몽땅 사라지는 위기에서 벗어나 오늘날 온전한 형태의 실록을 접할 수 있고, UNESCO 세계기록유산에 등재되기에 이른 의의를 적었다. 과거와 현재를 잇고 있는 '끈'을 찾아내면서 의병이 우리에게 남겨준 소중한 유산을 알아보려는 의도에서였다.

취재를 하기 위해 유적지를 순례할 때마다 의병의 뜨거운 숨결을 느꼈고 커다란 함성을 듣곤 했다. 바로 그런 느낌을 글과 사진에 담으려 했다. 물론 막상 현장을 가보면 장소가 품고 있던 기억이 송두리째 지워진 경우도 많았다. 격변의 시대, 전쟁이나 산업화로 인한 것이다. 하지만 아무리 역사의 흔적을 찾기 어려워진 상황이라 해도 전율이 일 정도로 강력한 감성적 체험을 하곤 했다. 반드시 눈으로 어떤 것을 봐야만 하는 것은 아니지 않는가. 그것이 바로 '장소의 아우라'일 것이다.

인터넷이나 도서관에 가면 온갖 정보가 홍수를 이룬다. 작금에 이르러서는 AI(인공지능)가 그럴싸하게 가공한 정보까지 흘러 다닌다. 하지만 이 책에는 앉아서는 절대로 얻을 수 없는 정보와 해석, 통찰을 담았다고 자부한다. 많은 시간과 노력을 들여 전국 곳곳에 흩어진 흔적을 직접 찾아다니며 보고 느끼고, 사람을 만나 듣고, 사료를 뒤져가며 얻어낸 결과물이기 때문이다. 이 책을 읽으며 의병의 숭고한 발자취를 하나하나 따라가다 보면 과거와 현재, 미래에 대한 어떤 깨달음도 따라올 것이라고 감히 믿는다. 이처럼 의병에 대한 작업은 커다란 의미가 있다고 생각하기에, 여기서 그치지 않고 2권 영남, 3권 중부·이북으로 계속해 볼 생각이다.

끝으로 (재)석오문화재단, (사)서울여해재단의 윤동한 이사장님, 박기현 사무국장님께 깊은 감사를 드린다. 이분들의 따뜻한 관심과 지원이 없었더라면 이 책은 나올 수 없었을 것이다.

잔학무도한 왜군에 당당히 맞서 이 땅을 지켜낸 의병과 왜군의 총칼 아래 스러져 간 민초의 영전에 삼가 졸저를 바친다.

2024년 7월

임도혁

추천사

역사를 알면 미래가 보인다. 우리가 역사를 공부하는 이유이다. 1592년 임진왜란이라는 미증유의 국난 앞에 조선은 백척간두의 운명에 처했다. 절체절명의 위기, 조선에는 이순신과 의병이 있었다. 천운이었다. 이순신은 왜군을 보는 족족 바다에 수장시켰다. 뭍에서는 전국 곳곳에서 의병이 봉기하여 왜군의 발길을 막았다. 언제 어디서 나타나 어떻게 공격할지 모르기에 의병은 왜군에게 공포의 대상이었다. 불과 몇 달 만에 평양과 함경도까지 내주며 형편없이 무너져 내리던 전쟁 초반, 이순신과 의병은 전황을 바꿔놓기에 충분했다. 이순신 장군을 정점으로 한 수군부터 각지의 의병까지, 모두가 합심하여 이룬 결과였다. 이들은 왜적을 이 땅에서 몰아내는 데 결정적인 역할을 하기에 이른다.

이 책은 여느 역사책처럼, 문헌과 사료에만 의존해 쓴 책이 아니다. 전적지를 소개하며 느낌을 적은 평면적인 답사서도 아니다. 이 책에는 저자가 직접 발로 뛰며 곳곳을 누빈 땀이 배어 있다.

또한 이 책은 시공時空이 그물의 씨줄 날줄처럼 유기적으로 짜여 있다. 의병과 수군, 의병과 가족 사이의 공간적 접점을 찾고 있으며, 의병과 후손 간 시간적 고리도 찾아내 연결하고 있다. 저자는 이를 위해 추모식에 참석해 행사를 스케치하고 후손이나 관련 인사들의 목소리를 보태 생동감을 더했다.

사마천은 역사 기술의 목적에 대해 '술왕사 지래자述往事 知來者'라 했다. 지난 일을 기술하여 다가올 일에 대해 알게 해준다는 뜻이다. 참혹했던 전란 속 의병의 역사를 배우며 성찰하는 만큼, 우리 미래에 대한 깨달음의 울림 역시 커질 것으로 믿는다. 모쪼록 이 책이 널리 읽혀 전란과 의병에 대한 이해와 통찰의 폭을 넓히는 계기가 될 수 있기를 바란다.

2024년 7월

(재)석오문화재단·(사)서울여해재단 이사장 윤동한

차례

2부

임진왜란

4부

호남의 난중일기

1부 | 의병과 수군

1
의병과 임진왜란

"의병은 우리 민족의 국수요, 국성"
충의 기치로 봉기, 국난 극복 기여
이순신·명군 함께 전쟁 흐름 바꿔

"의병은 우리 민족의 국수國粹요, 국성國性이다. (…) 나라는 멸할 수 있어도 의병은 멸할 수 없다.
의병이란 민병民兵이다. 국가가 위급에 처하였을 때 즉시 의義로써 일어나 조정의 징발령을 기다리지 않고 종군하여 적개敵愾하는 자이다. 우리 민족은 평소 충의를 돈독히 하여 삼국시대 이래로 외환을 당했을 때마다 의병의 공은 가장 뛰어나고 현저하였다."

– 백암 박은식朴殷植, 『한국독립운동지혈사韓國獨立運動之血史』

발발 초기, 관군은 무력했다. 싸우기도 전에 도주하기 바빴고, 겨우 싸운다 해도 금세 와르르 무너져 왜군의 상대가 되지 못했다. 그러나 당시 왜군이 미처 예상하지 못한 커다란 변수 몇 가지가 있었다. 의병과 이순신李舜臣, 명군明軍의 참전과 선조宣祖의 파천播遷 그리고 조선 겨울의 맹추위였다. 이

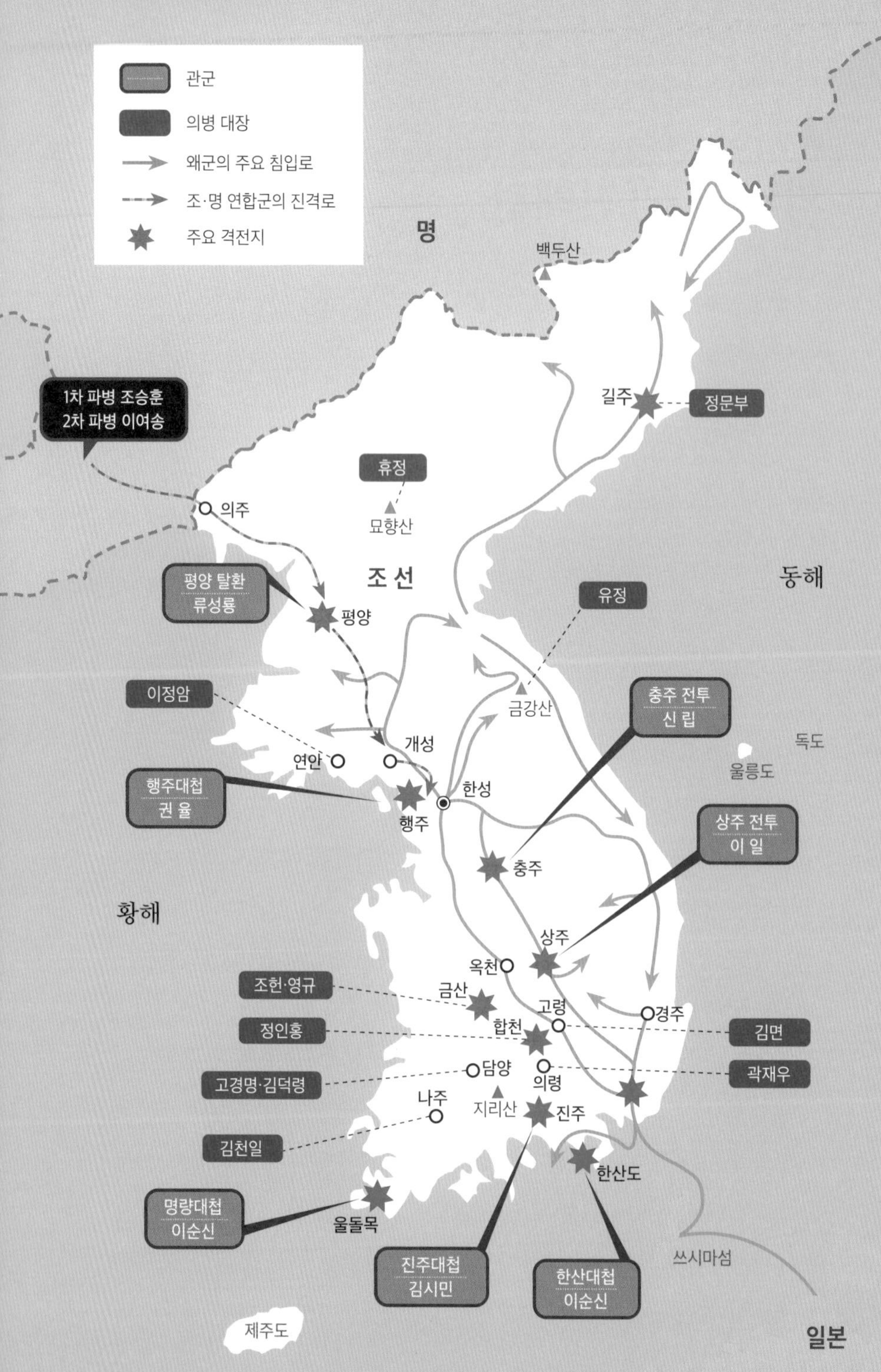

임진왜란 당시 왜군의 진격로와 관군, 의병의 대응. ▷두피디아 참고

를 계산에 넣지 못했기에 왜군은 초기의 파죽지세 같은 진군에도 불구하고 얼마 지나지 않아 기세가 꺾여 고전을 면치 못한다.

특히 의병은 무기가 열악하고 훈련이 덜 된 소규모 민병民兵, 심하게 말하면 군대라 하기 민망할 지경이었지만 그 존재만으로도 왜군에게 큰 골칫거리였다. 의병은 지리에 밝아 불시에 습격한 뒤 숨어버리는 게릴라전을 폈다. 복장과 무기가 평소와 같아 민간인과 구별하기 힘들었고, 그들의 전술을 예측하기 어려웠다. 그렇다고 대규모 병력을 동원해 일일이 수색하는 것도 마땅치 않아 왜군으로서는 심리적인 압박감이 클 수밖에 없었다.

전쟁, 각국의 운명을 바꾸다

임진왜란壬辰倭亂[1]은 1592년선조 25 4월 13일양 5월 23일[2]부터 1598년선조 31 11월 19일까지 약 7년간 일본이 조선을 침략해 발발한 전쟁으로 명나라가 참전하면서 한·중·일 동아시아 삼국의 싸움으로 번진 국제전이다. 각국이 총력을 기울여 싸운 전쟁은 조선·명·왜 삼국의 운명을 뒤바꿀 만큼 그 영향은 심대했다.

전 영토가 두 차례에 걸쳐 전쟁터가 됐던 조선은 참혹한 피해를 입는다. 수많은 인명 살상과 건물 파괴, 토지의 황폐화가 뒤따랐고, 기근과 전염병까지 덮치게 된다. 왜군의 약탈과 방화로 궁궐, 『조선왕조실록』 등 문화유산 손실도 매우 컸다. 그 바람에 조선 사회를 임진왜란 이전과 이후로 나눌 정도로 커다란 변화를 겪는다.

1 임진왜란을 부르는 나라별 명칭.
- 한국: 임진왜란, 정유재란
- 중국: 만력조선지역萬曆朝鮮之役, 항왜원조抗倭援朝
- 일본: 분로쿠노게이쵸노에키文禄·慶長の役, ぶんろくのけいちょうのえき

2 앞으로는 양력을 따로 표기하지 않고, 음력만 사용한다.

임진왜란 발발 당시 삼국의 주요 인물 나이(만 기준)

조선	나이	일본	나이	명	나이
선조	40	도요토미 히데요시	56	신종	29
광해군	17	도쿠가와 이에야스	50	석성	55
유성룡	50	고니시 유키나가	34	형개	52
권율	55	가토 기요마사	30	송응창	56
김시민	38	구로다 나가마사	24	이여송	43
이순신	47	시마즈 요시히로	57	이여백	39
원균	52	나베시마 나오시게	54	유정	34
정문부	27	도도 다카토라	36	진린	60
사명당	48	소 요시토시	24	등자룡	64
김덕령	25	모리 데루모토	39	만세덕	45

▷ 국립진주박물관

조선에 군대를 파병한 명나라는 막대한 재정 지출 등 국력 약화로 이어지면서 결국 나라를 만주의 여진족이 세운 청나라에 넘겨줘야 했다. 전쟁을 일으킨 왜는 정권이 교체되며 도쿠가와 이에야스德川家康가 권력을 장악해 에도 막부江戶 幕府 시대를 열었다. 조선의 항복을 받아내진 못했지만 임진왜란은 커다란 문화적 성장의 계기가 됐다. 조선에서 학자와 기술자를 많이 납치해 간 덕에 일본은 성리학, 도자기, 인쇄 등 여러 분야에서 비약적인 발전을 이루었다.

임진왜란, 정유재란 모두 참전했던 나베시마 나오시게鍋島直茂[3]의 경우 일찍부터 조선의 도자기 제조 기술에 눈독을 들여 조선 도공들을 많이 납치

3 가토 기요마사加藤清正가 이끄는 2번대에 참가해 함경도에서 선조의 아들 임해군臨海君과 순화군順和君을 생포했던 인물이다. 황태자비 이방자 여사의 외가 쪽 조상으로 알려져 있다.

해 자신의 본거지인 큐슈 사가佐賀로 돌아왔다. 그중에는 일본의 유명 도자기 중 하나인 아리타야키有田窯의 시조로 추앙받는 도조陶祖 이삼평李參平도 있었다. 나베시마는 그를 적극 후원해, 이삼평과 함께 도잔陶山 신사에 모셔졌다.

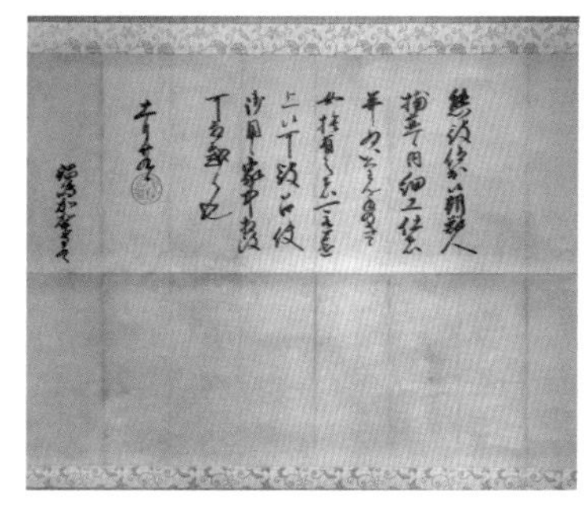

도요토미가 조선에서 기술자들을 잡아 오도록 나베시마 나오시게에게 내린 명령서.

아리타도기와 함께 일본을 대표하며 세계적으로 명성을 떨친 사쓰마도기薩摩燒 역시 시마즈 요시히로島津義弘[4]가 정유재란 때 박평의朴平意, 심당길沈當吉 등 수십 명의 조선인 도공陶工을 붙잡아 가 생산한 것이 그 시작이다. 특히 심당길은 1614년부터 16대에 이르는 지금까지 사쓰마도기를 생산하는 심수관가家를 개창한 인물이다.

전쟁의 서막, 연전연패를 당하다

'戰死易 假道難전사이 가도난'. '싸우다 죽기는 쉬우나 길을 빌리기는 어렵다'는 뜻이다. 부산진성을 점령하고 이튿날 동래성에 이른 1군 대장 고니시 유키나가小西行長가 '戰則戰矣 不戰則假我道전즉전의 부전즉가아도' 즉 '그대가 굳

각국 동원 병력

	임진왜란	정유재란
조선	80,000~172,000명	37,000명
명	92,100명	117,000명
일본	158,700명	141,400명

4 1598년 사천성 전투에서 명나라 동일원董一元과 싸워 승리했다. 이어 순천왜성에서 조명연합수군에 포위된 고니시를 구원하기 위해 출전했다가 이순신 장군에 의해 대패하고 겨우 탈출해 돌아갔다.

동래성을 지키다 순절한 송상현. ▷천곡기념관

이 싸우겠다면 할 수 없지만 싸우고 싶지 않다면 길을 내달라'라고 쓴 나무판을 보이자 동래부사 송상현宋象賢,1551~1592이 답한 유명한 말이다.

앞서 1592년 4월 13일 오전 8시, 쓰시마를 출발한 왜군은 오후 5시쯤 부산에 도착한다. 부산진 첨사 정발鄭撥, 1553~1592과 다대포 첨사 윤흥신尹興信, ?~1592이 끝까지 왜군에 맞서 싸우다 숨졌다. 동래성을 지키던 송상현 역시 힘껏 싸우다 장렬하게 전사했다. 하지만 이는 예외적인 경우였다. 경상좌병사 이각李珏, ?~1592 등은 개미 떼처럼 몰려오는 왜군을 보고 겁에 질려 도망치고 말았다.

> "신이 본 바로는 경상좌수사 박홍朴泓, 1534~1593은 화살 한 개도 쏘지 않고 먼저 성을 버렸으며, 경상좌병사 이각은 동래로 도망하였으며, 경상우병사 조대곤曺大坤, ?~?은 연로하고 겁이 많아 시종 물러나 움츠렸고, 경상우수사 원균元均, 1540~1597은 군영을 불태우고 바다로 나가 다만 배 한 척만을 보전하였습니다. 병사와 수사는 한 도道의 주장主將인데 하는 짓이 이와 같으니 그 휘하의 장졸들이 어찌 도망하거나 흩어지지 않겠습니까."
>
> –『선조실록』 27권, 선조 25년1592년 6월 28일,
> 경상우도 초유사 김성일金誠一의 전투상황 보고

왜군은 파죽지세로 북상해 충청도에 이르렀다. 조정은 제승방략制勝方

변박(卞璞)이 그린 〈동래부순절도〉와 그림 왼쪽 상단 이각이 도주하는 장면. ▷육군박물관

略[5] 체제에 따라 명장 신립申砬, 1546~1592과 이일李鎰, 1538~1601을 급파했지만 조총으로 무장한 왜군에 모두 패퇴했다. 순변사巡邊使 이일은 4월 25일 경북 상주에서 의병과 함께 고니시 유키나가 군에 맞서 싸웠으나 윤섬尹暹, 1561~1592, 이경류李慶流, 1564~1592 등 900여 명이 목숨을 잃은 채 대패했다. 도순변사都巡邊使 신립은 충주 탄금대에 배수진을 치고 대항했으나 제대로 싸움 한번 못하고 많은 병력을 잃고 말았다. 신립은 4월 28일 부장 김여물金汝岉, 1548~1592과 함께 강물에 투신 자결했다.

기대를 걸었던 장수들의 패전보가 연이어 전해지자 민심이 극도로 혼란해지고, 국왕 선조는 도성을 떠나 파천 길에 올랐다. 왜군은 부산에 상륙한 지 불과 20여 일만인 5월 3일, 한양에 무혈입성했다. 부산에서 한양까지의 거리는 약 380km로 걸어서 대략 보름쯤 걸린다. 보통 개인은 간단한 옷가

5 조선시대 지방의 군사 조직 및 방어 형태를 이르는 것으로 진관鎭管체제에서 선조 때 제승방략체제로 개편했다. 제승방략은 적의 대규모 침입에 대비한 것으로 평소에는 지휘관이 없으나 적이 침입하면 중앙에서 장수를 파견하여 지방의 작은 부대를 합해 큰 규모의 부대로 편성해서 싸우는 형태를 말한다. 군사를 한곳에 집중시켜 싸우려는 것이지만, 임진왜란 당시 중앙에서 지휘관이 오기도 전에 군사들이 도망가 버리는 등 방어선이 무너져 왜군의 빠른 진격을 허용하는 결과를 초래했다.

지 등 봇짐만 지면 되지만 군대는 무기와 방패 등 장비를 지고 사방을 두루 경계하며 걸어야 하기에 속도는 더 떨어진다. 그럼에도 왜군은 하루 약 20㎞씩, 20여 일만에 한양에 입성했으니 가히 무인지경 속에서 진군한 것이나 다름없었다. 결국 조선은 백척간두百尺竿頭의 형세에 처하고 말았다.

개전 초기 조선 관군은 왜 이렇게 속수무책으로 왜군에게 당했을까? 당시 조선군은 병농일치兵農一致 제도 아래, 병사들은 농사를 짓다가 불려 나와 제대로 된 훈련을 못 받았고 싸움도 할 줄 몰랐다. 관군은 조총 소리에 기겁하고

임진왜란 당시의 조선군 무기. ▷국립진주박물관에서 촬영

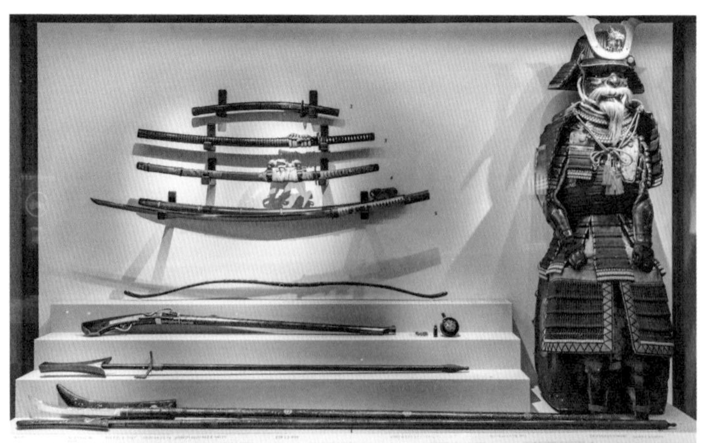

임진왜란 당시의 왜군 무기. ▷국립진주박물관에서 촬영

도망가는 데 익숙해서 명나라 군사들이 겁쟁이라고 놀릴 지경이었다. 이러니 당연히 왜군의 상대가 될 리 없었다. 5월 16일에 이르러서야 부원수 신각申恪, ?~1592이 양주 해유령전투에서 왜병 70여 명을 죽이는 전과를 올렸다.

서애 유성룡柳成龍, 1542~1607은 이와 관련해 『징비록懲毖錄』에서 초기 패전 원인을 "군정軍政의 근본이라든가 장수를 뽑아 쓰는 요령, 군사를 조련하는 방법 등 어느 한 가지도 제대로 돼 있지 않았던 까닭에 전쟁은 질 수밖에 없었다"고 지적했다.

그러나 어떻게 보면 커다란 외침 없이 200년간 태평한 시대를 누린 조선과 100년 넘게 죽고 죽이는 내전을 치르며 전투력이 절정에 오른 왜군과의 싸움은 처음부터 상대가 될 리 만무했다.

의병과 수군, 반격의 계기를 만들다

개전 초기 밀리기만 하던 육지의 전쟁 상황이 조금씩 달라지기 시작했다. 무력한 관군의 공백을 의병이 메우기 시작한 것이 계기였다. 4월 하순 곽재우郭再祐, 1552~1617를 시작으로 전국에서 100여 개에 이르는 의병부대가 들고 일어났다. 의병장들은 그들의 목숨은 물론 재산까지 아낌없이 내놓아 의병 규합에 필요한 병기나 군량을 직접 충당해 가며 싸웠다. 조정에서는 이 소식을 듣고 각지의 의병장에게 여러 관직과 직함을 제수除授해 격려했다. 김천일金千鎰의 창의사倡義使, 고경명高敬命의 초토사招討使, 김덕령金德齡의 익호장翼虎將 및 충용장忠勇將 등이 그것이다. 점차 전열을 정비한 관군도 때로는 명군과, 때로는 의병과 협력하면서 크고 작은 전투에서 승리를 거두었다.

"제도諸道에서 의병이 일어났다. 당시 삼도의 수신帥臣[6]이 모두 인심

---

6 병마절도사兵馬節度使와 수군절도사水軍節度使를 아울러 이르는 말.

을 잃은 데다가 변란이 일어난 뒤에 군사와 식량을 징발하자, 사람들이 모두 밉게 보아 적을 만나기만 하면 모두 패하여 달아났다. 그러다가 도내道內의 거족巨族과 명인名人이 유생儒生 등과 함께 조정의 명을 받들어 창의倡義하여 일어나자 많은 이들이 이에 응하였다. 비록 적을 크게 이기지는 못했으나 국가의 명맥이 그들 덕분에 유지되었다. 호남의 고경명·김천일, 영남의 곽재우·정인홍鄭仁弘, 호서의 조헌趙憲이 가장 먼저 의병을 일으켰다. 이에 관군과 의병이 서로 갈등을 일으켰고 수신들이 거개가 의병장과 화합하지 못하였는데 다만 초토사 김성일金誠一은 요령 있게 잘 조화시켰기 때문에 영남嶺南의 의병이 그 덕분에 정중하게 대우를 받아 패하여 죽은 자가 적었다."

–『선조수정실록』 26권, 선조 25년 6월 1일, 기축 31번째 기사

국사편찬위원회는 의병 활동이 활발했던 이유에 대해 『신편 한국사』 29권에서 다음과 같이 설명한다. "의병의 바탕을 이룬 것은 민족의 저항정신이며 이를 촉발시키고 조직화시킨 것이 각 지방의 의병장이었다. 그들은 각 지방에서 사회의 상층부에 있으면서 정신적인 지도층이었고 경제적으로는 중·소지주 층으로 농민과는 토지를 매개로 유기적인 연관을 가지고 있었다. 왜군의 향토 침입은 바로 그들의 사회적·경제적 토대를 무너뜨리는 위협이 되는 것이었다.

한편 일반 민중들은 관권에 의한 강제징집으로 무능한 장군의 지휘를 받아 전국의 전선을 전전하며 싸우기보다는 평소 잘 알고 신뢰할 수 있는 의병장 휘하에서 싸우기를 바랐던 것이며 향토 주변에서 부모와 처자를 보호하기에는 관군보다 의병으로 가는 것이 유리하였다. 조정에서도 의병의 봉기를 촉구하기 위하여 의병을 공적인 군대로 인정하였기 때문에 일반 민중의 의병진 참가는 줄을 잇게 되었다."

그러나 1592년 말 이후 각지에서 소규모 의병이 우후죽순처럼 일어나면서 전공을 탐내며 독자적인 행동을 취하는 등 폐단도 생겨났다. 이에 조정에서는 1593년부터 의병을 관병으로 흡수했고, 전투도 점차 소강상태에 들면서 의병 활동은 약해진다. 그러다 정유재란으로 의병이 다시 일어난다. 다만 임진왜란 초기와 달리 정유재란 때의 의병은 소규모였다. 왜군이 대규모 병력으로 움직였기에 향토를 침략한 적을 막아내기 벅찼고, 의병 활동 또한 축소될 수밖에 없었다.

이순신 장군이 이끄는 수군의 연전연승은 전세를 뒤바꾸는 데 결정적으로 기여했다. 조선 수군은 1592년 5월 7일 옥포해전을 시작으로 거제, 사천, 부산 등지에서 왜군을 보는 족족 분멸焚滅시켰다. 왜군은 당초 육로와 수로 두 개의 공격 루트를 통해 북상한다는 수륙병진책을 추진했지만 이순신 장군에 의해 완전히 좌절되고 말았다. 제해권의 상실은 두 가지 의미를 지닌다. 하나는 보급에 큰 어려움을 겪게 됐다는 것이다. 육로를 통한 보급은 해로에 비해 효율이 크게 떨어진다. 이를 담당하는 수송 병력과 호위 병력에게 군량의 상당 부분을 할당해 줄 수밖에 없기 때문이다. 또 하나는 서해를 통한 왜군의 침공 가능성 때문에 주저하던 명나라가 안심하고 파병을 결정했다는 점이다. 이로써 왜군은 군량 부족에 시달렸고 설상가상으로 조선의 맹추위는 월동 준비를 제대로 하지 못한 왜군에게 커다란 시련이었다. 1593년 1월 조명연합군에 의해 평양성을 뺏기자, 왜군은 물러나기 시작했고 4월엔 한양마저 내주고 말았다. 왜군은 이에 남하하면서 강화협상을 시도한다.

호남 의병의 성격과 변화

임란 초기 왜군의 1차 목표는 신속히 한양을 점령하는 것이었다. 임금만 생포하면 전쟁은 끝난 것이나 마찬가지로 판단했기 때문이다. 그래서 호남은 왜군의 침략 경로에서 벗어나 있었다. 이로 인해 영남 의병은 왜군으로

부터 자신의 고장을 지키는 향보鄕保 의병이지만, 호남 의병은 왕을 보위하고 도성을 수복하는 근왕勤王 의병 성격이 강했다.

호남의 의병운동은 크게 두 가지 흐름으로 나뉜다. 나주 김천일 휘하 의병과 고경명高敬命을 중심으로 담양에서 회맹한 연합의병이다. 김천일 의병의 경우 나주에서 북상해 수원, 강화 등지를 중심으로 활동하다 이듬해 남하해 제2차 진주성전투에 주도적으로 참여해 대거 순절한다. 고경명 연합의병은 근왕을 위해 북상하다가 금산의 왜군을 공격하기 위해 발길을 돌려 제1차 금산성전투를 치르다 많은 인명피해를 내고 뿔뿔이 흩어진다. 이에 보성의 임계영任啓英과 박광전朴光前, 장흥의 문위세文緯世 등이 앞장서 다시 의병을 규합한다. 이를 전라좌의병[7]이라 한다. 다른 한편으로 화순의 최경회崔慶會, 1532~1593와 문홍헌文弘獻이 중심이 되는데 전라우의병이다.

당시 의병을 지휘한 김천일, 고경명, 임계영, 최경회는 모두 나이 쉰이 넘은 고령이고, 문관 출신에다 지역에서 신망이 높은 재지사족在地士族[8]이라는 공통점이 있다. 글만 읽던 선비들이란 뜻이다. 이들을 따라나선 병사들 역시 가족, 노비, 농민 등으로 이루어져 훈련이 부족하고 무기도 빈약해 전투력이 약할 수밖에 없었다. 그러나 왜군에게 없는 장점이 있었다. 결속력이 강하고 지리에 밝다는 점이었다.

곽호제(1998)는 "의병은 민중 스스로 혹은 학연 혈연 지연과 같은 연고로 규합되었으므로 죽음을 각오하고 싸울 정도로 결속이 강하였다, 이에 비해 관군은 수령에 의해 평소에 수탈이 자행되었고 임란 발발 이후 강제로 소집되었기 때문에 지휘자에 대해서 반감이 많았다"라고 초기 임전 태세에 대해 설명했다.

---

7 한양의 국왕을 중심으로 하기에 동쪽이 좌, 서쪽이 우이다.

8 향촌 사회에서 경제적, 사회적 중심이 되는 향리鄕吏, 즉 토호 세력을 가리킨다.

임진왜란 일지

전쟁 이전

1510년(중종 5)　삼포왜란
1555년(명종 10) 을묘왜변
1587년(선조 20) 정해왜변

1592년

4.13.　왜군 제1군 영도 상륙, 임진왜란 시작
4.14.　왜군, 부산진성 공격해 첨사 정발 등 전사
4.15.　동래성 함락되고 부사 송상현 등 전사
4.22.　의병장 곽재우 창의
4.25.　상주에서 순변사 이일 패배
4.28.　탄금대 전투, 신립 등 전사
4.30.　선조 파천, 광해군 세자 책봉
5.3.　왜군 서울 입성
5.7.　전라좌수사 이순신 옥포해전
5.16.　김천일 나주에서 창의
5.21.　조헌 옥천에서 창의
6.1.　고경명 전주에서 창의
5.29.　사천해전, 거북선 최초 투입
6.6.　삼도근왕군 용인에서 패배
6.15.　평양성 함락
6.19.　명 1차 참전
6.22.　선조 의주 도착
7.7.　웅치전투
7.8.　이치전투
7.8.　이순신 한산도대첩
7.9.　의병장 고경명 전사
7.17.　조명연합군 평양성 전투 패배
8.1.　의병장 조헌, 승려 영규 청주 탈환
8.18.　조헌과 영규 의병 금산서 전멸
8.29.　심유경 평양서 왜군과 1차 협상
9.1.　이정암 연안대첩
9.1.　부산포해전, 녹도 만호 정운 전사
9.9.　경상좌병사 박진 경주성 탈환
9.16.　함경도 의병장 정문부 경성 탈환
10.5.　진주대첩(제1차 진주성전투)
12월　명 2차 참전, 이여송 원군 5만 명

1593년

1.6.　조명연합군 평양 탈환.
1.27.　벽제관 전투, 이여송 패배
2.11.　김면, 정인홍, 임계영 등 성주·개령 수복
2.12.　권율 행주대첩
3월　강화 협상 시작
4.20.　한성 수복
6.21~29.　제2차 진주성전투
6.26.　왜군 일부 남기고 철수
8월　초대 삼도수군통제사 이순신 임명
10.3.　선조 한양 환도

1594년

4·7·11월 사명당, 가토 협상
5.17.　기효신서 편찬
9.11.　명군 완전 철수

1596년

7.6.　이몽학의 난

1597년

1.28.	이순신 통제사 파직, 원균 임명
7.7.	정유재란 발발
7.16.	칠천량해전, 조선수군 궤멸
8.16.	남원성 함락
8.18.	황석산성 함락
8.20.	왜군 전주 입성
9.13.	직산전투, 왜군의 북상 저지
9.16.	명량해전
12월	제1차 울산성 전투

1598년

8.19.	히데요시 사망
8.25.	왜군 철수명령
10.1.	중로군 사천왜성에서 패배
11.19.	노량해전, 전쟁 종결

전쟁 이후

1607년(선조 40) 1월 조선통신사 일본 파견
1636년(인조 14) 병자호란
1644년(인조 22) 명 멸망

2
의병과 이순신

초유의 국난, 의병과 이순신이 있었다
서로 협조하며 전쟁 흐름 바꿔
해안 배치돼 경계·첩보 활동도
정대성, 초계 변씨 정성껏 돌봐

충무공 이순신은 우리 역사상 가장 위대한 인물이다. 그를 지칭하는 수식어는 다양하지만 '성웅'이라는 한 단어만큼 그에 대한 평가를 단적으로 나타내는 말은 없다. 어진 정치를 편 임금을 성군聖君이라 지칭하지만 일반인에 '성聖' 자를 붙인 이는 이순신 장군이 유일하다. 숱한 역경과 난관을 뚫고 23전 23승의 신화를 이뤄낸 뛰어난 지혜와 초인적인 의지, 나라와 백성에 대한 드높은 충성과 희생, 노모에 대한 애절한 효심 그리고 부하를 아끼고 사랑하는 숭고한 인품까지 무엇 하나 빠짐이 없다.

그러나 전승 신화를 혼자서 이뤘을 리 없다. 해전은 육전보다 더 다양한 분야에서 협조를 이뤄가며 유기체처럼 움직여야 한다. 전투원은 물론 비전투원인 격군格軍[1]을 적절하게 충원해줘야 하며, 전선을 건조 또는 수리해야

1 '곁꾼'의 음을 취해 쓴 말로, 노 젓는 이를 뜻한다.

정조가 직접 지어 세운 '어제신도비' 탁본. 정식 이름은 '상충정무지비(尙忠旌武之碑)'로, 당나라 명필 안진경(眞卿) 글씨를 집자했다. ▷국립민속박물관

한다. 총통에 필요한 총탄과 탄약을 보급해야 하며 군량을 대야 한다. 물론 평시라면 큰 문제가 없겠으나 임진왜란이라는 비상시국에는 사정이 확 달라진다. 국가 시스템이 마비되다시피 했기 때문이다. 그럼 이순신 장군은 어떻게 원활하게 전투를 수행했을까? 바로 그의 탁월한 리더십에 호남 연안 지역 의병 또는 백성의 헌신적인 뒷받침이 있었다.

수군과 의병은 호남을 지켜줬고, 호남은 수군과 의병을 떠받치는 배후지 역할을 함으로써 수군, 의병, 호남 3자는 상호의존적이며 상호협력적인 관계를 이루었다. 이순신 장군을 정점으로 한 수군과 의병의 유기적 연결성은 눈에 잘 보이지 않지만 결과적으로 전쟁의 결정적인 승인이 된다.

물론 그렇다 해서 이순신 장군의 위대함이 줄어드는 것은 절대 아니다. 많은 사람으로부터 이런 협조를 얻어내 전투력을 끌어올리고, 적절한 판단과 지휘로 싸움에서 승리하는 것은 지휘관의 역량에 달려 있기 때문이다. 지휘관에 따라 어떤 결과가 빚어지는지는 일찍이 칠천량해전과 명량해전이라는 상반된 두 해전에서 너무나도 극명하게 드러나지 않았던가.

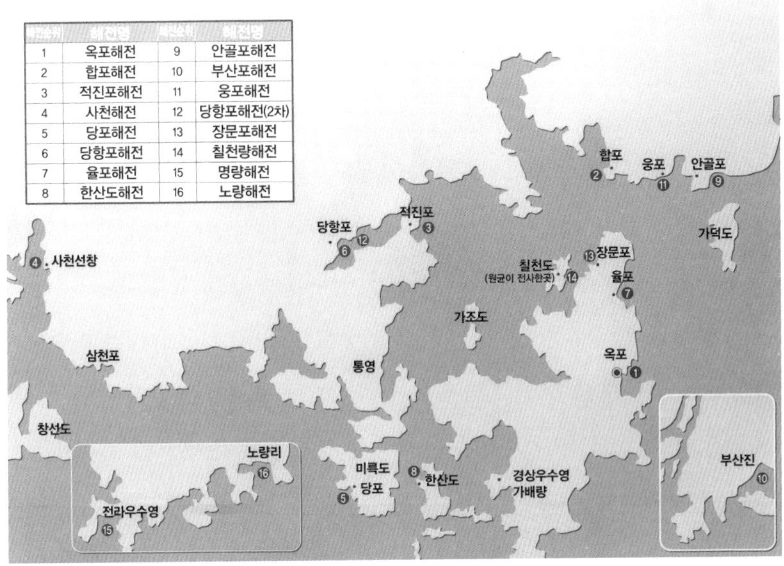

[illegible]	해전명	[illegible]	해전명
1	옥포해전	9	안골포해전
2	합포해전	10	부산포해전
3	적진포해전	11	웅포해전
4	사천해전	12	당항포해전(2차)
5	당포해전	13	장문포해전
6	당항포해전	14	칠천량해전
7	율포해전	15	명량해전
8	한산도해전	16	노량해전

임진왜란 주요 해전도. ▷옥포대첩기념관

수군 편제에서 싸운 의병

수군을 지원하는 연안 지역의 활동은 크게 두 가지로 나눌 수 있다. 직접 실전에 참여하는 전투 활동과 이를 받쳐주는 지원 활동이다.[2] 1592년 이순신의 가장 뛰어난 해전 중 하나인 부산포해전에 대해 이순신은 이런 장계를 올렸다.

> "순천감목관順天監牧官[3] 조정趙玎은 의분이 복받쳐 스스로 배를 준비하여 종과 목자를 거느리고 자원 출전하여 왜인을 많이 사살하고 왜적의 물건도 또한 많이 노획했다고 중위장 권준이 2~3차례 보고해

---

2 조원래, 김남철 등은 이를 '해상海上의병'이라 부른다.

3 종6품의 외직 무관으로 목장을 감독하는 관리.

왔는데, 신이 보는 바도 역시 이와 같았습니다."

–『신정역주 이충무공전서』 권2 '부산파왜병장釜山破倭兵狀'

조정이란 사람이 배와 인력까지 자체적으로 마련해 자신해서 전장에 뛰어들어 공을 올렸다고 임금에게 보고한 부분이다. 육전은 어느 정도 인원이 모여 간단한 무기만 있으면 독자적으로 전투를 수행할 수 있다. 그러나 수전은 성격상 선박과 총통이라는 특별한 장비가 있어야 하며, 넓은 바다에서 출몰하는 적선에 대한 정보가 있어야 하기에 육전처럼 의병이 독자적으로 싸우기 어렵다. 또 물길 지식이 있어야 하고, 배를 운용하는 인력이 서로 호흡을 잘 맞춰야 한다. 그래서 수군은 바다와 선박에 익숙한 연안 지역 백성을 필요로 하며, 동시에 이들이 자발적으로 의병을 일으킬 때 거의 모두 수군 편제에 들어가 활동한다.

왜의 포로가 돼『간양록』을 남긴 수은 강항姜沆도 바다에 접한 영광 사람으로 1597년 9월 이순신 휘하에 들어가려 길을 떠났다가 왜군에게 붙잡힌다. 위의 조정 외에도 강진의 배경남裵慶男, ?~1597은 당초 부산진첨절제사 등으로서 왜적과 싸우다 파직돼 병을 얻었고, 몸이 회복되면서 이순신 수군에 참전을 자원한다. 이순신은 "바닷가 강진에서 생장한 사람으로 선박에 다소 익숙하므로 신병이 낫는 대로 수군에 소속되어 죽을힘을 다하여 적을 무찌르기를 원합니다"라는 배경남의 편지를 받고 이를 승정원에 보고한다.[4] "순천에 사는 전 만호 이원남李元男도 의병을 모집해 수군에 소속되기를 청해 장수로 배정시켰다"라는 내용이 1594년 3월 올린 '청상의병제장장請賞義兵諸將狀'에 나온다.

실제 여수 흥국사를 중심으로 한 의승병과 광양 및 구례 의병은 이순신의

4 『신정역주 이충무공전서 권4』 '請以裵慶男屬舟師狀청이배경남속주사장'

명령에 따라 요처에 배치돼 해안을 경계하면서 적과 싸우거나 첩보 활동을 하며 수군을 측면 지원하는 사례가 있다.

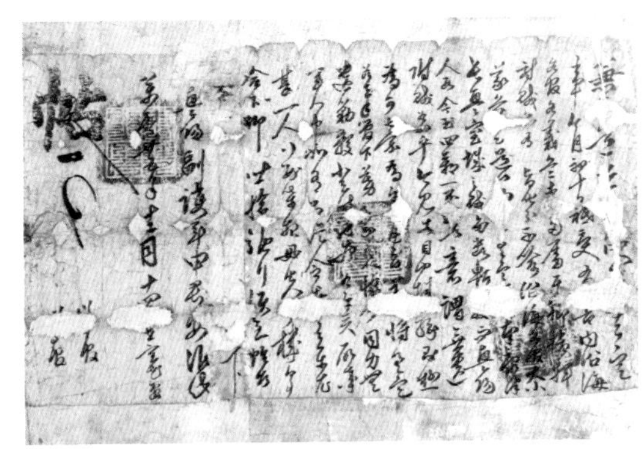

이순신이 신군안에게 발급한 의병장 임명첩. 고령 신씨 문중에서 고흥 분청문화박물관에 기탁 보관 중이다.

『신정역주 이충무공전서』 권3 '분송의승파수요해장分送義僧把守要害狀'을 보면 "순천에 사는 중 삼혜三慧를 시호별도장, 흥양에 사는 중 의능義能을 유격별도장, 광양에 사는 중 성휘性輝를 우돌격장, 광주에 사는 중 신해信海를 좌돌격장, 곡성에 사는 중 지원智元을 양병용격장으로 모두 임명하고"라는 부분이 나온다. 전남 연안 지역의 의승들이 모두 이순신의 지휘 아래 일사불란하게 움직인다는 것을 알 수 있다. 이순신은 이어 이 장계에서 "방처인을 도탄[5]으로, 강희열과 중 성휘 등을 두치[6]로, 중 신해를 석주[7]로, 중 지원을 운봉 팔량치로 보내서 모두 요충지를 경계하여 지키고 관군과 협력하여 사변에 대비하도록"이라고 조정에 보고한다. 즉, 수군과 의병을 함께 통솔하여 연안 지역의 수전과 육전에 능동적으로 대비하는 태세를 갖춘 것이다.

'신군안申君安, 1544~1598 의병장 임명첩'[8] 같은 사례도 있다. 1597년 이순

5 구례군 토지면 파도리 섬진강 나루터이다.

6 광양시 다압면 도사리 섬진강가 여울이다.

7 구례 석주관성을 말한다.

8 내용은 첫째 연해 지역 각 관과 현지 의병에 대한 지휘통솔권이 수군통제사에게 주어졌다는 것, 둘째 신군안이 보낸 의병 활동 보고를 치하한다는 것, 셋째 의병장에 임명하니 더욱 분발해 싸우되 군율을 엄격히 하라는 것 등이다.

신이 신군안을 의병장으로 임명한다는 차정差定[9] 문서이다. 이순신의 수군과 연해 지역 의병운동과의 관계를 잘 보여주는 문서로 평가받는다.

전력이 절대적인 열세 속에서 기적 같은 승리를 끌어낸 명량해전도 백성들이 100여 척의 배를 동원해 뒤에서 함께 세를 형성해준 것이 승인의 하나로 꼽힌다.

싸움 못지않게 중요한 지원

삼도수군통제사를 겸하게 된 이순신은 전투 지휘뿐 아니라 여러 행정 업무까지 처리해야 하느라 눈코 뜰 새 없이 바빴다. 자신을 보좌해줄 똑똑하고 충성심 깊은 사람이 필요했다. 1594년 초 그는 마침 장흥에 내려와 있던 반곡 정경달丁景達, 1542~1602을 자신의 종사관從事官으로 임명해달라고 조정에 장계[10]를 올린다. 정경달은 과연 이순신을 실망시키지 않았다. 그는 행정, 징병, 군수품 조달, 전령, 명군과의 소통 등 많은 일을 맡아 착착 해냈다. 연안 지역에 둔전을 운영하고 고기잡이, 소금 생산, 그릇 제작 등을 통한 군량 확보에도 솜씨를 발휘했다.

『난중일기亂中日記』에 "아침에 활터 정자에 올라 종사관 정경달과 함께 종일 이야기했다"라는 내용이 나올 정도로 두 사람의 서로에 대한 신뢰와 공경은 깊었다.

정경달은 이순신과 1년 남짓 함께 일했지만 1597년 4월 이순신이 투옥되었을 때 정경달은 한양에 올라가 적극 구명 운동을 펴기도 했다. 정경달은 임진왜란(1592.4.15.~1595.11.25.)과 정유재란(1597.1.1.~1602.12.17.) 중 겪었던 일을 기록한 『반곡 난중일기』를 남겼다.

9 정식 절차를 밟지 않고 간단하게 특정 직위를 임명하는 제도.
10 '청이문신차종사관장請以文臣差從事官狀'

충무공 이순신은 1593년 5~6월쯤 팔순이 넘은 모친 초계 변씨草溪卞氏를 염려해 충남 아산에서 전라좌수영과 가까운 여수 웅천동 고음내(고음천)로 모셔온다. 이곳은 창원 정씨[11] 집성촌으로 집안 대표격인 정철丁哲이 도움을 준다. 초계 변씨는 이후 5년이나 정철의 조카 정대수丁大水 집에 묵는다. 이순신이 1593년 8월 이후 삼도수군통제영이 설치된 한산도에서 근무했음에도 어머니 거처를 옮기지 않는다. 그만큼 정대수가 모친을 잘 보살폈고, 이순신은 안심하고 공무에 집중할 수 있었다.[12] 창칼을 들고 왜적과 싸우는 것이 의병 활동의 다가 아니다. 정대수처럼 이순신의 모친을 성심껏 돌보는 것도 중요한 일 아닐까.

후방의 군수물자 지원 역시 매우 중요한 의병 활동이다. 연안 지역 백성은 배와 노를 만드는 목재를 비롯해 무기, 목화, 철 등 각종 군수품을 조달하면서 전라좌수영을 뒷받침했다. 무기를 만들거나 개량하는 일은 어떨까? 임진왜란이 일어나자, 모친상 중에도 이순신 휘하에 자원 종군해 군관으로 활약한 정사준鄭思竣, 1553~?이란 사람이 있었다. 이순신은 1593년 8월 조정에 새 총통과 정사준에 대한 보고를 올린다.

> "정철正鐵[13]로 만든 조총 다섯 자루를 봉하여 올려 보냅니다. 엎드려 바라옵건대, 조정에서도 각 도와 각 고을에 명령하여 모두 제조하

---

11 정철, 정린丁麟, 정춘丁春, 정대수 등 창원 정씨 집안 네 명은 자신들의 재산을 털어 군량 1,000여 석과 의병을 모집해서 이순신 휘하로 들어가 싸웠다. 정철 정린은 1595년 10월 적탄에 맞아 전사했다. 정대수는 노량해전에서 입은 상처의 후유증으로 1599년 1월 순국한다.

12 윤동한(2022)

13 '참쇠'라고도 하며, 담금질과 단조를 통해 강도와 점성을 증대시킨 쇠이다. 날카로운 도검이나 폭발 시 충격을 견뎌야 하는 화기火器 제작에 주로 사용됐다.

도록 하되, 제조하는 것을 감독한 군관 정사준과 대장장이 이필종 등에게 각별히 상을 내리셔서…."

–『신정역주 이충무공전서』 권3 '봉진화포장封進火砲狀'

정사준은 이순신 진영에서 왜군의 조총을 개량해서 직접 총을 만들었다. 이순신은 새 조총이 위력이 강하고 만들기도 쉽다는 사실을 조정에 보고한 후 관내에 보급하게 했다. 또 정사준은 이순신이 백의종군 도중 순천에 왔을 때 군무軍務는 물론 일상의 의식주에 이르기까지 매사를 뒷바라지했다.

싸움을 좌우하는 것, 군량

이순신이 당시 군량 문제로 얼마나 크게 어려움을 겪었는지 짐작케 해주는 대목이다.

"군량은 사변 초기부터 육군이 계속 실어 갔고, 또 명나라 군사를 접대하느라 얼마간 남아 있는 것도 거의 다 없어졌는데, 육전을 맡은 크고 작은 여러 진에서 편의에 따라 끊임없이 실어 가니 (…) 군사의 징발과 군량의 조달이 이처럼 극한 상태에 이르고 보니, 다만 연해안 변방 주민들의 괴로움은 내지 백성보다 배나 더할 뿐 아니라 당장 배를 운행하고 군사들을 먹이는 것은 결코 감당할 수 없어서 더욱 답답하고 걱정됩니다."

–1593년 이순신이 올린 장계,
'청연해군병양기전속주사장請沿海軍兵糧器全屬舟師狀'

전쟁을 수행하는 데 군량의 중요성은 말할 필요가 없다. 재래식 전투에서 잘 먹이는 것은 전투력과 직결되기 때문이다. 임진왜란 초기 전라좌수영의 군량은 주로 관내 5관5포에 비축된 것으로 조달했으나 전쟁이 길어지며 군량이 부족해졌다. 이에 각 고을에 군관을 파견하여 군량을 모으고 수송해서 해결해 나갔다. 하지만 농민들이 전장에 동원되고 농지는 황폐화되어 군량 조달이 더욱 어려워져 둔전屯田을 일궈 자체 해결했다. 또 군사들이 청어 등 생선을 잡아 곡물과 교환하는 방법도 동원됐다. 이런 상황에서 뜻밖에 군량이 거저 생긴다면 지휘관으로서 그보다 기쁜 일이 없을 것이다.

> "무안에 사는 진사 김덕수金德秀가 뱃길로 군량에 쓸 벼 15섬을 가져와 바쳤다."
>
> –『난중일기』, 정유년1597년 11월 28일

김천일 의병장 밑에서 종사관으로 활동했던 나주의 임환林懽, 1561~1608[14]은 이순신 장군이 명량해전 후 목포 앞바다 고하도[15]에서 수군 양성에 힘쓰고 있을 때 군량이 떨어졌다는 소식을 듣고 자기 집 곡식 수백 석을 보냈다.[16] 한참 어렵고 힘들 때 제공한 군량은 천군만마나 다름없었다. 군량은 농사를 지을 백성들이 죽거나 피난을 가버리는 바람에 조선의 수군뿐 아니라 육군, 명나라군, 왜군 모두에게 전쟁 기간 내내 참으로 해결하기 힘든 난제였다. 그래서 김덕수나 임환처럼 군량을 제공하는 사람은 매우 드물었다. 아예 남아난 게 없었기 때문이었다.

---

14 백호 임제林悌, 1549~1587의 아우이며, 정유재란 때 팔도에 격문을 돌려 의병의 궐기를 호소했다.

15 이순신 장군은『난중일기』에 고하도를 보화도寶化島라 쓰고 있다.

16 이항복李恒福이 지은 임환의 묘지명에 나온다.

통영시 이순신공원.

2부 | 임진왜란

1
임진왜란의 비극

준비 안 된 전쟁에 대처마저 우왕좌왕
파천, 왕의 비루함이 나라 구해
죽고 불타고 온 나라가 황폐화
사기 점철된 강화 협상 이어져

임진왜란 때 선조의 파천 또는 몽진蒙塵[1]에 대한 평가는 혹독한 비판이 주를 이룬다. 다른 의견을 잘 허용하지 않는 우리 사회의 풍토도 비난 일색의 평가에 일조한다. 물론 당시 선조의 행동을 보면 비판받아 마땅하다. 그러나 왕조 국가에서, 특히 동양의 왕조 국가에서, 왕이 적에게 포로로 붙잡히는 경우 그 즉시 망국으로 이어지는 모습을 많이 봐왔다.

전쟁 초기, 전황에 대한 정보는 부실하기 짝이 없었고, 왜군의 규모와 진격 속도는 선조의 상상을 초월했다. 조정은 당초 왜구의 남해안 노략질보다 조금 규모가 큰 수준 정도로 예상하여 신립과 이일이 격퇴할 수 있다고 믿었다. 그러나 두 명장은 패배했고 이는 선조에게 공포감을 불러일으켰다. 한양을 향한 왜군의 전격적인 진군은 바로 자신을 목표로 한다는 것이 명백해

1 임금이 난리를 만나 먼지를 뒤집어쓰고 몸을 피한다는 뜻이다.

진 상황이었다.

바로 이 점이 선조가 국왕으로서 신하와 백성에게 전쟁에 대한 단호한 대처 의지와 행동을 보여주지 못하게 한 요인이었다. 선조는 이후 파천이라는 정치적 부담을 감수한 채 우왕좌왕하며 내내 쫓기듯 북상을 거듭했다. 심지어 요동 망명 의사까지 내비쳐 스스로 왕의 권위와 통치 질서를 상실했다. 신하들도 크게 다르지 않았다. 늘 속내를 감춘 채 안전 막을 치고 발언하는 위선이 판을 쳤다. 결과적으로 왕과 신하의 비겁함이 조선을 구한 꼴이 되었다. 우리가 임진왜란을 더욱 비극적으로 바라보는, 한국 역사의 슬픈 한 단면이다.

당당하지 못한 파천, 나라 구한 역설

1592년 4월 28일, 신립의 패전 소식이 한양에 전해지면서 궁궐은 공황 상태에 빠졌다. 더 이상 왜군을 막을 대책이 없었다. 충주에서 한양까지 걸어서 4~5일, 기병으로 이틀이면 닿을 수 있는 거리였다. 이제 머뭇거릴 틈이 없었다. 백척간두, 바람 앞의 등불 신세였다. 선택의 여지는 없었다. 일단 피하고 봐야 할 것 아닌가. 그 후 개성이든 평양이든 전열을 가다듬으며 새 방어선을 구축해야 할 것이었다. 어전회의가 열렸다. 아무도 입을 여는 사람이 없었다. 선조는 답답하기 그지없었다. 누군가 파천을 입에 올리면 격렬한 논의를 거쳐 행동에 옮기면 되지만 모두 꿀 먹은 벙어리였다. 파천이란 정치적 부담 즉 왜적에 쫓겨 도망간다는, 자칫 비루한 선비로 낙인찍히지 않을까 염려해서였다. 임금이나 신하나 마찬가지였다. 당당하게 말할 용기가 없었다. 아니 비겁했다. 말로만 충신열사를 외칠 뿐이었다.

기다리다 지친 나머지 선조가 먼저 파천을 입에 올렸다. 신하들이 벌떼처럼 들고일어났다. 우승지 신잡申磼, 1541~1609은 "신은 종묘의 대문 밖에서 스스로 자결할지언정 감히 전하의 뒤를 따르지 못하겠다"라고 극언을 하는 등 일제히 반대하고 나섰다. 영의정 이산해李山海, 1539~1609가 답답한 상황을 타개했다.

"오직 영의정 이산해만은 그저 울기만 하다가 나와서 승지 신잡에게 옛날에도 피난한 사례[2]가 있다고 말했으므로 모두가 웅성거리면서 그 죄를 산해에게 돌렸다. 양사가 합계하여 파면을 청했으나 상上[3]이 윤허하지 않았다."

–『선조실록』 26권, 선조 25년 4월 28일

결국 이산해는 얼마 후 2년여 동안 평해平海로 유배를 간다. 이산해를 희생양으로 삼아 파천에 대한 책임을 몽땅 뒤집어씌운 것이다. 선조와 신하들의 책임 떠넘기기 내지 책임 회피였다. 이런 우여곡절 끝에 어가御駕는 4월 30일 궁궐을 빠져나온다. 당시 상황을 실록은 이렇게 전한다.

"새벽에 상이 인정전仁政殿에 나오니 백관들과 인마人馬 등이 대궐 뜰을 가득 메웠다. 이날 온종일 비가 쏟아졌다. 상과 동궁은 말을 타고 중전 등은 뚜껑 있는 교자를 탔었는데 홍제원洪濟院에 이르러 비가 심해지자 숙의淑儀 이하는 교자를 버리고 말을 탔다. 궁인들은 모두 통곡하면서 걸어서 따라갔으며 종친과 호종하는 문무관은 그 수가 100명도 되지 않았다. 점심을 벽제관碧蹄館에서 먹는데 왕과 왕비의 반찬은 겨우 준비되었으나 동궁은 반찬도 없었다."

–『선조실록』 26권, 선조 25년 4월 30일

2 당시 이산해는 고려 공민왕이 홍건적의 난을 피해 안동으로 파천한 사실을 가리켰다. 이 외에도 현종(거란 침입), 고종(몽골 침입) 등의 예가 있다.

3 임금을 가리킨다.

임진강을 건널 때 파주 화석정을 불태워 주위를 밝혔다는 얘기가 전해지고 있다.

만약 당시 선조가 도망가지 않고 도성에 남았다면 어땠을까? 물론 성공적으로 왜군을 막아내는 것이 최선일 것이다. 그러나 함락된다면? 그것이야말로 왜군이 바라던 바였다. 조선 왕을 사로잡고 왕을 앞세워 조선군과 식량을 징발해서 명을 공격한다는 게 도요토미 히데요시豊臣秀吉, 1537~1589의 구상이었기 때문이다. 그러니 선조의 파천은 그 상황에서 최악을 피한, '차선'은 되는 전략적 결단이었다고 볼 수 있다. 선조가 도성을 비운 지 3일 만인 5월 3일 한양에 입성한 고니시 유키나가는 매우 어이없었고 한편으론 당황했다. 전국시대의 다이묘大名들은 자신의 성과 운명을 같이했다. 성을 지키지 못하면 항복 또는 죽음 둘 중 하나였고, 그것으로 싸움은 끝이었다. 백성은 저항하지 않고 새 지배자에게 무조건 복종했다. 싸움은 다이묘와 무사의 일이었지 백성의 일이 아니었기에 평소처럼 생업에 종사했다. 그런데 임금이 도성을 텅 비우고 도망쳤다. 백성이 의병을 일으켜 싸우는 것도 예측하지 못한 변수였지만 임금의 파천 역시 예상외의 일이었다. 왜군은 오직 왕을 잡겠다는 목표 아래 빠르게 치고 올라가느라 남쪽 지방을 차근차근 점령하면서 지배 체제를 구축하지 못했다. 그런데 전략이 틀어졌으니 당황할 수밖에 없었다.

파천 길의 선조는 전쟁에 제대로 대응하지 못한 것은 물론 항전 의지조차 보여주지 않고 도망가기 급급할 뿐이었다. 심지어 제 나라를 두고 명나라로 망명을 시도했다. 그러니 임금과 조정의 권위는 무너진 지 오래였고, 백성들은 나라에 등을 돌렸다. 나라가 언제 망한다 해도 이상하지 않을 지경이었다. 끝 모를 비극의 암울한 기운이 온 나라를 휩싸고 돌았다.

인육을 먹기에 이른 굶주림

"기근飢饉이 극도에 이르러 심지어 사람의 고기를 먹으면서도 전혀 괴이하게 여기지 않습니다. 그러므로 길가에 쓰러져 있는 굶어 죽은 시체에 완전히 붙어 있는 살점이 없을 뿐만 아니라, 어떤 사람들은 산 사람을 도살하여 내장과 골수까지 먹고 있다고 합니다. 옛날에 이른바 사람이 서로 잡아먹는다고 한 것도 이처럼 심하지는 않았을 것이니, 보고 듣기에 너무도 참혹합니다. 도성 안에 이와 같은 경악스런 변이 있는데도 형조에서는 무뢰한 굶은 백성이라 하여 전혀 체포하거나 금하지 않고 있으며 발각되어 체포된 자도 또한 엄히 다스리지 않고 있습니다. 당상과 낭청을 아울러 추고하고, 포도대장捕盜大將으로 하여금 협동하여 단속해서 일체 통렬히 금단하게 하소서."

–『선조실록』 47권, 선조 27년1594년 1월 17일

인육을 먹는 일, 심지어 산 사람을 잡아먹는 일을 '단속'하라고 하는 내용이다. 이게 과연 인의와 예절을 중시하던 성리학의 나라 조선에서 벌어질 법한 일인가. 도성을 떠나 의주로 피난을 갔던 선조가 1년 5개월 만인 1593년 10월 1일 수복된 한양으로 돌아왔다. 강화협상으로 전투도 일시 중단된 상태였다. 그러나 전쟁의 후유증과 전국적인 대기근으로 백성들의 삶은 엄청나게 고통스러웠다. 1593년 12월 11일『선조실록』46권에는 한양에 쌓여 있는 시체를 봄이 되어 녹기 전에 성 밖으로 내 묻자는 비변사의 보고가 나

『쇄미록』 1593년 5월 8일 일기를 바탕으로 신영훈 화백이 그린 한양의 참상. ▷국립진주박물관

온다. 1594년 1월 7일 『선조실록』 47권에는 성 밖에 쌓아놓은 시신을 날짐승과 들짐승들이 파먹고 있다는 보고가 이어진다. 아수라 지옥도 자체였다. 전쟁의 참상이 어느 정도였는지를 보여주는 한 단면이다.

물론 이러한 기근은 농부들이 전쟁으로 인해 피난을 떠나 유랑 생활을 하면서 농지를 가꾸지 못하다 보니 땅이 황폐화되어 발생한 것이었다. 게다가 당시 극심한 가뭄까지 겹쳐 이를 부채질했다. 오희문吳希文, 1539~1613의 『쇄미록瑣尾錄』[4]을 보면 마을은 불에 타고, 농지엔 잡초가 우거지고, 거리에는 굶주림으로 몸부림치는 백성들이 넘쳐나는 등 온 나라가 쑥대밭으로 변해버린 실상이 고스란히 묘사돼 있다.

4 오희문이 임진왜란과 정유재란 중 피난 생활을 하며 1591년부터 1601년 2월까지 9년 3개월 동안 쓴 일기이다. 보물로 지정되었다.

"난리 뒤에 옛날 살던 곳에 와보니, 마을이 모두 없어졌다. 전에 살던 터로 돌아온 사람은 겨우 10분의 1이다. 아랫마을과 윗마을에 있는 그 좋던 논들은 모두 황폐해졌으니 경작할 만한 곳이 없다."

–『쇄미록』 권4 '병신일록' 1596년 8월 14일

"지인의 집도 불에 타고 잿더미뿐이었다. 종가와 죽전동의 본가를 보니 담장은 허물어지고 풀만 가득하여 집터조차 알아보기 힘든 지경이었다."

–『쇄미록』 권4 '병신일록' 1596년 8월 18일

불타고 부서지고… 쑥대밭 된 국토

임진왜란은 조선과 명이 승리하고 왜가 패한 전쟁이다. 그러나 조선과 명에게 상처뿐인 승리였다. 특히 온 국토가 전쟁터였던 조선은 인구 감소, 농경지 황폐화, 문화재 침탈, 건축물 파괴 등 모든 부문에서 엄청난 피해를 입었다. 반면 왜는 군사가 많이 숨지는 등의 손실을 입었지만 조선에서 납치한 기술자와 노예, 약탈한 문화재 등으로 장기적인 차원에서 경제적, 문화적 이익이 짭짤했다.

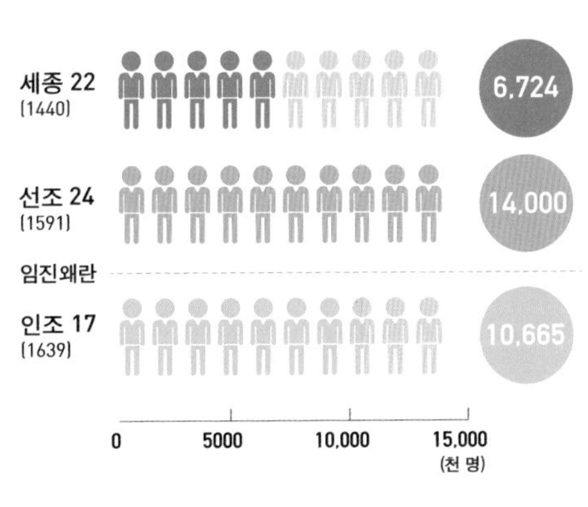

임진왜란 전후 인구변화.

정확한 통계는 없지만 조선의 인구는 전쟁 이전 1,400만 명에서 전후 1,070만 명으로 감소했다. 전쟁으로 인한 직접적인 사망은 물론 기근과 전염병으로 죽은 사람도 많았기 때문이다. 당시 잇따른 가뭄 등 자연재해[5]도 몹시 심했던 것으로 보고된다.

> "일본에서 온갖 상인들이 (조선으로) 왔다. 그중에 사람을 사고파는 자도 있었다. 본진 뒤를 따라다니며 남녀노소 할 것 없이 사들였다. 새끼로 목을 묶은 후 여럿을 줄줄이 옭아매 몰고 가는데, 잘 걸어가지 못하면 뒤에서 몽둥이로 두들겨 팼다. 지옥의 아방阿房이라는 사자가 죄인을 잡아들여 괴롭히는 것이 이와 같을 것이다."
>
> –종군 승려 케이넨慶念, 『조선일일기朝鮮日日記』 1597년 11월 19일

학계에서는 전쟁 중 납치된 사람[6]이 10만 명 이상일 것으로 추정한다. 포로 중에는 도공 같은 기술자도 꽤 있었으나 일반 백성이 훨씬 많았다. 군병력 징발로 부족해진 본국의 노동력을 충당할 목적과 포르투갈 노예 상인에게 팔기 위한 목적 두 가지가 있었다. 왜군은 포르투갈 상인들로부터 조총, 담배 등을 사들이는 대가로 조선인 포로를 싼값[7]에 넘겼다.

경작지는 전체 170만 결에서 약 3분의 1 수준인 54만 결로 격감했다. 논밭을 잘 관리하지 않은 탓에 면적 당 쌀 생산량도 1결당 300석에서 225석으로 줄었다. 인구 감소와 농경지 황폐화는 악순환의 고리였다. 유성룡은 『징비록』에서 "영남에 흉년 기근과 역질로써 인민이 사망하여 거의 없어졌으므로 문경 이하로부터 바로 밀양에 이르기까지 수백 리 사이에 사는 사람이 없어서 벌써 텅 빈 땅이 되어 버렸으니 비록 일을 하고자 하더라도 형편이 되

---

5 16~17세기 기온이 약간 내려간 소빙기小氷期, little ice age 또는 소빙하기로, 심한 자연재해가 잦았던 것으로 알려져 있다.

6 한국에서는 납치되었다는 의미에서 피로인被擄人이라 하며, 일본은 자발적 의지로 왔다는 의미인 도래인渡來人이라는 표현을 쓴다.

7 국립진주박물관 설명 패널에 따르면 포로 가격은 당시 기준으로 쌀 두 가마에 해당하는 2.4이스쿠두escudo였다고 한다.

덕수궁. 임진왜란 때 피난 갔다 돌아온 선조가 머물 곳이 마땅치 않자, 월산대군의 집이었던 이곳을 임시 궁궐(정릉동 행궁)로 삼았다.

지 않았다"라고 적고 있다.

경복궁, 창덕궁 등 전쟁 중에 궁궐도 모두 불탔다. 그 바람에 광해군이 즉위한 첫해까지 한동안 월산대군의 개인 저택을 궁궐로 사용해야 했다.[8] 이외에도 수많은 사찰, 관아, 민가가 불타거나 파괴돼 현재 임진왜란 이전 건물은 별로 남아 있지 않은 형편이다. 『조선왕조실록』 등 귀중한 사서를 보관했던 사고史庫도 전주 사고를 제외하고 모두 소실됐다. 그 바람에 국보로 지정된 『승정원일기承政院日記』, 『비변사등록備邊司謄錄』은 임진왜란 이후 것만 남아 있다. 수많은 서적과 미술품도 불타 없어지거나 약탈당했다.

8 오늘날 덕수궁이다. 선조가 한양으로 돌아와 월산대군 집을 임시 거처로 사용하면서 일시 궁으로 기능했다. 광해군도 처음 이곳을 사용하다가 창덕궁 중건으로 떠나면서 경운궁이라는 이름을 붙였다. 고종이 거처를 경운궁으로 옮기면서 덕수궁으로 이름을 바꾸고 지금처럼 전각을 많이 지었다.

임진왜란 삼국 지휘부

	명	조선	일본
최고 지휘자	신종(만력제)	선조 광해군	도요토미 히데요시
전쟁 수뇌부	병부상서 석성	영의정 이산해 체찰사 유성룡	다이묘 이시다 미쓰나리 등
일선 책임자	병부좌시랑 형개 병부우시랑 송응창 제독 이여송 유격장군 심유경 좌로군사령관 양호 우로군사령관 장세작 중로군사령관 이여백 요동부총병 조승훈 병참 천만리 참장 유정 좌협군사령관 양원 총병관 마귀 부총병 해생	도순변사 신립 도원수 김명원 경상도순찰사 김수 경상좌병사 이각 경상우병사 조대곤 전라도관찰사 이광 전라도순찰사 권율 전라도병마사 선거이 충청도순찰사 윤선각 경상좌수사 박홍 경상우수사 원균 전라좌수사 이순신 전라우수사 이억기 충청수사 최호	• 육군 총대장 우키다 히데이에 1군 고니시 유키나가 2군 가토 기요마사 3군 구로다 나가마사 4군 모리 가쓰노부 5군 후쿠시마 마사노리 6군 고바야카와 타카카게 7군 모리 데루모토 8군 우키다 히데이에 9군 도요토미 히데카쓰 • 수군 구키 요시타카, 도도 다카토라, 와키자카 야스하루

명나라 참전과 사기·협잡의 강화협상

조선은 의주에서 명에게 계속 SOS를 치며 지원을 요청했다. 명나라는 논란 끝에 참전을 결정했다. '북경의 울타리'인 요동을 보호하는 것이 주목적이었다. 순망치한脣亡齒寒의 논리였다. 입술이 없으면 이가 시린 법이다. 조공국을 보호해 중화 질서를 유지한다는 명분도 있었다.

이에 요동부총병 조승훈祖承訓이 5,000명의 병력을 이끌고 평양성을 공격했지만 격퇴당한다. 머쓱한 명군은 한층 병력을 늘려 이여송李如松을 보낸다. 이여송은 1593년 1월 5만의 대군을 이끌고 평양성을 탈환했다. 왜군은 잠시 벽제관에서 명군을 물리쳤지만, 행주산성에서 일격을 당한다. 왜군의 전황은 갈수록 나빠졌다. 1593년 4월 마침내 왜는 한양까지 내주고 경상도 해안만 점령한 채 명군과 강화협상에 나선다. 선조는 강화협상을 명백하게 반대했다. 그러나 명나라 군대는 남의 나라에서 죽기로 싸우기보다 자신들의 안전을 담보하는 선에서 종전하려 했다. 이때부터 명과 왜 사이에 거짓과 기만, 사기와 협잡으로 점철된 협상이 지루하게 이어지고, 전쟁은 소강상태에 접어든다.

10폭짜리 〈평양성탈환도〉 중 5~6폭. 보통문 아래에서 명나라 군사들이 성을 공격하고 있다.
▷국립중앙박물관

2
송제민과 거북선

전국 누비며 병력충원, 군량제공 도와
송제민, 여러 의병장 막후 지원
나대용과 함께 거북선 창제설도

송제민 초상. ▷운암사

해광海狂 송제민宋齊民, 1549~1602은 '바다에 미쳤다'라는 뜻의 독특한 호에서 느껴지듯 호방하면서 기이한 일생을 살았다. 앞장서서 싸우기보다 김천일, 김덕령, 조헌 등 호남·호서 지방의 주요 의병장과 밀접한 관계를 맺으면서 이들을 막후에서 지원하고 조정하는 역할을 했다. 의병을 모집하고 군마를 구해다 제공하는가 하면, 명나라 장수를 만나 계책을 일러주기도 했다. '숨은 의병장'이자 '막후 의병장'이었던 셈이다.

무등산 북쪽 충의의 공간

광주광역시의 상징이나 다름없는 무등산, 특히 북쪽 기슭은 풍광이 수려할 뿐 아니라 '충의忠義'의 공간이 몇 곳 자리잡고 있어 많은 이들이 즐겨 찾는다. 원효사元曉寺로 올라가는 길엔 왜구를 무찌르며 맹활약했던 정지鄭地, 1347~1391[1] 장군을 봉향하는 경열사景烈祠, 그리고 억울하게 죽은 의병장 김덕령 장군을 기리는 충장사忠壯祠가 10여 분 거리에 있다. 또 충장사에서 2km만 더 가면 충민사忠愍祠[2]와 운암서원雲岩書院이 나란히 자리잡고 있다. 홍살문과 함께 커다란 표지석이 서 있는 운암서원, 어떤 곳일까? 아무래도 충민사나 충장사에 비해 덜 알려진 곳이라 광주 시민조차 모르는 사람이 많다.

운암서원 내 사당 '운암사'. 송제민을 주벽(主壁)으로 송타, 권필 등 세 명의 위패를 모시고 있다.

---

1 1383년 관음포전투를 비롯해 고려 말 남해안의 왜구를 여러 차례 격퇴한 명장이다.

2 정묘호란 당시 안주성安州城에서 청나라군과 싸우다 순절한 전상의全尙毅, 1575~1627 장군의 위패와 영정을 모신 사당이다.

운암서원은 조선 중기 학자이자 임진왜란 때 호남·충청 지역에서 의병 활동을 했던 송제민과 큰아들 화암 송타宋柁, 1567~1597, 사위 석주 권필權韠, 1569~1612을 배향하는 서원이다. 서원 경내에는 위패를 모시는 사당 '운암사'와 내외삼문, 영모재, 장판각, 묘정비, 유허비 등이 있다. 1783년정조 7 송제민의 5대손인 송익중이 『해광유고』의 시가와 산문을 엮어 『해광집海狂集』을 간행했다. 이때 만들어진 목판본을 장판각에서 간직해왔는데 최근 광주광역시 유형문화재로 지정됐다.

송제민은 누구? 전란에 주변 인물 모두 잃어

송제민의 본관은 홍주洪州이며, 호는 해광, 처음 이름은 제민이다. 홍문관 정자正字였던 아버지 송정황宋庭篁은 '세상을 다스려 백성을 구제하라'는 뜻으로 아들의 이름을 '제민濟民'이라 지었다. 그러나 여기에 부합하지 못했다는 뜻에서 스스로 이름을 '제민齊民'으로 고쳤다.

송제민은 곤재 정개청鄭介淸, 1529~1590과 토정 이지함李之菡, 1517~1578의 문하에서 수학했다. 호방한 성품에 구속을 싫어해 벼슬을 하지 않은 그는 두 스승을 비롯해 정철鄭澈, 유희춘柳希春, 고경명, 양산숙梁山璹 등 동인과 서인 양쪽을 넘나들며 폭넓게 교류하는 가운데 많은 지인과 제자를 두었다. 양명학에 심취해 빈민구휼과 애민사상 고취에 선구적 역할을 했다. 천문, 지리, 의술 등 다방면에 조예가 깊었다. 토정의 제자답게 주역周易을 깊이 탐구해 신묘한 경지에 이르렀다고 전해진다. 그는 선비가 세상에 태어나 학문을 배우는 것은 경세치용經世致用[3]을 위함이라고 여겼다. 사설 의료기관인 의국醫局을 개설해 환자를 돌보고 백성을 구휼하는 데도 힘쓴 것으로 전해진다.

송제민은 정유재란 때인 1597년 네 아들 중 장남부터 셋째까지 셋이 일

3 학문은 세상을 다스리는 데 실익을 증진하는 것이어야 한다는 주장.

본에 끌려간다. 큰아들 송타는 무안에서 왜군에게 잡혀 배에 실려 가던 중 그들이 방심한 틈을 타 칼을 빼앗아 왜군을 여럿 죽였다. 하지만 한 왜군이 바다에 뛰어들어 도망쳐 다른 왜적들을 데려오니 스스로 바닷물에 뛰어들어 목숨을 끊었다. 차남은 송제민 사후 겨우 돌아왔고, 삼남은 생사를 모른다. 송제민은 7년의 전란을 겪으면서 동료 의병장은 물론 아들에 이르기까지 주변 인물을 많이 잃는다. 실의에 빠진 그는 나라에 죄를 지은 죄인을 자처하며 무안으로 들어가 바닷가에 정자를 짓고 숨어 살다가 54세를 일기로 파란만장한 생을 마쳤다.

우암 송시열宋時烈은 해광의 묘비에서 "호남에는 예로부터 어질고 뛰어난 선비들이 많았지만 그중에서도 세상을 잘못 만나 큰 포부를 실현시켜보지 못하고 죽어 오래도록 뜻있는 선비들의 마음을 아프게 하는 자로는 해광 처사만 한 사람이 없다"라고 썼다. 송강 정철은 송제민에 대해 "그 마음은 물속에 비친 달과 같고, 그 지조는 서리나 눈같이 냉엄하였다"라고 칭송했다. 정조는 해광의 애국충절을 높이 평가하여 정5품 사헌부 지평司憲府 持平을 추증했다.

호남·호서 의병장 막후 지원

1592년 7월, 송제민은 호남·호서에서 의병을 모집하기 위해 '소모호남의병문召募湖南義兵文[4]'을 쓴다.

> "7월 21일 전라도 의병종사관 송제민은 삼가 통곡하여 재배하면서 호남 각 수령과 유향소 및 향교의 훈도訓導, 당장堂長[5], 유사有司 등에

4 송제민의 『해광집』과 조경남의 『난중잡록』에 수록돼 있다.

5 성균관이나 향교의 유생 가운데 나이가 많은 사람을 이르는 말.

게 통문을 하나이다. 엎드려 말씀드리건대 제민은 지난날 김천일을 따라 수원부에 이르러 산성에 주둔한 지 5일이 되었는데 한양의 적이 왕성하고 청주와 진천에 머물러 있는 적도 방자합니다. 그런데 우리 부대가 고립돼 있으니 군량 보급이 염려되므로 군사들이 나로 하여금 충청도 의병을 모집하여 길을 막는 적을 소탕하고 지원병이 오는 길을 확보하라고 이 지역에 보냈습니다. (…) 늙거나 어리고 병들어 싸움에 나아가지 못한다면 무기와 돈과 식량을 내 도울 것을 청합니다. 만약 의병에 나오지 않는다든가 의병을 돕지 아니한다면 아비도 없고 임금도 없는 불의한 사람이며, 금수와 같은 마음으로 적을 돕는 무리나 다름없습니다."

–'소모호남의병문召募湖南義兵文' 중 일부

송제민은 호남·호서 의병사에 빼놓을 수 없는 커다란 업적을 남겼다. 그러나 그를 배향한 광주의 운암서원처럼 많이 알려지지 않은 인물이다. 다행히 최근 후손들의 노력으로 행적이 많이 조명받고 있다. 송제민은 김천일 등 호남·호서의 대표적인 의병장들과 모두 밀접한 관계를 맺고 있다. 송제민은 의병을 모집해 병력을 충원하고 군량을 제공하는 등 뒤에서 의병장들을 적극 후원하는 역할을 했다.

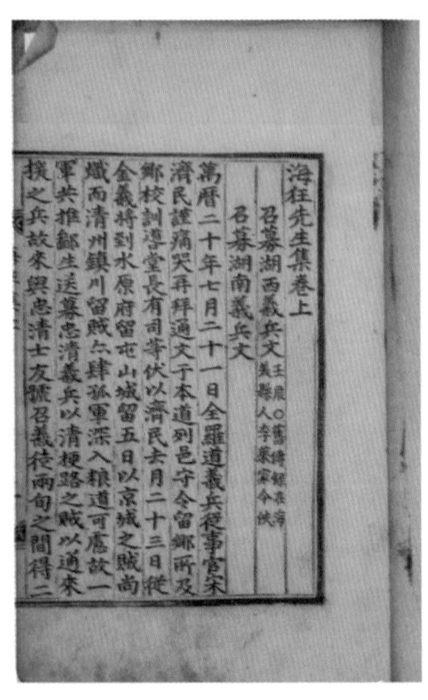
海狂先生集卷上

召募湖西義兵文 壬辰○舊傳觧表寓美縣人李叅宗今佚

召募湖南義兵文

萬曆二十年七月二十一日全羅道義兵從事官宋濟民謹痛哭再拜通文于本道列邑守令留鄕所及鄕校訓導堂長有司等伏以濟民去月二十三日從金義將到水原府留屯山城留五日以京城之賊尚熾而清州鎭川留賊亦肆孤軍深入粮道可慮故一軍共推鄙生送募忠清義兵以清梗路之賊以通來援之兵故來與忠清士友號召義徒兩旬之間得二

송제민이 의병을 모으기 위해 쓴 격문 '소모호남의병문'. ▷한국학중앙연구원

자유로운 영혼 송제민은 전국의 명산대천을 두루 다니며 여러 사람과 사귀다. 스승인 토정 이지함도 전국을 주유

하다 만나 그의 문하생이 된다. 이지함은 어염魚鹽[6] 장사로 수천 석의 곡식을 마련하고 걸인청을 만들어 빈민을 구제한 경세 실학자였다. 송제민은 이어 1578년 조헌趙憲, 1544~1592과 박춘무朴春茂, 1544~1611[7] 등을 만나 의기투합하여 '세한계歲寒契'라는 모임을 만들어 나라에 위급한 일이 닥치면 함께 나서자고 결의한다. 하지만 1589년 조헌이 도끼를 들고 임금 앞에 나서서 정치 개혁을 주장하는 이른바 '지부상소持斧上疏'를 올리다 유배를 당하자, 송제민은 절망한 나머지 잠시 세상을 등지고 전라남도 무안으로 내려간다. 스스로 호를 바다에 미친 사람이라는 뜻의 '해광'이라 짓고 배를 만들어 정처 없이 이 섬 저 섬을 유랑한다.

송제민이 43세가 되던 1592년 임진왜란이 일어났다. 일찍이 전란을 예감했던 해광은 더 이상 바다에 머무를 수 없었다. 그해 5월 송제민은 나주의 선비 양산룡梁山龍, 1552~1597, 양산숙梁山璹, 1561~1593[8] 형제 등과 함께 수원 부사를 역임하고 향리에 내려와 있던 김천일을 찾아가 함께 거병할 것을 청한다. 이에 김천일은 송제민을 종사관從事官[9]으로 삼아 나주 금성관에서 출정식을 하고 북상하여 수원 독산성에 들어간다. 하지만 한양, 청주 등 곳곳에 왜군이 많이 주둔하고 있는지라 깊이 진격할 경우 보급로가 끊길 우려가 있었다. 이에 김천일은 송제민이 충청 지역 사대부들과 친분이 있는 점을 고려하여 호서 지역에서 의병을 모집해 활동할 것을 권한다. 송제민은 곧바로 충청도로 내려가 과거 토정 이지함의 문하에서 동문수학했던 조헌과 박춘무를 만나 의병 봉기를 촉구한다. 송제민은 금세 조헌, 박춘무와 함께 2,000여 명의 의병을 모은다. 1592년 8월 초 조헌과 박춘무는 힘을 합해

6 생선과 소금
7 임진왜란 때 조헌과 함께 청주성 수복을 이끈 의병장.
8 양산숙에 대해서는 뒷장 김천일 편에서 좀 더 자세히 언급한다.
9 각 군영軍營의 주장主將을 보좌하던 직책.

청주성을 수복했다. 의병들은 크고 작은 전과를 올렸지만 조총으로 무장한 정예 왜군을 모두 무찌르기에는 역부족이었다. 1592년 7월 금산전투에서 고경명이 숨졌고, 형처럼 대하던 조헌은 8월 순절했다. 이듬해 6월에는 2차 진주성전투에서 김천일마저 숨지자, 실의에 빠진 송제민은 평정심을 찾고자 다시 무등산으로 들어간다.

얼마 후인 1593년선조 27 8월 표제表弟[10]인 김덕령金德齡, 1568~1596이 모친상을 당해 삼년상에 들어갔다. 송제민은 김덕령을 찾아가 "위태로운 나라를 구하는 것이야말로 대효大孝"라며 거의擧義[11]하도록 독려하여 상복을 벗게 했다. 그리고 직접 제주도로 건너가 말 30여 필을 구해와 지원해줬다.

우암 송시열이 지은 묘표墓表[12] 등에 이런 일화도 전한다. 정유재란 때인 1597년 주변 지형에 밝은 송제민이 명나라 장수 부총병副總兵 양원楊元을 만나 방어책에 대한 조언을 해주기 위해 남원성에 들어갔다. 그런데 송제민이 대머리인 탓에 왜군의 첩자로 의심을 받아 붙잡혔다가 지인이 있어 풀려났다. 송제민은 양원에게 "성이 평지에 있고, 성을 둘러싼 요천蓼川[13]에 물이 많아 적은 병력으로 방어하기 불리하다"며 진을 옮길 것을 제안했다. 인근 교룡산성으로 옮길 것을 권했을 것으로 짐작된다. 하지만 양원은 받아들이지 않았고 결국 성이 함락돼 막대한 인명피해를 입었다.

해광은 전쟁이 끝나고 여러 일을 회상하며 『와신기臥薪記』라는 저술을 남겼다. 와신상담臥薪嘗膽[14]에서 따온 말이다. 왜적이 팔도를 유린하며 인명을

---

10 내외종 4촌 동생, 즉 연하年下의 고종사촌이나 이종사촌을 말한다.

11 의병을 일으킴.

12 묘 앞에 누구나 세울 수 있는 묘비의 한 종류. 묘비에는 형태에 따라 묘표, 묘갈, 신도비 등이 있다.

13 남원 읍내를 흐르는 섬진강의 지류.

14 섶(땔감)에 누워 자고 쓸개를 맛본다는 뜻으로, 복수를 위해 어떤 고난도 참고 이겨낸다는 말.

살상하고 왕릉까지 파헤친 것을 분하게 여겨 임금으로 하여금 백성을 구제하고 나라를 견고하게 하여 복수를 하자는 내용이다. 1600년 '만언소萬言疏'라는 장문의 상소에서는 조정을 비판하며 일본과의 화의를 배척하고, 도탄에 빠진 국정을 개혁할 것을 요구하는 내용을 담고 있다. 병기를 수리하고 군대를 정돈하는 것부터 이간책을 써서 적을 정탐하는 일에 이르기까지 여러 내용을 담고 있다. 다만 내용이 지나치게 과격하여 관찰사의 만류로 임금에게 전달되지는 못했다.

거북선은 누가? 이순신, 나대용, 송제민

> "거북선은 임진왜란 때 커다란 활약을 하며 이순신 장군의 승전에 크게 기여한 세계 해전사에 빛나는 전투용 선박이다. 거북선은 사천해전 이후 매 전투마다 선봉 돌격선으로 활약하며 조선 수군의 승리를 견인했다. 사천, 당포, 당항포 해전 때 거북선은 함대의 선봉 돌격선으로서 적의 대장선을 집중 공격하였다. 그럼으로써 적의 지휘체계를 무너뜨리고 뒤따르는 전선(판옥선)의 공격로를 터줌으로써 승리에 크게 이바지하였다. 한산도 해전 때엔 거북선은 학익진의 좌우 익단에 배치되어 돌격선으로서 적 함대를 포위 공격하였다."
>
> – 정진술(2021)

이처럼 커다란 역할을 한 거북선이건만 외형과 구조를 비롯하여 불확실한 것이 한두 가지가 아니어서 지금까지 수많은 궁금증을 불러일으키며 논란의 대상이 되고 있다. 사료가 부족하거나 불확실해서 구체적인 역사와 건조 주체, 제작 과정, 모양 및 구조 등이 분명히 밝혀지지 않았기 때문이다.

하지만 오래전부터 거북선이 실재했던 것은 분명하다. 『태종실록』의 기

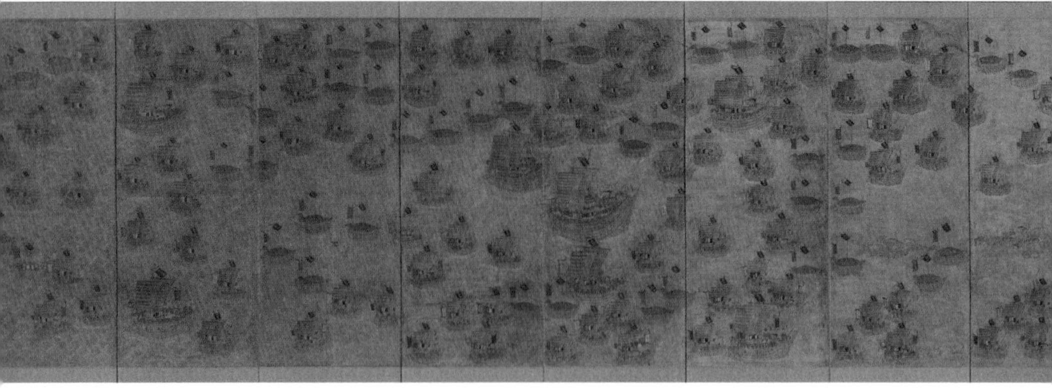

〈전이의병필 임진수전도〉 이의병이 그린 것으로 전해지는 임진수전도. 후대에 훈련 모습을 상상해서 그린 것이다. ▷국립중앙박물관

록에 미루어 볼 때 거북선은 왜구의 노략질이 심했던 고려 말부터 개발되기 시작하여 조선 초에 만들어져 사용된 것으로 보인다. 『태종실록』 25권 태종 13년 2월 5일에 "임금이 임진도臨津渡를 지나다가 거북선龜船, 귀선과 왜선倭船이 서로 싸우는 상황을 구경하였다"라는 기록이 있다. 또 『태종실록』 30권 태종 15년 7월 16일에는 "좌대언左代言 탁신卓愼이 병비兵備에 대한 사의事宜를 올렸다. 거북선의 법은 많은 적과 충돌하여도 적이 능히 해하지 못하니 가위 결승決勝의 좋은 계책이라고 하겠습니다. 다시 견고하고 교묘하게 만들게 하여 전승戰勝의 도구를 갖추게 하소서"라는 기록이 나온다.

이후 약 200년간 조선은 평화로운 시기여서 만들어지지 않다가, 전쟁이 날 기미가 보이면서 이순신 장군의 주도로 이전 거북선을 개량해 다시 건조했다. 거북선과 관련해 이순신이 남긴 기록으로는 『난중일기』와 '당포파왜병장'이 있다. 『난중일기』에는 임진왜란이 발발하기 얼마 전인 1592년 2월 8일 "거북선에 쓸 돛베帆布, 범포 29필을 받았다"라는 기록과 3월 27일 "거북선의 방포放砲를 시험하다"라는 기록이 있다. 같은 해 4월 11일 "처음으로 돛을 만들었다"에 이어 전쟁 발발 단 하루 전인 4월 12일 "거북선에서 지자포, 현자포를 쏘아보았다"라고 적혀 있다. 전쟁 발발 후인 5월 29일 사천해전에서 거북선은 첫 실전 투입되었다.

이순신은 제2차 출전1592.5.29.~6.10. 후 6월 14일 이의 결과에 대해 아래와 같이 보고한다.

> "신이 일찍이 섬 오랑캐의 변란을 염려하여 별도로 거북선을 만들었는데[15], 앞에는 용머리를 붙여 그 입으로 대포를 쏘게 하고, 등에는 쇠꼬챙이를 꽂았으며, 안에서는 능히 밖을 내다볼 수 있어도 밖에서는 안을 들여다볼 수 없게 하여 비록 적선 수백 척 속에라도 쉽게 돌입하여 포를 쏠 수 있습니다. 이번 출전에 돌격장으로 하여금 타게 하고, 먼저 거북선으로 하여금 적선 가운데로 돌진하게 하여 먼저 천·지·현·황 등 여러 종류의 총통을 쏘게 하자…."
>
> –『신정역주 이충무공전서』 권2 장계 1 '당포파왜병장'

이순신이 임금에게 올린 다른 장계에는 이런 내용도 있다.

> "거북선이 먼저 돌진하고 판옥선이 뒤따라 진격하여 연이어 지자·현자총통을 쏘고 또 따라서 포환과 화살, 돌을 빗발이나 우박 퍼붓듯 하면 적의 사기가 이미 꺾이어 물에 빠져 죽기에 바쁘니 이것은 해전의 쉬운 점입니다."
>
> –『신정역주 이충무공전서』 권3 장계 2 '조진수륙전사장條陳水陸戰事狀'

---

15 원문은 별제귀선別制龜船이라 돼 있다. '기존 방식과 다르게 별도로 만들었다.' 정도로 해석할 수 있다.

이순신 장군의 조카 이분李芬, 1566~1619[16]이 쓴 『행록行錄』에는 다음과 같은 기록이 남아 있다.

> "전선을 창작하였는데, 그 크기는 판옥선만 하며, 위를 판자로 덮었고, 판자 위에는 '十'자 모양의 좁은 길을 내어 사람들이 위로 다닐 수 있게 하였으며, 그 나머지 부분에는 모두 칼과 송곳을 꽂아서 사방으로 발 디딜 곳이 없도록 했다. 앞에는 용의 머리를 만들어 붙였는데, 그 입은 총구멍이 되고, 뒤는 거북의 꼬리처럼 되어 있었는데 꼬리 아래에도 총구멍이 있었고, 좌우로 각각 여섯 개의 총구멍이 있었다. 대개 그 형상이 거북의 모습과 같았기 때문에 이름을 거북선이라고 하였다."
>
> –『신정역주 이충무공전서』 권9 부록 1

그리고 『선조수정실록』 26권, 선조 25년 5월 1일 경신 20번째 기사와 『징비록』 1권에도 거북선을 언급하고 있다.

이상 거북선에 관한 주요 기록이다. 여러 문헌에서 언급하고 있긴 하지만 모두가 너무 간략하고 단편적이어서 정확한 구조는 물론 형태 파악조차 어렵다. 기록이 빈약하다 보니 오늘날까지 논란이 분분하며, 그런 이유로 정확하게 재현하기도 쉽지 않은 상황이다. 다만 충무공이 거북선을 처음 발명한 것은 아니었으나 독창성을 가미하여 '창조적으로 계승 발전'시켰다는 것은 확실하다고 하겠다. 고려 말, 조선 초 거북선이 처음 등장했으나, 임진왜란 당시의 거북선은 판옥선을 기본으로 하여 개조한 것이다. 그런데 판옥선이 처음 전투용 선박으로 새롭게 개발·건조된 때는 1555년명종 10이다. 즉, 이름

16 아버지는 이순신 장군의 형인 이희신李羲臣이다. 그러니까 충무공의 조카이다.

은 같지만 판옥선 이전과 이후의 거북선은 상당히 다른 모습일 수밖에 없다. 실제로 서애 유성룡은 『징비록』[17]에서, 백사 이항복은 『백사집白沙集』[18]에서 이순신 장군이 발명, 창조했다는 뜻의 '창創'자를 사용하고 있다. 이 같은 기록들로 보아 이순신 장군이 중심 역할을 했다는 점 역시 분명한 사실이다.

이순신과 거북선의 상호관계에 관한 주요 초기 기록

문헌 전거	내용	저자	집필 시점
임진장초	별제(別制)	이순신	1592년
책선무원훈교서	창위귀선(創爲龜船)		1604년
행록	창작전선(創作戰船)	이분	1604~1619년
징비록(초본)	창조귀선(創造龜船)	유성룡	1607년 이전
고통제사이공유사	창지조함 영출신제 (創智造艦 另出新制)	이항복	1618년 이전
지봉유설	창지조선(創智造船)	이수광	1614~1634년
충무공시장	창작귀선(創作龜船)	이식	1643년
선조수정실록	자이의조귀선(自以意造龜船)		1643~1657년

▷김병륜(2022)

하지만 이순신 장군이 부임한 지 단 1년 만에 혼자서 거북선을 개량하고 건조하는 것은 어렵다고 보는 것이 합리적이다. 이순신이 일차적으로 결심하고 아이디어를 냈다고 해도 기술적으로 뒷받침하는 실무진이 필요했을 것이다. 이런 관계로 등장한 것이 '체암 나대용羅大用, 1556~1612 장군의 거북선 발명설'이다. 1606년 나대용의 상소문, 선조의 교서, 나대용 문중 기록

17 『징비록』 초본에 '먼저 순신이 귀선을 만들었으니先是舜臣創造龜船'라는 내용이 있다.

18 『백사집』 권4 '고통제사이공유사故統制使李公遺事'에 '日以倭寇爲憂 創智造艦 另出新制 上設板盖 形如伏龜'라는 부분이 나온다. '날로 왜구를 염려하여 지혜를 짜내 새로운 군함을 만들었는데 위에 덮개를 씌워 그 형상이 마치 엎드린 거북과 같았다'라는 뜻이다.

전남 여수시 시전동 선소유적(船所遺蹟). 거북선을 만든 곳으로 전해진다. 거북선을 만들고 수리했던 '굴강'을 비롯하여, 칼과 창을 갈고 닦았던 '세검정', 수군지휘소였던 '선소창', 거북선을 매어 두었던 '계선주', 왜군들의 활동을 살피던 '망해루' 등 다양한 유적이 남아 있다.

인『체암집1912』과『체암공행적1932』등에 '거북선 세 척을 만드는 것을 도왔다'라는 기록을 근거로 한다. 또 임진왜란 직전 충무공 휘하에서 전선 건조를 감독하는 직책인 '감조전선출납군병군관監造戰船出納軍兵軍官'을 맡았으며, 임진왜란 후 창선鎗船[19]과 해추선海鰌船[20] 건조를 추진하는 등 지속적으로 배 건조와 관련된 일을 했다는 점 등을 든다.

그렇지만 이 역시 나대용 발명설을 뒷받침하는 근거라 하기에는 충분치 않다. 여러 기록과 정황상 나대용이 거북선 건조에 중요한 역할을 했다는 점은 명백하지만 발명했다고 단정 짓기는 어렵다. 그러다 보니 이순신과 나대용 두 명을 넘어 여러 사람이 거론된다. 대표적으로 해광 송제민과 사호 오익창吳益昌, 1557~1635[21]을 꼽을 수 있다.

함평문화원장 이현석은「대굴포 전라도 수영 고찰」에서 "왜적의 침입을 예견한 정개청과 그의 문도인 송제민, 오익창, 나덕신羅德愼, 나덕명羅德明 등 양명학자와 나대용, 박만천朴萬天, 나치용羅致用, 이설李渫 등 영산강 인근 출신 무관들에 의해 영산강 대굴포(현 전라남도 함평군 학교면 곡창리)에서 거북선이 다시 건조되기 시작했다"라고 적고 있다. 그는 또 "고려말에 제작된 귀선이 200년이 지난 임진왜란 발발 몇 년 전부터 나대용, 송제민 등에 의해 재건조될 수 있었던 것은 전함 제작과 해전에서 탁월한 역량을 발휘했던 정지의 가문과 혼인 관계를 맺었던 광산 탁씨, 홍주 송씨 등을 통해 거북선 설계도 또는 제작 기술이 전승되었을 가능성이 높다"라고 썼다. 그는 특히 "무역을 크게 하고 많은 배를 소유하고 있던 송제민이 함평 대굴포항에서 배를

---

19 격군格軍 수를 줄이고 속도를 빠르게 개량한 중규모의 군선을 말한다.

20 나대용이 남해현령으로 있을 때 건조한 쾌속선.

21 1597년 명량해전 당시 이순신이 전선 12척만 거느린 것을 본 전라도 연해민들이 피란길에 올랐으나, 오익창이 이들을 설득하여 어선과 군량, 옷 등 수군의 후방을 지원해줬다. 또 솜이불을 모아 물에 적셔 배에 펼쳐 적의 탄환을 막게 하는 등 명량해전에 큰 기여를 했다.

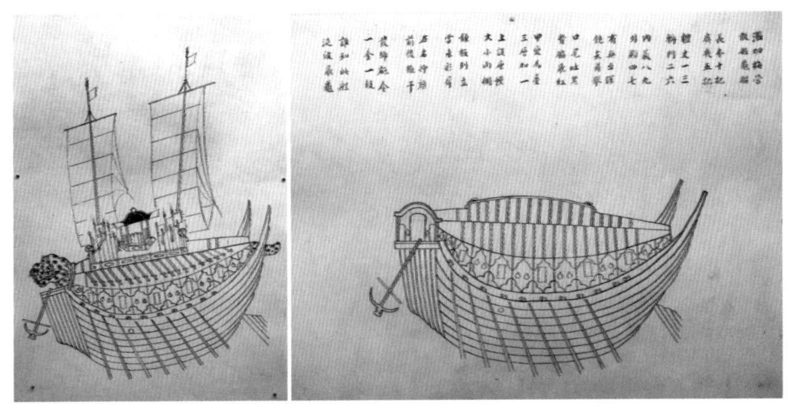

1800년경 그려져 이순신 종가에 내려오는 두 장의 귀선도. ▷현충사

건조해 임진왜란 전투에 지원했다"는 주장을 펴고 있다.

또한 임회林檜가 쓴 『국조인물고』에 "송제민이 해상海上을 출입하면서 소금과 약재와 맞바꾸어 옮겨 왔으며, 끝내 집안일은 돌보지 않았다"라는 점 등을 근거로 드는데, 사료가 불충분하고 검증이 어려워 그대로 수용하기에는 무리가 있다.

이와 관련하여 남천우南天祐 전 서울대 교수는 「거북선의 발명자 문제」에서 다소 다른 시각을 보여준다. 그는 "거북선은 판옥선의 개조품에 지나지 않으므로 일반적 의미의 발명자란 없는 것이며, 그러나 이러한 간단한 개조를 통해서 실전에서 그토록 큰 역할을 수행할 수 있는 해전의 이기利器로 바꿀 수 있었던 이순신의 위대함이 또한 여기에도 있는 것"이라고 썼다.

◈ 송제민의 생애

1549년(명종 4)	담양군 대덕에서 탄생
1578년(선조 11)	조헌 박춘무 만나 구국 결의
1592년(선조 25)	4~5월 창의倡義, 김천일 의병장으로 추대
1593년(선조 26)	11월 김덕령에 창의 권유.

1597년(선조 30)	남원성에서 세 아들 납치당함
1600년(선조 33)	척왜만언소
1602년(선조 35)	사망
1788년(정조 12)	사헌부 지평 추증

인터뷰

송우상 홍주 송씨 대종회장

"백척간두의 나라 구하는 게 진짜 큰 효도"
문집 배포하며 현양사업 열중

송우상松尤相 홍주 송씨 대종회장은 담양 담주초등학교 교장을 퇴임한 뒤 13대 선조인 해광 송제민에 대한 선양사업을 위해 힘껏 노력하고 있다. 그는 최근 해광 송제민이 쓴 '소모호남의병문'을 비롯하여 운암서원 유허비, 묘표墓表 등을 모두 번역하고 편집해서 주변에 배포했다. 광주 운암서원에서 배향하고 있는 송제민, 송타, 권필에 대한 자료 수집과 연구에도 열심이다.

송 회장은 "해광공은 나이 아홉에 아버지를 여의었지만 어려서부터 기개와 도량이 비범하고 총명하셨습니다. 그래서 '얼굴은 어리지만 행실은 어른과 같다'라는 말을 듣곤 했다고 해요."

"혼돈기에는 바람처럼 팔도를 주유하며 사셨지만 경학은 물론 역학, 천문, 지리, 의학 등 다양한 방면에서 학문의 깊이가 남다르셨다"며 "병서도 많이 읽으신 듯 구체적으로 전술을 제시한 부분이 자주 눈에 띕니다"라고 말했다.

"할아버님도 의병장이긴 하셨지만 폭넓은 대인관계와 뛰어난 학식 때문인지 전면에 나서서 싸우기보다 여러 의병장을 돕는 데 더 집중했는데, 충청도에서 금세 2,000명의 의병을 모집해 조헌을 도운 것이 이를 증명합니다."

송 회장은 "후손들이 온갖 정성을 다해 운암서원을 지키고 있으며 뜻있는 분들이 함께하면서 이제 선양사업이 그렇게 초라하지 않게 됐다"라며 관심을 부탁했다.

홍주 송씨는 충남 홍성군을 관향으로 하고 있지만 광주광역시와 전남 나주, 함평 등지에서 집성촌을 이루어 많이 살고 있다.

3
황진과 파괴된 비석들

'용감무쌍' 바다에는 이순신, 육지에는 황진
황진·권율 장군 이치대첩 일궈
호남 보전해 전쟁의 판도 바꿔
2차 진주성전투서 장렬한 최후

황진 장군 초상. 당시에 그린 것이 아니라 후손들이 훗날 상상하여 제작한 것이다.

무민공武愍公 황진黃進, 1550~1593 장군은 전북 남원에서 태어난 무장이다. 황진은 의병과 적극 협력하면서 수원, 상주, 진주 등을 종횡무진하며 무위를 떨쳤고 승리를 일구었다. 하지만 권율이나 김시민, 정기룡, 곽재우, 사명대사 등 다른 장군보다 훨씬 덜 알려진 형편이다.

황 장군의 가장 큰 공은 호남 공략을 노리던 왜군의 전주 침공을 막아냈다는 점으로, 권율 장군과 함께 왜적을 무찌른 이치梨峙전투는 1,500여 명이 1만여 명을 이긴 대승이었다. 권율, 황진, 고경명, 조헌, 영규대사 등이 충남 금산과 전북 진안 일대에서 벌인 일련의 전투는 이순신 장군의 수전과 함께 호남을 지킴으로써 반격의 서막을 여는 동시에 임진왜란을 승리로 이끄는 데 커다란 전기를 마련한 것으로 평가받는다.

황 장군은 이듬해 제2차 진주성전투에서 순절하기까지, 가는 곳마다 승전보를 전하며 무명을 날린 임진왜란 당시 육군 최고의 무장이었다.

이치·웅치전투와 황진 장군 기념관

이치

임진왜란 초기 조선군이 육지에서 거둔 최대 승리인 이치전투의 현장은 대둔산의 칼날 능선과 함께 그림처럼 아름다운 경관을 연출한다. 산돌배나무가 많았다고 하여 '배재', '배티'라고도 불렀던 곳이다. 충남 금산군 진산면과 전북 완주군 운주면의 경계인 이치 공터에는 이치대첩을 기념하는 여러 비석이 늘어서 있다. '이치대첩유허비, 의병장 황박 장군 추모비, 무민공 황진 장군 이현대첩비, 임란순국무명사백의병비'가 그날의 치열했던, 값진 승리의 감동을 생생하게 전한다.

황진 장군 이현대첩비.

여기서 국도 17호선을 따라 약 1km쯤 옥천 쪽으로 내려가면 충남 금산군 진산면 묵산리에 충청남도에서 조성한 전적지가 있다. 권율 장군의 초상과 위패가 있는 '충장사'라는 이름의 사당과 함께 커다란 비각이 우뚝 서 있는 곳이다. 비의 정식 이름은 '원수권공이치대첩비元帥權公梨峙大捷碑'. 하지만 일제가 폭파해서 산산조각 난 돌 조각만 모여 있고, 대신 그 옆에 새로 세운 비가 서 있다. 값진 승리의 현장, 그러나 부서진 비, 이후 새로 세운 비… 새삼 분노를 일으키는 이치대첩 현장이다.

웅치

2022년 12월 30일, '웅치熊峙 전투'가 벌어졌던 곳 232,329㎡가 사적으로 지정됐다. 전북 진안군 부귀면 세동리와 완주군 소양면 신촌리 일대이다. 이를 기념해 진안군과 완주군, (사)웅치전적지보존회는 전적지에 대한 연구 및 발굴, 성역화 사업 등을 적극적으로 펴나가는 중이다.

싸움터는 꽤 넓지만 '웅치전적비'는 진안군 부귀면 신정리 장승초등학교를 지나 '곰티로'라고 하는 비포장 도로를 따라 자동차로 20분쯤 올라가면 고개 정상에서 만날 수 있다. 험한 고갯길을 넘어가는 비포장 도로인데다 제대로 된 안내판이 없어 쉽진 않지만, 계속 올라가면 고갯마루에 넓은 공터

웅치 일대 전경. ▷국가유산청

겸 주차장이 나와 그럭저럭 찾아갈 수 있는 곳이다. 반대편 즉, 완주에서 진안 쪽으로 접근할 수도 있다. 고개를 오르다 보면 전적비 또는 새만금-포항(익산-장수) 고속도로 곰티터널 조금 못 미처 교각이 하늘 높이 줄지어 서 있는 모습을 볼 수 있다. 까마득한 교각의 높이가 이곳이 얼마나 험준한 곳인가를 잘 말해준다.

전적비에 이르니, 그날의 피비린내가 코끝을 스치고, 뜨거운 함성이 귓가에 맴도는 듯하다.

황진기념관

전북 남원시 대산면 대곡리 '무민공황진기념관'. 장수 황씨長水黃氏 무민공 종중에서 2015년에 건립한 기념관이자 수장고이다. 사전에 연락하고 기념관에 도착하니, 종중 관계자들이 반갑게 맞아 줬다. 기념관 내부에 들어서자 익숙한 세 명의 초상이 맨 먼저 눈에 들어왔다. 방촌 황희黃喜, 1363~1452, 무민공 황진, 매천 황현黃玹, 1855~1910이다. 존경받는 장수 황씨 인물들이다.

기념관 안에는 후대에 상상해서 그린 황진 장군 초상과 각종 설명 패널, 이치전투 모형 등이 전시돼 있다. 이어 관리 책임을 맡은 후손이 한편에 마련된 수장고를 열어 보물로 지정된 '황진가 고문서黃進家 古文書'를 보여줬다. 교지敎旨, 완문完文[1], 시권試券[2], 차정差定[3], 밀부유지密符有旨[4], 분재기分財記[5] 등

1 어떤 사실이나 권리, 특전 등을 인정해 준다는 의미로 해당 관아에서 발급하던 증명 또는 허가 문서.

2 과거 응시자들이 제출한 답안지 혹은 채점지.

3 관원을 임명한다는 문서.

4 '밀부'는 군사를 동원할 수 있도록 유수, 관찰사, 절도사, 통제사, 수어사 등에게 내리던 병부兵符. 둥글넓적한 나무 패로 만들었다. '유지'는 임금으로부터 명령을 받은 담당 승지가 그 내용을 직접 써서 본인의 직함과 성姓을 쓰고 수결手決한 다음 명령을 받는 이에게 송부하는 주요한 왕의 명령서.

황진의 후손들. 왼쪽부터 황의립, 황형연, 황운연 씨.

14종 125점에 이를 만큼 많고 다양하다.

기념관 바로 옆, 황진 장군의 부조묘不祧廟[6]가 자리잡고 있다. 기념관 맞은편에는 황진 장군과 그의 손자 황위黃暐, 1605~1654의 충신 정려旌閭가 나란히 걸려 있다. "조손이 함께 충신 정려를 받은 경우란 흔치 않다"는 것이 후손 황의립黃義立 씨의 자랑이다. 내친김에 전북 남원시 주생면 정송리 소재 황 장군의 묘와 사당 '정충사旌忠祠'에도 들렀다. 정충사에는 황 장군을 주벽主壁[7]으로 고득뢰高得賚, ?~1593[8], 안영安瑛, ?~1592[9] 등 세 명의 위패가 모셔져 있다. 임진왜란 때 순절한 남원 출신 의병장들이다.

5 재산의 상속과 분배를 기록한 문서.

6 원래 4대가 넘는 조상의 신주는 사당에서 꺼내 땅에 묻어야 하는데, 나라에 공훈이 있는 사람은 조정의 허락으로 땅에 묻지 않고 계속 제향을 받을 수 있다. 이러한 신위를 불천위不遷位라 하며, 이를 모시는 사당을 부조묘라 한다. 해당 집안은 부조묘를 가문의 영광으로 여겼다.

7 사당에서 중심이 되는, 가장 중요한 위패.

8 의병장 최경회 휘하의 부장이 되어 여러 전투에서 싸우다 제2차 진주성전투 때 순절했다.

9 기묘명현 안처순安處順의 증손자로, 금산전투에서 고경명과 함께 순절한 의병장이다.

호남을 지켜라, 이치·웅치전투

왜군은 본래 남해와 서해를 지나 한양에 이르는 뱃길을 장악하고, 육로로 남원을 치고 전주성을 접수함으로써 호남의 곡창지대를 차지할 계획이었다. 하지만 이순신의 수군과 곽재우 등 의병의 분전에 막혀 계획에 차질이 생겼다. 할 수 없이 금산에 집결했다가 전주성으로 가는 대안을 채택했다. 이에 1592년 6월 23일 고바야카와 다카카게小早川隆景, 1533~1597가 이끄는 왜군 1만 5,000여 명이 금산성을 점령한다. 필사적으로 이를 막던 금산군수 권종權悰, ?~1592 부자는 갯벌전투에서 목숨을 잃는다.

한편 고바야카와는 수천의 별동대를 이끌던 안코쿠지 에케이安国寺恵瓊에게 진안의 웅치 공략을 명한다. 자신은 이치를 넘고, 안코쿠지는 웅치를 넘어 합류한 뒤 전라감영이 위치한 전주성을 공략한다는 계획이었다. 이에 김제군수 정담鄭湛, 해남현감 변응정邊應井, 나주판관 이복남李福男, 의병장 황박黃璞 등으로 이루어진 조선군은 1,000여 명의 병력으로 험준한 웅치

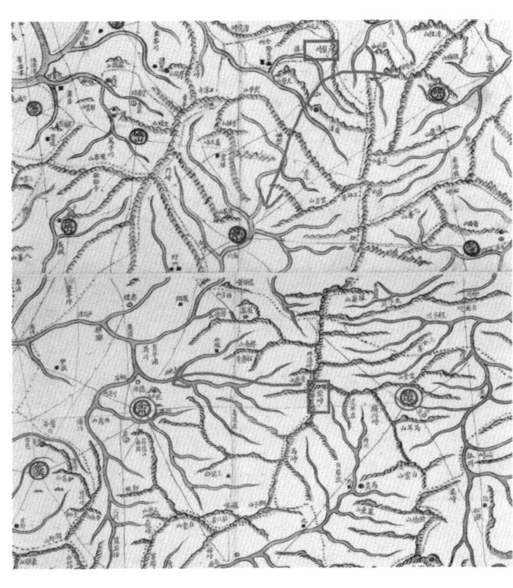

이치·웅치 위치도.
〈대동방여전도〉에 표시를 했다.
▷규장각

에 진을 쳤다. 7월 7일 조선군은 목책으로 길을 막고 결사항전했지만, 중과부적으로 이복남, 변응정, 황박은 후퇴했으며 정담은 끝까지 싸우다 전사했다. 전쟁 초기 조총 소리만 들어도 달아나던 오합지졸이 아니었다.
웅치싸움은 굳이 승패를 따지자면 우리가 졌지만 왜군도 커다란 피해를 입어 양패구상兩敗俱傷에 가까운 전투였다. 조선 관군과 의병은 절대적으로 불리한 싸움이었지만 합심하여 조금도 밀리지 않고 용감하게 싸웠다. 이때 우리 군사가 얼마나 치열하게 싸웠는지 『선조수정실록』과 『징비록』은 이렇게 말한다.

> "왜적이 웅치에서 우리 군사의 죽은 시체를 모아 길가에 몇 개의 무덤을 만들고 그 위에 '吊朝鮮國忠肝義膽조조선국충간의담, 조선의 충성스러운 병사들에게 조의를 표한다'라고 썼다."
>
> –『선조수정실록』 26권, 선조 25년 7월 1일
> 『징비록』(스타북스, 2020) p. 185

왜군은 웅치 고개를 돌파해 전주 부근 안덕원[10]까지 진출했다. 그러나 전주성을 지키고 있던 전라감사 이광李洸, 1541~1607[11], 이정란李廷鸞, 1529~1600의 굳건한 방비에 부딪힌다. 왜군은 웅치전투의 여파로 전력이 많이 약화돼 전면적인 공격이 여의치 않은 상황이었다. 게다가 결정적으로 남원에서 급히 안덕원으로 달려온 황진 장군이 왜군을 요격한다. 불의의 일격을 당한 왜군은 안덕원에서 물러간다. 황진은 쉬지 않고 곧장 이치로 향한다.

10 지금의 전주시 산정동 일원.

11 1592년 6월 경상도관찰사 김수金睟, 충청도관찰사 윤선각尹先覺과 함께 5만의 대규모 삼도근왕군을 이끌고 북상했다가 어이없이 참패했다.

웅치전투 이튿날인 7월 8일 웅치와 함께 전주로 향하는 또 하나의 길목인 금산 이치. 고바야카와는 1만에 가까운 병력을 동원해 이치를 공략한다. 광주목사 권율은 안덕원에서 이치로 이동한 동복현감 황진 장군과 함께 1,500여 명의 병력으로 막아선다. 병력으로는 절대 열세이다. 그러나 조선군에는 천하의 용장 황진이 있었다. 또한 권율 장군이 적군의 위세가 대단하고 숫자도 많다는 정보를 이미 입수하고 있었으므로 대비를 철저히 했다. 곳곳에 목책[12]과 녹채鹿砦[13]를 세웠다. 길목에는 거마拒馬[14], 철질려鐵蒺藜[15]를 설치했고 함정도 팠다.

> "동복현의 군사를 거느리고 부장 위대기魏大奇, 공시억孔時億 등과 함께 재를 점거하여 크게 싸웠다. 왜적이 낭떠러지를 타고 기어오르자, 황진이 나무에 의지하여 총탄을 막으며 활을 쏘았는데 쏘는 대로 맞지 않는 것이 없었다. 종일토록 교전하여 적병을 대파하였는데, 시체가 쌓이고 피가 흘러 초목까지 피비린내가 났다. 이날 황진이 탄환에 맞아 조금 사기가 저하됐지만 권율이 싸움을 독려하여 이길 수 있었다."
>
> –『선조수정실록』 26권, 선조 25년 7월 1일

실록은 이어 "왜적들이 조선의 3대 전투를 일컬을 때 이치전투를 첫째로 쳤다"고 기록한다. 그만큼 임진왜란 전체 전황을 좌우한 중요한 싸움인 동시에 왜군에게 뼈아픈 패배였다는 뜻이다. 권율 장군도 자신이 공을 세운

---

12 말뚝을 박아 만든 울타리.
13 나뭇가지나 나무토막을 얼기설기 놓아 적을 막는 장애물.
14 둥근 통나무에 창을 박아 적 기병의 진격을 막는 시설.
15 네 개의 발을 가진 쇠못으로 적을 막기 위하여 흩어 두었다. 마름쇠라고도 한다.

가장 중요한 전투로 행주대첩이 아닌 이치전투를 꼽았다[16]고 한다.

"전 도원수 권율이 졸하였다. 율은 임진년 변란을 당하여 몸을 던져 싸움터에 달려가 전투 때마다 견고한 성을 함락시켰다. 그 이치의 승리와 행주의 대첩大捷은 비록 옛날 명장이라 한들 어찌 그보다 더하겠는가. 국가가 중흥의 업을 이룬 것은 실로 이에 힘입은 것이니, 위대하다고 할 수 있다."

–『선조수정실록』 33권, 선조 32년 7월 1일

"용인 패전에서는 황진이 별부別部의 장수였는데 그의 부대만 군사를 온전하게 해서 돌아왔고, 이치의 승첩에서는 공이 제일이었다."

–『선조수정실록』 27권, 선조 26년 6월 1일

금산 일대 전투상황

일자	전투명칭	아군	왜적	결과
6.23.	갯터	금산군수 권종 등 수백 명	고바야카와 등 1만 5,000명	권종 등 순절
7.7.	웅치 (곰티재)	김제군수 정담, 나주판관 이복남, 의병장 황박 등 1,500명	안코쿠지 등 수천 명	정담 등 전사하고 패배
7.8.	이치 (배티재)	절제사 권율, 동복현감 황진 등 1,500명	고바야카와 등 수천 명	승리
7.9~10.	눈벌전투 (1차 금산성)	의병장 고경명 등 800명	고바야카와 등 수천 명	고경명 등 전사, 패전
8.17~18.	연곤평전투 (2차 금산성)	의병장 조헌, 승병장 영규 등 700여 명	고바야카와, 안코쿠지 등 15,000명	의병 전원 전사
8.27.	횡당촌전투	해남현감 변응정 등 수십 기	고바야카와 등 1만 5,000명	변응정 등 전사

▷ 이영석(2013)

웅치, 이치에 이어 고경명의 눈벌전투(제1차 금산성전투), 조헌·영규대사의 연곤평전투(제2차 금산성전투) 등 금산 지역의 처절한 싸움은 계속됐다. 이들 의병 부대는 비록 많은 인명피해를 입었지만 왜군 전력에도 회복하기 어려운 엄청난 상처를 입혔다. 왜군은 결국 호남 공략을 포기하고 9월 17일, 스스로 금산을 버리고 물러났다. 권율과 황진 그리고 고경명, 조헌·영규대사 등에 의해 금산 일대에서 벌어진 일련의 전투는 호남을 지켜낸 원동력이 됐으며, 이는 곧 이순신의 수군이 해전에만 전념할 수 있는 배경이 되었다. 온전하게 보전된 호남이 군량 보급, 병력 보충 등 후방기지로서 지대한 역할을 했음은 물론이다.

이치에서 수원, 안성, 상주, 진주까지

"이치 전투 후 권율이 북상해 수원성을 지키다 행주로 가 있는 동안 황진은 전라병마사 선거이宣居怡, 1550~1598를 따라 수원에 진을 치고 척후장斥候將으로서 적의 동향을 감시했다. 그런데 정탐을 하던 도중 너무 적진 깊숙이 들어가서 혼자 왜군에게 둘러싸이고 말았다. 왜군은 맹장 황진을 사로잡기 위해 멀리서 포위만 하고 있었으나 황진은 오히려 앞으로 돌격해 말을 빼앗아 탄 채 적의 포위를 뚫고 탈출해서 진으로 귀환했다."

– 『국조인물고』 권54 '왜난시입절인倭難時立節人 피구인부被拘人附'
『난중잡록亂中雜錄』 계사년 1월 조

충청도병마절도사로 승진한 황진은 휘하 병력을 안성으로 옮기고 왜군

16 『백사별집』 제4권 잡기雜記 기몽記夢 논난후제장공적論亂後諸將功蹟

의 북상을 막았다. 칠본창七本槍[17]으로 유명한 후쿠시마 마사노리福島政則 군 4,000여 명이 죽주산성[18]에 주둔하고 있었다. 소모사 변이중邊以中이 1593년 2월 홍계남洪季男, 1563~1597과 함께 1차 공격했으나 크게 패한 상태였다. 이런 상황에서 황진은 1,000여 명의 병력으로 후쿠시마 군에 여러 차례 기습 공격을 감행하면서 군량을 탈취하는 등 괴롭혔다. 이에 견디다 못한 후쿠시마는 안성의 황진 군을 공격하기 위해 전군을 이끌고 죽주산성에서 나왔다. 허나 매복한 황진 군은 이를 격퇴해가면서 오히려 빈집이 되다시피 한 죽주산성을 점령했다. 이에 후쿠시마는 음죽현陰竹縣[19]으로 퇴각하려 했으나 역시 여의치 않자 경상도 방면으로 총퇴각하였고, 황진은 경북 상주 적암까지 계속 추격해서 이를 대파했다.

1593년 6월 "진주성을 점령하고 성 안의 모든 사람을 죽이고 불태우라"라는 도요토미 히데요시의 명에 따라 남쪽으로 후퇴하던 왜군은 일제히 진주성으로 집결한다. 총 10만에 이르는 왜군의 대규모 공격이어서 누가 봐도 싸움에 승산이 없었다. 1차 진주성전투와는 달리 성 밖 지원군마저 없었다.

『강한집江漢集』[20] 제15권 황진 묘지명에 따르면 의병장 곽재우郭再祐조차 황진을 만류하며 "진주는 외로운 성이니 지켜낼 수 없다, 공은 충청도병마절도사이니 진주를 지키는 것은 직분에 맞지 않는다"라며 만류했으나 황진은 "이미 김천일 창의사에게 승낙하였으니 비록 죽는 한이 있어도 식언食言할 수는 없다"라며 진주성으로 들어갔다. 진주성에서 순성장巡城將이란 직을

---

17 도요토미 히데요시의 부하 중 무위가 뛰어난 일곱 명을 가리킨다. 임진왜란 때 가토 기요마사, 와키자카 야스하루 등이 출전했다.

18 현 경기도 안성시 죽산면. 죽산은 삼남 지방과 한양을 이어주는 데다 지세가 험해 방어에 유리한 군사 요충지이다. 고려 대몽 항쟁 시절 송문주宋文胄 장군이 몽골군을 이곳에서 격파했다.

19 경기도 이천시의 남부 지역.

20 1790년 펴낸 황경원黃景源의 시문집. 규장각 소장.

맡은 황진은 유능하고 용맹한 무장이어서 실질적으로 성내 전투를 지휘하며 이끌었다. 그는 왜군이 성밖에 높은 토성을 쌓아서 성내로 총을 쏘자, 몸소 자신도 흙을 나르며 토성을 쌓아서 포를 쏘아 적을 공격하기도 했다.

> "그 이튿날에는 적이 동문 밖에 토산옥土山屋을 짓고 그 위에서 성을 굽어보며 총탄을 발사하였다. 성안에서도 마주 대하여 높은 언덕을 쌓았는데, 황진이 직접 흙을 져 나르고 성안의 사녀士女들이 힘을 다해 쌓는 일을 도왔으므로 하룻밤에 끝마쳤다. 그리하여 드디어 마주 바라보고 현자총玄字銃을 쏘아 토옥土屋을 파괴하니 이에 적이 물러갔다. 그 이튿날 밤에는 밀고 당기며 크게 싸우다가 새벽이 되어서야 그쳤다. 그런데 적은 또 나무 궤를 만들어 쇠가죽을 입힌 뒤 각자 짊어지기도 하고 머리에 이기도 하면서 탄환과 화살을 막으며 성을 무너뜨리려고 전력을 기울였다. 이에 성 위에서는 비 오듯이 활을 쏘고 큰 돌을 연달아 굴러내려서 격퇴시켰다. 그러자 적은 큰 나무 두 개를 동문 밖에 세우고 그 위에 판옥板屋을 만든 뒤 성안으로 화전火箭을 쏘아 보내니 성안의 초옥草屋에 일시에 불이 번졌는데, 황진이 또 마주 대하여 나무를 세우고 판자를 설치하여 총을 쏘니 적이 곧 중지하였다."
>
> –『선조수정실록』 27권, 선조 26년 6월 1일

그러나 6월 28일, 영웅답게 싸우던 황진은 끝내 적의 총에 이마를 맞고 장렬하게 최후를 맞았다. 이튿날인 29일, 진주성은 함락돼 왜군의 칼날 아래 6만 병졸과 백성이 참혹하게 목숨을 잃었다. 사실상 임진왜란의 마지막 전투였다. 이후 지루한 강화협상이 이어지면서 정유재란 발발 때까지 싸움은 소강상태에 접어든다.

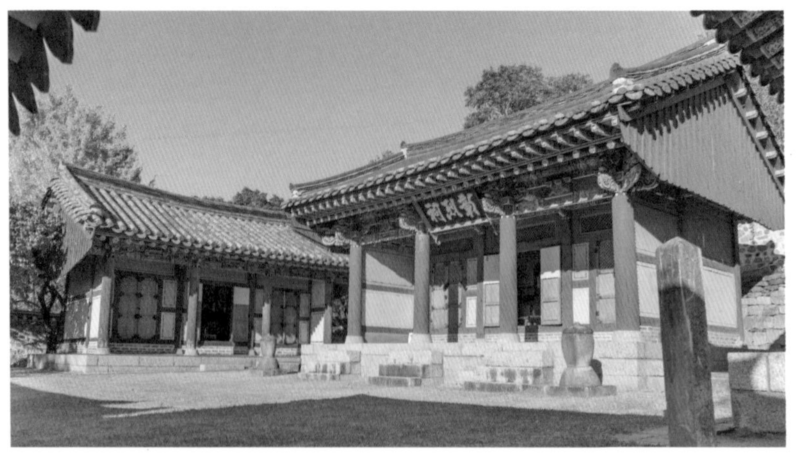

진주성 내 '창렬사'. 김천일, 최경회, 고종후, 황진 등의 위패를 배향하고 있다.

황진은 누구? 임란 최고의 장수

"바다에는 이순신, 육지에는 황진!" 김동진 역사소설 『임진무쌍 황진』에 나오는 말이다. 소설이긴 하지만 상당 부분 사료에 근거해 픽션이 비교적 적은 책이다. 이 책은 황진 장군에 대해 "임진왜란 초기 일본군을 상대로 도저히 이길 수 없을 것 같았던 전투들을 하나하나 승리로 바꾸어내고 있었다. 육전에서 조선군 장수들 가운데 그는 단연 최고였다"고 쓰고 있다.

황진 장군의 본관은 장수長水로 황희 정승의 5대손이다. 전북 남원에서 태어났고 시호는 무민武愍이다. 몸이 날렵하고 기마와 활쏘기에 능했다. 1583년 여진족이 쳐들어와 일으킨 니탕개 난尼湯介亂에서 공을 세웠다.

1590년 조선 조정에서 일본 동향을 살피러 황윤길黃允吉을 정사로, 김성일을 부사로 한 통신사를 파견했을 때, 황진은 군관 신분으로 숙부뻘인 황윤길을 수행했다. 후손들이 황진 관련 문서를 모아 엮은 『무민공실기武愍公實記』에 따르면 당시 일본인들이 조선통신사의 기를 죽이려 50보 떨어진 곳에 과녁을 세워놓고 이를 쏘아 맞췄는데 황진이 그 과녁 옆에 더 작은 과녁을 세워 명중시킨 다음 화살 두 발을 연속으로 쏘아서 새 두 마리를 떨어뜨려 코를 납작하게 눌러줬다고 한다.

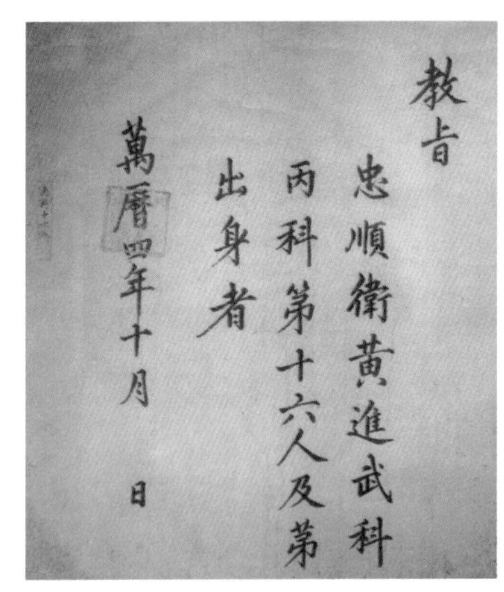
教旨
忠順衛黃進武科
丙科第十六人及第
出身者
萬曆四年十月 日

황진 장군의 무과 급제 교지.

『선조수정실록』 25권 선조 24년 12월 1일 자에는 "황진을 동복현감으로 삼았다. 무인으로 문자는 알지 못했으나 용략勇略이 있었다. 김성일을 따라 일본에 다녀와 왜변倭變이 장차 일어나리라는 것을 알고 있었으므로 매일 공무가 끝나면 곧바로 말타기와 활쏘기를 부지런히 익혔다"고 적었다. 여기서 '문자를 알지 못했다'는 표현은 성리학이 깊지 않았다는 뜻이다.

황 장군은 동복현감 자격으로 1592년 6월 5일 광교산에서 벌어진, 임란 최악의 패배 중 하나인 '용인전투'[21]에 참여하기도 했다. 황진은 이때 별 피해 없이 병력을 온전하게 보존했다. 얼마 후 황진은 웅치로 이동하여 김제군수 정담 등과 함께 왜군의 전주 침공에 대비했다. 그러다가 남원, 안덕원, 금산으로 이동하며 이치전투에 참전해 대승을 거둔다. 이어 수원, 안성, 상주를 거쳐가며 연전연승했다. 종6품 동복현감에서 종5품 훈련원 판관, 종4품 익산군수, 정3품 당상관 절충장군, 종2품 충청도병마절도사까지 고속승진을 한 배경이다. 하지만 황진은 1593년 6월 죽음을 알면서도 자진해 진주성에 들어가 싸우다 장렬한 최후를 맞는다.

21 용인전투는 전라감사 이광이 이끄는 삼도근왕군 5만 군사가 와키자카 야스하루脇坂安治가 지휘하는 1,600명의 왜군에게 습격을 당해 제대로 싸워보지도 못하고 우왕좌왕하다가 흩어져 도주한 뼈아픈 전투이다. 수만 많았지 제대로 훈련을 받지 못한 오합지졸이었던데다 지휘체계의 혼란, 적절한 작전 부재 등이 원인으로 꼽힌다. 다행스러운 것은 실질적인 병력 피해는 크지 않았다. 본래 수군인 적장 와키자카는 이해 7월 한산도대첩에 참전해 이순신 장군에게 대패한다.

실록은 황진에 대해 아래와 같이 평가한다.

"왜란이 있은 이후로 모든 장수 가운데 행군에 법도가 있고 사졸에 솔선하여 옛날 명장의 풍도가 있는 자로는 모두가 황진을 으뜸으로 꼽았는데, 재주를 다 발휘하지 못하고 죽었으므로 조야朝野에서 애석하게 여기지 않는 이가 없었다."

–『선조수정실록』 27권, 선조 26년 6월 1일

계곡 장유張維는 '절충장군 수 충청도병마절도사 증 숭록대부 의정부좌찬성 겸 판의금부사 황공 묘비명'의 마지막 명銘에서 다음과 같이 쓴다.

진주성 지키는 일	晉陽之事
공의 직분 아니었지만	公非其職
한 번 승낙한 이상	一言已諾
죽을 줄 알고도 뛰어들었지	知死必卽
왜적 새까맣게 기어오르고	衝梯亂舞
포성은 잇따라 진동하는데	飛礮如霰
포위된 열흘 동안	一圍十日
하루에 열 번도 더 싸웠어라	一日十戰
공이 큰소리 부르짖자	公起大呼
병든 이 떨쳐 일어나고	罷病亦奮
악다문 입 피로 물든 얼굴	嚼齒沫血
귀신도 통분하여 울부짖었지	神咷鬼憤
성을 짓누르는 흉악한 기운	惡氛壓城
공의 이마 꿰뚫은 흉탄 한 발	丸穿公額

거목 쓰러짐에	大樹旣摧
성도 함께 무너졌네	金湯隨覆

–『계곡선생집』 제14권

◈ 황진의 생애

1550년(명종 5)	남원에서 출생
1576년(선조 9)	별시 무과 급제
1580년(선조 13)	선전관 제수
1583년(선조 16)	니탕개 난 토벌
1590년(선조 23)	황윤길·김성일 조선통신사 수행군관
1591년(선조 24)	동복현감
1592년(선조 25)	웅치전투, 이치전투, 독성산성전투 등 참전
1593년(선조 26)	3월 충청병마절도사 제수
1593년(선조 26)	6월 제2차 진주성전투에서 순절

파괴된 비석들, 일제 만행의 흔적

권율장군이치대첩비

깨진 '권율장군이치대첩비'.

충남 금산군 진산면 묵산리 '원수권공이치대첩비元帥權公梨峙大捷碑'. 권율 장군의 이치전투 승전을 기념해 1866년(고종 3) 세웠으나 1944년 6월 일제에 의해 폭파되었다. 워낙 여러 조각으로 깨져 도저히 복구가 불가능한 상태여서

1964년 비를 다시 세웠다. 조각난 비는 옆에 모아뒀다. 비문은 연재 송병선宋秉璿, 1836~1905이 짓고 송성용宋成鏞, 1913~1999이 썼다.

중봉조선생일군순의비. 산산조각 나는 바람에 두 차례의 대수술을 받았다.

중봉조선생일군순의비

충남 금산군 금성면 의총리 칠백의총 내 '중봉조선생일군순의비重峰趙先生一軍殉義碑'. 의병장 조헌趙憲이 이끈 칠백의사의 순절 11년 후인 1603년 그들을 기리기 위해 세운 비이다. 그러나 1940년 금산경찰서장 이시가와 미치오石川道夫가 이 비를 폭파해버렸다.

주민들은 산산조각 난 비석을 수습해 일단 땅에 묻어뒀다. 1945년 묻었던 비석을 파내 보관하던 중 1971년 고 박정희 대통령 지시에 따라 칠백의총 정비사업을 하면서 깨진 조각을 겨우 이어 붙였다. 2009년 2번째 대수술을 해 지금처럼 세워놓았다.

영규대사를 기리는 '의병승장비'. 보석사 용담 스님이 글씨가 훼손된 비를 가리키며 사연을 설명하고 있다.

의병승장비

충남 금산군 남이면 석동리 보석사 입구 '의병승장비義兵僧將碑'. 조헌과 함께 청주성전투, 2차 금산성전투에 참여한 영규

靈圭대사를 기리는 비석이다. 높이 243㎝, 폭 83㎝, 두께 39㎝에 이르는 꽤 큰 비이다. 앞면의 커다란 네 글자가 보기 흉하게 훼손돼 있다. 글씨를 파내려 한 흔적이다. 급히 보석사 스님들이 몰래 비를 땅에 묻는 바람에 더 이상의 참화를 피했다.

1839년헌종 5 5월 금산군수 조취영이 석비를 세웠다. 1940년 일제가 이 비를 훼손하고 비각을 부수었으나 광복 후 다시 세웠다. 비 앞면의 큰 글씨는 순조의 둘째 딸 복온공주의 남편인 창녕위 김병주金炳疇, 1827~1887가 썼다.

고경명순절비

충남 금산군 금성면 양전리 '고경명순절비高敬命殉節碑'. 1592년 7월 1차 금산성전투(눈벌전투) 당시 조총을 맞고 이곳에서 순절한 고경명 의병장을 기리기 위한 것이다.

1656년효종 7 금산군수 여필관이 비문을 지어 세웠지만 1940년 폭파됐다. 1952년 후손들이 여필관의 비문을 다시 새겨 비를 세웠다. 이전 비석은 워낙 심하게 부서지는 바람에 복원하지 못하고 이렇게 모아두는 데 그쳤다.

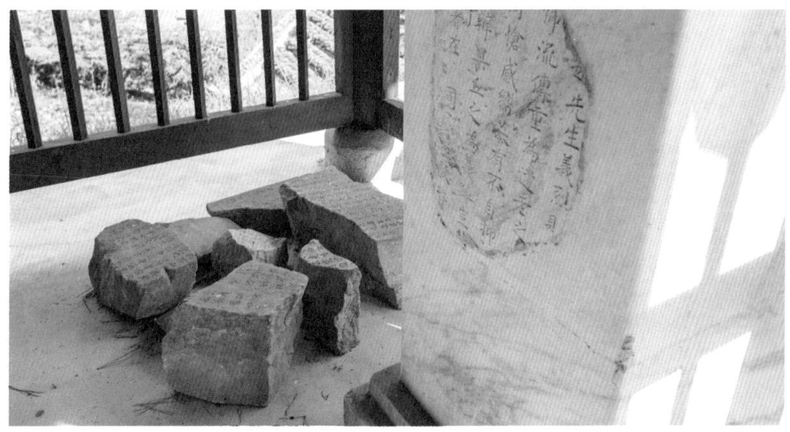

의병장 고경명이 순절한 곳에 세워진 '고경명순절비'. 아예 접합수술도 못 할 만큼 파손 정도가 심해 그냥 조각을 모아뒀다.

권충민공순절비

충남 금산군 제원면 저곡리 '권충민공순절비權忠愍公殉節碑'. 1592년 6월 갯터전투에서 왜적과 싸우다 순절한 금산군수 권종權悰, ?~1592을 기리기 위해 1878년고종 15 세운 비석이다.

1941년 금산경찰서장의 지시로 폭파될 뻔했는데 지역 유림과 후손들이 급히 땅에 묻었다. 그 바람에 비에 금이 가는 등 상태가 온전치 못하다. 1945년 땅에서 파내 다시 세워졌다. 비의 앞면에는 '증정헌대부 이조판서 시충민공 행금산군수 안동권공휘종 순절유허비贈正憲大夫李朝判書諡忠愍公行錦山郡守安東權公諱悰殉節遺墟碑'라고 새겨져 있다.

금산군수 권종을 기리는 '권충민공순절비'.

권종은 1592년 6월 22일 충북 영동을 거쳐 금산으로 쳐들어온 왜군에 맞서 제원찰방 이극경과 함께 개티전투에서 혈전을 벌이다 아들 권준과 함께 순절했다.

해인사 홍제암 사명대사석장비

경남 합천군 가야면 치인리 홍제암 내 사명대사탑 및 석장비石藏碑. 홍제암 뒤편에 사명대사탑이 있으며 이와 짝을 이루는 비이다. 승탑 및 탑비는 보물로 지정돼 있다. 비는 승병장으로 활동한

해인사 홍제암 '사명대사석장비'.

사명대사 유정惟政, 1544~1610의 일대기와 행적을 기록한 것으로, 1612년광해군 4 『홍길동전』의 허균許筠이 비문을 지었다. 1943년 합천경찰서장이 네 조각으로 깨뜨렸는데 1958년 다시 접합해서 세웠다.

비신의 전면 위에는 '慈通弘濟尊者四溟松雲大師石藏碑자통홍제존자사명송운대사석장비'라는 비의 제목이 써 있다. 홍제암이라는 암자 이름은 1610년광해군 2 사명대사가 입적하자, 광해군이 애도하여 내린 '자통홍제존자慈統弘濟尊者'라는 사명대사 시호諡號에서 따온 것이다.

건봉사 사명대사기적비

임진왜란 때 사명대사가 강원 고성군 거진읍 냉천리 건봉사에서 승병을 모집한 사실을 기념해 1800년정조 24 비를 세웠다. 원래의 기적비는 일제강점기인 1943년 조선총독부의 지시로 파괴됐다. 1996년 건봉사 경내에서 발굴조사를 하던 중 대웅전 동쪽 야산에서 비 조각 몇 개를 발견했다. 2017

강원도 고성군 관계자들이 2016년 사명대사기적비 복원을 위해 현장조사를 하고 있다. ▷고성군

년 11월 남아있는 비문과 일제강점기 때 찍은 흑백사진을 이용해 비를 새로 제작해 기존 비 조각 옆에 세웠다.

이 외에도 태조의 남원 황산대첩비, 해남의 명량대첩비, 북한에 있는 정문부鄭文孚의 북관대첩비, 괴산의 만동묘정비萬東廟庭碑, 목포 고하도의 이충무공기념비 등 일제가 항일抗日유적 말살정책의 일환으로 관련 비석을 훼손한 사례는 많다. 외세의 침략으로부터 우리 산하를 지키기 위해 피 흘린 선조들의 뜨겁던 충혼과 이를 숨기려 했던 일본 제국주의의 음험한 망령이 오버랩되어 있는 역사의 현장들이다.

북관대첩비. 정문부 의병장의 함경도 북관대첩을 기념해 1709년 함북 길주군에 건립했다. 1905년 러일전쟁 때 일본군이 반출해 야스쿠니신사에 버려뒀던 것을 2005년 반환받았다. 이듬해 원래의 비는 북한에 건네주고 독립기념관 등에 복제비를 세웠다.

전남 해남의 보물 '명량대첩비'. 1942년 일제가 강제로 무단 철거해서 서울 경복궁 근정전 근처에 버렸던 것을 1950년 해남 주민들이 찾아서 옮겨 세웠다.

남원의 '황산대첩비'. 고려 말 이성계가 남원 황산에서 왜구를 크게 무찌른 것을 기념해 세웠으나 1945년 비를 동강내고 비문을 정으로 쪼았다.

충북 괴산에 있는 '만동묘정비'. 임진왜란 때 우리나라를 도와준 명 황제 신종과 의종의 제사를 지내는 사당에 세웠다. 글자 획을 쪼아 알아보기 힘들다.

인터뷰

황운연 장수 황씨 무민공 종중 대표

"삼국지 조자룡 능가하는 무위 지녔다"
"눈부신 활약 알리는 데 힘쓸 터"

"임진왜란 당시 육군으로 권율, 정기룡, 곽재우 장군 같은 훌륭한 분이 많이 계셨지만, 일신의 무위와 충성심을 따지면 무민공 할아버지가 단연 최고라고 생각합니다. 뛰어난 지휘관이자 백성을 위해 목숨을 돌보지 않는 장수였습니다."

"2차 진주성전투 당시 무려 10만 명의 왜군이 진주성을 둘러쌌잖아요? 마치 거대한 바다 위에 뜬 작은 조각배처럼 위태로웠죠."

순성장으로서 실제 전투를 지휘한 황진은 목이 터져라 지휘하면서 쉬지 않고 활을 쏘았다. 얼마나 많이 쐈는지 활시위를 당기는 엄지손가락이 문드러져 뼈가 보일 정도였다.

황 대표는 이치전투의 일화도 소개했다.

"치열하게 싸우다가 빗맞은 총탄에 잠시 기절했는데, 다행히 금방 깨어나 '물러서지 마라' 소리쳤고, 이 목소리를 들은 병사들이 힘을 내 대승을 거뒀습니다."

장수 황씨 호안공파 무민공 종중 황운연黃雲淵 대표는 "무민공 행적은 임진란 이후 2차 진주성전투까지 1년여의 짧은 기간이었지만 하나하나 살펴보면 참 '대단하다'라는 말밖에 나오지 않아요. 후손들에게 '우리라도 제대로 알고 공경심을 가져야 한다'라고 힘줘 강조하곤 합니다."

그래서 황 장군에 대한 제향을 기일忌日이 아닌 현충일에 지낸다. '현충'이라는 의미에도 부합하고, 공휴일이므로 많은 문중 인사가 참석할 수 있도록 하기 위해서이다.

4
고경명과 복수의병장

"무기를 들자, 말 달려 전장으로 나가자"
고경명, 금산에서 장렬하게 순절
장남 고종후 '복수의병장' 표방
많은 가족공동체 함께 목숨 바쳐

제봉霽峰 고경명高敬命, 1533~1592은 호남 의병의 정신적 지주였다. 높은 명망덕에 수많은 사람이 그의 휘하로 모여들었다. 그러나 금산전투에서 제대로 싸워보지 못하고 허망하게 패배하고 만다. 개전 초기 아직 전투에 익숙하지 못한 관군이 힘 한번 써보지 못하고 도주하거나 패한 것과 비슷하다고나 할까. 고경명은 이 전투에서 휘하 장수들과 함께 둘째 아들마저 잃는다. 훗날 그의 장남 고종후高從厚, 1554~1593는 복수를 하겠다는 일념으로 스스로를 '복수의병장'으로 칭하며 싸우다 제

포충사 내 고경명 초상.

2차 진주성전투에서 김천일 장군 등과 함께 순절한다. 철저한 충효忠孝 의식으로 무장한 전통시대에 부자, 부부, 형제, 주인과 노비 등은 운명공동체였다. 왜군의 총칼을 두려워하지 않고 아들이, 아내가, 손자가, 노비가, 부하 장수가 함께 목숨을 바쳤다.

포충사, 충의의 넋이 잠든 곳

2023년 4월 14일 오전, 광주광역시 남구 원산동 압촌마을 제봉산 남쪽 기슭의 포충사褒忠祠에는 봄기운이 완연했다. 정문인 충효문에 들어서자, 아름다운 소나무가 양쪽으로 쭉 도열한 채 참배객을 맞고 있었다. 경내 나뭇잎과 잔디의 초록은 벌써 제법 진했고, 붉디붉은 꽃을 한껏 피운 영산홍은 저 홀로 아름다움을 뽐냈다.

따사로운 봄 햇살이 포근하게 내리쬐는 포충사 사당 앞마당에서 제봉 고경명 제431주기 제향이 엄숙하게 봉행됐다. 행사에는 강기정姜琪正 광주시장을 비롯한 광주 시내 기관장과 장흥 고씨, 문화 유씨, 순흥 안씨 등 관련 후손 200여 명이 참석했다. 포충사는 임진왜란 때 순절한 충렬공 고경명, 장남 효열공 고종후, 차남 의열공 고인후高因厚, 1561~1592 삼부자와 월파 유팽로柳彭老, 1554~1592[1], 청계 안영安映, ?~1592 등 다섯 명의 충절을 기리기 위한 사당이다.

포충사는 크게 옛 사당 구역과 새로 지은 사당 구역으로 분리되어 있다. 유물전시관, 충노 문리동비석, 호남순국열사비 등이 들어서 있다. 약 7,000여 평에 이르는 경내는 깨끗하게 잘 관리돼 많은 광주 시민의 휴식 공간으로

---

1 전남 옥과현 출신으로 전라도에서 가장 먼저 의병을 일으켜 고경명 군에 합류했다. 금산전투 당시 일단 탈출했으나 고경명이 적진 속에 있다는 말을 듣고 다시 뛰어들어 싸우다 전사했다.

도 애용되고 있다. 홍선대원군이 서원철폐령을 내렸을 때 장성의 필암서원과 함께 훼철되지 않은 호남지방의 두 개 서원 중 하나다.

호남 의병의 정신적 지주, 금산에서 순절하다

> 조선의 관리들이여, 그리고 각처의 백성들이여!
> 충성된 사람이 어찌 임금을 저버리겠는가?
> 의로운 사람이라면 마땅히 나라를 위해 죽는 것이다.
> 무기를 들자, 군량을 모으자, 말 달려 전장으로 나가자.
> 쟁기를 던지고 밭두둑에서 떨쳐 일어나자.
> 힘닿는 대로 오직 의로 돌아가서 임금을 위해 싸우겠다는 자들과 함께 행동하기를 원한다.[2]
>
> -『정기록正氣錄』

보통 '마상격문馬上檄文'이라는 이름으로 널리 알려진 글 '격제도서檄諸道書'[3] 중 뒷부분이다. 의병부대를 이끌고 담양을 출발해 북상하면서 6월 24일 지은 것이 마상격문이다. 글자 그대로 '말 위에서 지은 격문'이라는 뜻이다.

---

2 咨我列郡守宰, 諸路士民, 忠豈忘君, 義當死國, 或藉以器仗, 或濟以糗糧, 或躍馬先駈於戎行, 或釋來奮起於農畝. 量力可及, 唯義之歸, 有能捍王于艱, 竊願與子偕作.

3 의병장이던 안방준安邦俊은 이 격문을 최치원崔致遠의 '토황소격문討黃巢檄文'에 견줄만한 명문으로 평가했다. 또 월사 이정구李廷龜, 1564~1635는 『월사집』 41권에서 격제도서에 대해 '문장이 천하에 뛰어날 뿐 아니라 그 글 뜻이 열렬烈烈하고 간절하여 읽는 사람으로 하여금 절로 충분忠憤이 끓어오르게 하니, 백세百世 뒤에도 미련한 자를 용동聳動시킬 수 있겠다. 글이라면 마땅히 이러해야 되지 않겠는가. 아, 위대하도다. 이는 천성으로 타고난 충효가 가슴속에 꽉 차 있다가 밖으로 크게 발산된 것이니, 평소에 수립한 소양이 어떠했는지를 상상해 볼 수 있다. 이 어찌 그저 붓을 쥐고 문장이나 구사하는 자가 엄두나 낼 수 있는 것이겠는가'라고 했다.

고경명의 묘.

당시 그의 나이 60세였다.

1592년 5월 23일 고경명은 유팽로, 양대박梁大樸, 1543~1592[4] 등과 담양의 추성관秋城館[5]에서 회동을 갖고 5월 29일 의병을 일으켰다. 이 자리에는 고경명 삼부자를 비롯해 고경명의 조카 고성후高成厚, 사위 노석령盧石齡과 박숙朴櫹이 참여했다. 이들 외에 21개 읍 61명의 사림과 유생들이 대거 참여했다. 이날 담양에 모인 의병은 무려 6,000명. 전쟁 초 관군이 겁을 먹고 도망가기 바빴던 것을 생각하면 엄청난 인원이었다. 고경명의 신망이 높은 이유가 컸다. 그는 바로 의병대장에 추대됐다.

고경명 의병부대는 6월 11일 마침내 국왕을 보위하고 도성을 수복한다는 근왕勤王을 기치로 담양을 출발했다. 뽀얀 먼지를 분분히 일으키며 나가는 행렬은 보무도 당당했다. 전주 등지에서 충분치 못할지언정 나름 군사 훈련도 했다. 한편 양대박은 별도로 부대를 이끌고 의병을 추가로 모집하던

4 남원 출신의 의병장으로, 아들과 가동家僮 50명으로 의병부대를 구성했다. 집안이 부유해서 전투에 필요한 무기와 군량 등을 모두 자신의 사재로 충당했다. 더위와 굶주림을 참아가며 의병 활동을 하다가 병을 얻게 돼 수레에 실려 돌아왔으나 바로 사망했다. 충장忠壯이라는 시호가 내려졌다.

5 담양 동헌으로 추정되는데 추성관의 정확한 위치는 명확하지 않다. 현재 죽녹원 안에 추성관이 있다.

중 임실군 운암에서 일본군을 만나 격파하는 전공을 세웠다[6]. 고경명 부대는 전주를 떠나 선조가 머물고 있던 의주를 향해 북상을 서두르다 고바야카와 다카카게

양대박 부자 충의문(梁大樸 父子 忠義門).

의 제6군이 전주 침공을 위해 금산에 주둔하고 있다는 소식을 들었다. 왜군은 부산에서 서울, 평양까지 파죽지세로 치고 올라가 주력 전선을 확보했으나 이순신 장군에 의해 바닷길을 통한 보급로가 막히자, 눈을 돌려 병참기지 확보차 전라도를 공략하려던 참이었다. 당시 왜군은 전주로 향하다가 웅치, 이치에서 조선 의병 및 관군과 싸움을 벌여 큰 피해를 입고 금산성에 웅크리고 있는 상태였다.

이에 고경명은 우선 호남을 구하는 것이 먼저라는 생각에서 호서의병장 조헌과 연합하여 금산을 치기로 하고 금산성 밖에 진을 쳤다. 7월 9일 고경명 의병부대와 곽영郭嶸의 관군이 연합하여 금산성을 공격하기 시작했다. 과감하게 적의 본진을 공격하는 전면전을 선택한 것이었다. 첫날의 싸움은 그럭저럭 성공적이었다. 성 밖의 왜군 진지를 불태워 없애고 또 성으로 포를 쏘아 일부를 불사르기도 했다. 하지만 관군이 싸움을 돕지 않는 데다, 성이

6 전라도 최초의 의병전이자 승전으로 꼽힌다. 하지만 양대박은 병이 나는 바람에 고경명 군에 합류하지 못하고 7월 초 사망한다. 이에 그의 부하들만 합류해 제1차 금산성전투에 참전한다.

유팽로의 위패가 있는 전남 곡성군 옥과면 합강리 '도산사'. 사진 오른쪽은 섬진강과 옥과천이 합류하는 지점이다.

몹시 튼튼해 공략에 애를 먹다가 날이 저물어 일단 군사를 물렸다.

다음날 의병은 서문으로, 관군은 북문으로 쳐들어갔다. 하지만 관군의 허약함을 알아챈 왜군은 관군을 집중적으로 공격했다. 잔뜩 겁을 먹고 있던 선봉장 영암군수 김성헌金成憲이 달아나면서 관군은 일시에 무너지고 말았다. 고경명은 의병부대만이라도 힘껏 싸우려 했다. 그러나 "관군이 도주한다"라는 말이 돌면서 진중이 수군거렸다. 한쪽에서 의병부대의 대오가 흩어지기 시작했다. 마치 쓰나미가 닥친 것처럼 전열은 걷잡을 수 없이 금세 무너지고 말았다. 이미 겁을 먹고 달아나기 시작한 의병을 도저히 제지할 수 없었다.[7]

결국 안영이 고경명에게 후퇴하여 후일을 도모하자고 권했다. 고경명은 "내가 마땅히 이 자리에서 죽을 것이니 군君은 속히 자리를 떠나라." 하고

7 『국조인물고』 권55 '왜난시 입절인倭難時立節人 피구인부被拘人附', 고종후

움직이지 않았다. 이에 안영과 유팽로는 고경명을 몸으로 막고 싸우다 함께 순절하고 말았다. 둘째 아들 인후도 앞장서 싸우다 죽었다. 고경명의 좌우명 '세독충정世篤忠貞, 대대로 독실히 충성, 절의를 다한다'대로 살다 간 것이다. 당시 약 800여 명이 사망한 것으로 추정된다. 이것이 눈벌전투 또는 제1차 금산성전투이다.

『선조수정실록』은 이들의 최후를 이렇게 적고 있다.

> "이에 경명이 팽로를 돌아보며 말하기를 '나는 죽음을 면하지 못할 것이니 그대는 말을 달려 빠져나가라' 했다. 팽로가 '어떻게 차마 대장을 버리고 살기를 구하겠는가' 하고 안영과 함께 경명을 에워싸고 있다가 함께 전사했다. 경명의 둘째 아들 인후도 달려가 싸우다가 전사했다. 경명은 문학文學에 종사하여 무예를 익히지 않았으며 나이 또한 노쇠하였다. 이때 맨 먼저 의병을 일으켰는데 충의심만으로 많은 군사들을 격려하여 위험한 곳으로 깊이 들어가 솔선하여 적과 맞서다가 전사한 것이다. 공은 성취하지 못했어도 의로운 소문이 사람을 감동시켜 계속 의병을 일으킨 자가 많았으며, 나라 사람들이 그의 충렬忠烈을 칭송하면서 오래도록 잊지 않았다."
>
> –『선조수정실록』 26권, 선조 25년 7월 1일

해광 송제민도 '소모호남의병문'에서 이때의 사례를 들면서 "제봉 고경명은 문신이어서 군대나 싸움의 일을 알지 못하는데도 중인들의 추대를 받아 장수가 되어 부자가 순국하였으니 충효가 한 집에서 함께 난 것이어서 비록 죽었지만 명예롭습니다. 사람은 어차피 한 번 죽는 것인데 제봉은 선비의 도를 다하여 죽을 곳에서 죽었으니 어찌 슬퍼만 하겠습니까?"라고 적었다.

고경명은 비록 제대로 싸우지 못하고 목숨을 잃었으나 이후 호남에서 의병이 벌떼처럼 일어났다는 뜻이다. 또한 이치·웅치전투, 고경명의 1차 금산전투, 조헌과 영규대사의 2차 금산전투 등 금산 일대에서 잇따라 벌어진 전투는 왜군에게도 큰 피해를 줘 결국 양호兩湖[8]를 지켜낸 밑거름이 됐다. 호남을 지킨 것은 이순신이 바다에서 싸워 이길 수 있는 토대를 제공했다는 뜻도 가진다. 이런 점에서 고경명의 순절은 그 의의가 크다고 하지 않을 수 없다.

복수의병장 "아버지, 동생 원수 갚겠다"

고경명의 큰아들 고종후는 아버지의 뜻에 따라 아우 고인후와 함께 거병했다. 고종후는 전라도순찰사 이광李洸의 흩어진 군졸들을 모아 수원에 있는 광주목사 정윤우丁允佑에게 인계하고, 돌아오는 길에 태인에서 고경명의 의병군과 합류하였다. 다시 아버지의 명에 따라 금구·김제·임피 등지에 격문을 돌려 의병을 모집하고 군량을 모아 여산의 본진에 돌아왔다.

고종후는 이어 군량을 마련하기 위해 본진과 헤어져 전장에서 잠시 벗어나 있었다. 이 바람에 죽음을 면했지만, 아버지와 동생의 순절 소식을 들은 그는 그만 기절해 말에서 떨어지고 말았다. 한참 만에 정신이 든 그는 맨손으로 적진으로 나가 죽으려고 하니 부하들이 좌우에서 그를 껴안고 "그저 죽기만 하는 것은 무의미한 일이다, 지금 공마저 죽는다면 누가 선친의 시신을 수습하겠느냐"고 말렸다. 고종후는 40여 일만에 시신을 거두어 장례를 치르고는 기필코 복수할 것을 다짐했다. 왜군은 한시라도 한 하늘 아래 살 수 없는 불구대천의 원수였다.

고종후는 같은 해 12월 400여 명의 흩어진 군사를 모아 부대를 꾸렸다.

---

8 호남과 호서 즉 전라도와 충청도를 가리킨다.

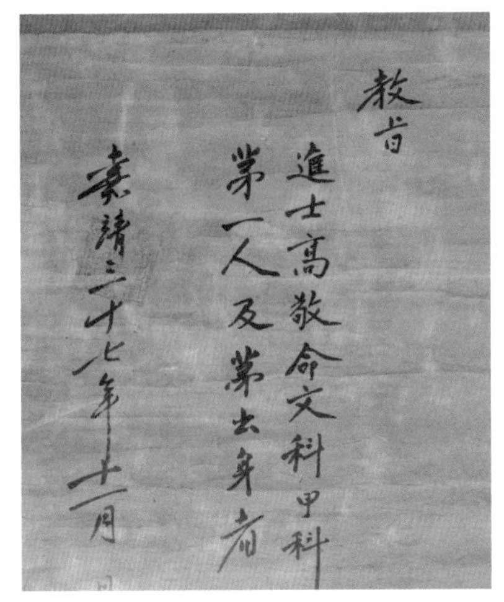
教旨
進士高敬命文科甲科
第一人及第出身者
嘉靖三十七年十一月

고경명의 문과 장원급제 교지(위)와 고경명 친필로 알려진 '세독충정(世篤忠貞)' 현판(아래).

이름마저 '복수군復讐軍'이었다. 다른 이들은 고종후를 '복수의병장'이라 불렀다. 하지만 당시 전투가 소강상태에 이르러 별다른 싸움은 없었다. 복수를 하지 못해 애태우던 고종후는 6월쯤 왜군이 진주성을 다시 공략한다는 소식을 들었다. 고종후는 절대적인 열세임을 알면서도 진주성을 지키고 아버지와 동생의 복수를 다짐하며 진주성으로 들어갔다. 고종후는 끝까지 장렬하게 싸웠지만 성이 함락돼 왜적이 물밀듯이 들이닥쳤다.

"아버지와 동생의 원수들에게 내 목숨을 내줄 수는 없다"며 촉석루에 올라가 북향 재배한 뒤 김천일, 최경회와 함께 남강南江에 몸을 던졌다. 고종후의 나이 마흔이었다. 세상에서는 이들 세 사람을 소위 '삼장사三壯士'라고 불렀다.

고종후는 24세에 문과에 급제해 예조좌랑, 임피현령, 지제교知製敎 등을 지냈지만 시의時議와 맞지 않아 탄핵을 받아 출사와 파직을 번복했다. 도승지에 이어 이조판서에 추증되었으며, 광주의 포충사와 진주성 내 창렬사彰烈祠에 제향되었다. 시호는 효열孝烈이다.

고경명은 누구? 뛰어난 시인이자 문장가

흔히 고경명을 의병장으로 기억하지만, 그는 당대의 탁월한 시인이자 문장가였다. 고경명은 26세이던 1558년 식년문과에서 장원급제했다. 성균관 전적에 이어 홍문관 부교리, 부수찬, 교리에 이르는 5년 동안 평탄하게 승진했다. 하지만 당대 대표적인 외척 중 한 사람인 이량李樑이 사림의 탄핵으로 실각하는 과정에서 그 일파로 몰려 울산군수로 좌천되곤 곧 파직됐다. 이 사건으로 고경명은 18년의 세월을 야인으로 보냈다. 낙향한 제봉은 산수를 유람하며 시를 지었다.

제봉은 1581년선조 14 영암군수로 다시 기용됐다. 이후 서산군수와 한산군수, 사복시 첨정, 순창군수 등을 역임했다. 1591년 동래부사에 임명됐지만, 곧 파직돼 고향으로 돌아갔다. 의정부 좌찬성左贊成에 추증되고, 선무원종공신 1등에 녹훈錄勳되었다.

◈ 고경명의 생애

1533년(중종 28)	광주 압촌동에서 출생
1552년(명종 7)	사마시 합격
1558년(명종 13)	식년문과 장원급제
1560년(명종 15)	사간원 정언
1561년(명종 16)	사간원 헌납, 사헌부 지평
1563년(명종 18)	울산군수 파직돼 낙향
1581년(선조 14)	영암군수
1582년(선조 15)	서산군수
1585년(선조 18)	군자감정軍資監正
1591년(선조 24)	동래부사 파직
1592년(선조 25)	1차 금산성전투에서 사망

죽음마저 뛰어넘은 가족공동체 의병들

고경명은 둘째 아들과 함께 죽었고, 그의 큰아들은 죽을 것을 알면서도 진주성에 자발적으로 들어가 처절하게 싸우다 남강에 투신했다. 고경명의 배다른 동생 고경형高敬兄과 따르던 노비 봉이鳳伊와 귀인貴仁까지 목숨을 바쳤다. 부자, 부부, 형제, 사제 등 많은 공동체가 임진왜란 당시 함께 참화를 당했다. 충효라고 하는 철저한 윤리와 도덕으로 무장한 공동체 의식은 죽음마저 뛰어넘는 것이었다.

강진 염걸 일가

염걸廉傑, 1545~1598 장군은 일찍이 글재주가 있고 힘이 몹시 셌다고 전한다. 1597년 9월 정유재란 당시 왜군이 강진만 구십포 해안으로 들어오자, 염걸은 두 동생과 아들에게 "불행하게도 나라가 긴 전란을 겪고 있으니 마땅히 우리가 목숨을 바칠 때"라고 말하고, 인근 장병 300명을 규합했다. 염걸은 이들을 이끌고 볏짚으로 허수아비 수백 개를 만들어 사람으로 위장한

전남 강진군 칠량면 단월리 파주 염씨 임란4충 묘.

뒤 왜군을 정수사 골짜기로 유인해 기습공격을 하는 등 여러 차례 공을 세웠다. 다음 해 노량해전 때 도주하는 적선을 쫓아가다가 거제도 앞바다에서 조총에 맞아 순절했다. 그의 동생인 염서廉瑞, 염경廉慶, 외아들 염홍립廉弘立도 모두 전사했다.

강진에는 이들 삼 형제와 아들의 묘가 함께 있어 사충묘四忠墓라고 불린다. 염걸은 자헌대부 병조판서로 추증되었다.

광양 강희보 일가

강희보姜希甫, 1560~1593, 강희열姜熙悅 형제는 고경명 휘하에서 금산전투에 참전했다가 패해서 고향인 광양으로 돌아왔다. 형제는 다시 의병 200명을 모아 비飛 자를 군표軍標로 삼고 남원에서 왜적과 싸웠다. 이어 2차 진주성전투 때 위급한 상황을 전해 듣고 달려가 싸우다 형 희보는 6월 27일, 아우 희열은 29일 장렬하게 전사했다.

나주 양산숙 일가

양산숙梁山璹은 의병장 김천일의 막하에서 운량장運糧將으로 활동하다 제2차 진주성전투에서 김천일과 함께 남강으로 투신해 충신 정려를 받았다. 광주 광산구 박호동의 '양씨삼강문'에는 '삼세구정려'라는 현판이 걸려 있다. 삼대에 걸쳐 아홉 명에게 내려진 충신, 효자, 열녀, 절부 등 정려 아홉 개를 걸어둔 정려각이다.

효자로 모셔진 양산룡梁山龍과 양산축梁山軸은 충신 양산숙의 형제로, 정유재란 때 삼양포에서 왜군을 만나 어머니를 구하려다 순절했다. 절부로 모셔진 양산숙의 어머니 죽산 박씨는 왜군을 만나 바다에 투신했으며, 양산숙의 부인 광산 이씨 또한 왜적에 항거하다가 자결했다. 각각 김두남金斗南, 양응정梁應鼎, 김광운金光運, 임환林懽에게 출가한 양씨 여성들은 왜군을 만나 바닷물에 몸을 던져 자결하는 등으로 숨졌다.

달성 곽준 일가

곽준郭遵, 1550~1597은 1597년 정유재란 당시 안음현감으로 호남으로 향하는 길목 중 하나인 함양 황석산성에서 가토 기요마사 군의 공격을 막다 순절했다. 아들 곽이상郭履常, 곽이후郭履厚, 외가의 유명개劉名蓋, 1548~1597가 함께 전사했다.

달성역사인물공원 내 곽준 흉상.

비록 패해서 성은 함락됐으나 안음현과 거창현, 함양군 등 일곱 개 군현 선비와 관리, 백성 7,000여 명이 합심해서 처절하게 피 흘린 전투였다.

순천 허일 일가

일심재 허일許鎰, 1549~1593은 1585년선조 18 무과에 급제한 무인이다. 웅천현감雄川縣監으로 재임하던 중 임진왜란이 일어나자 삼포수방사三浦守防使 겸 웅천현감으로 이순신 장군을 따라 종군하여 부산, 남해 등지에서 전공을 올렸다.

제2차 진주성전투 때 다섯 아들과 함께 성에 들어가 최경회의 후부장으로 전투에 참여했다. 그러나 허일은 밀려오는 왜군과 싸우다 끝내 남강에 투신했다. 뒤이어 아들 허증許增, 허은許垠, 허탄許坦도 함께 순절했다. 당시 살아남은 허원許垣과 허곤許坤도 다른 전투에서 목숨을 돌보지 않고 싸우다 숨지는 등 아버지와 다섯 형제가 모두 순절했다. 허일은 선무원종공신 1등에 녹훈되고, 호조참판에 추증됐다. 순천 충렬사忠烈祠에 배향되었다.

전남 순천시 조례동 충렬사에서 후 손 허은수 씨(왼쪽)가 전쟁 당시 문중의 참여에 대해 설명하고 있다.

후손 허은수 씨는 "허건許鍵, 허약許鑰, 허경許鏡, 허전許銓, 허동許銅 등 허일공의 종형제분들도 모두 군량을 내놓거나 의병에 참가했다"라며 "순천에 사는 우리 양천 허씨 문중이 모두 한마음 한뜻으로 국난극복에 앞장섰다"고 설명했다.

영광 김사모 일가

김사모金嗣牟는 1592년 동래성 전투에서 전사했고, 그의 세 아들 김억명金億命, 김억룡金億龍, 김억호金億虎는 1597년 남원성 전투에서 순절했다. 이들 부자를 기리는 송촌사가 영광에 세워졌다. 송촌사 유허비와 고문서는 전남 문화재로 지정돼 있다.

화순 최경회 일가

제2차 진주성전투에서 논개論介의 남편인 의병장 최경회가 남강에 몸을 던져 장렬한 최후를 마쳤다. 최경회가 세상을 뜨자, 그의 형 최경장崔慶長, 1529~1601이 뜻을 잇겠다고 분연히 나섰다. 최경장은 65세라는 고령에 계의繼義를 기치로 삼아 동생의 부하인 전라우의병을 추슬렀다. '계의'는 의병을

최경회 사후 그의 형 최경장이 의를 계승한다는 뜻에서 사용한 '계의' 표지기.

계승한다는 뜻이다. 조정에서도 '계의병대장繼義兵大將'이란 칭호를 내렸다. 최경장은 곤양과 사천, 고성 등지에서 왜적을 공격해 전과를 올렸다.

> "비변사가 아뢰기를, 의병장 최경장은 전사한 아우의 군사를 거두어 모아 적을 칠 것을 죽음으로 맹세했으니 충의가 가상합니다. 조정에서 이미 계의장이란 칭호를 내렸으나 모름지기 인신印信이 있어야만 부하를 통솔할 수 있을 것입니다."
>
> -『선조실록』 43권, 선조 26년 10월 6일 병술 두 번째 기사

맏형 최경운崔慶雲, ?~1597은 정유재란 때 아들 최홍재崔弘宰, 조카 최홍우崔弘宇, 최홍기崔弘器 등과 함께 화순 오성산성에서 3일 동안 왜군과 싸우다 목숨을 잃었다.

이밖에 2차 금산성전투에서 조헌의 아들 완기完基는 당시 왜군의 시선을

끌기 위해 일부러 옷차림을 화려하게 꾸몄다. 왜군은 그를 주장主將으로 알고 일제히 몰려들어 죽였다. 나주 김천일의 아들 김상건金象乾도 아버지와 함께 촉석루에서 몸을 던져 순국했다. 영암 전몽성全夢星, 1561~1597은 임진왜란 때 여러 전투에 참여한 데 이어 정유재란 때 동생 전몽진全夢辰 등과 의병을 일으켜 왜적을 무찔렀다. 영암의 해암포海岩浦 싸움에서 화살이 떨어지자, "나라의 적을 무찌르는 것은 신하의 도리"라 크게 외치고는 적진으로 뛰어들어 동생과 함께 숨졌다. 부안 채홍국蔡弘國, 1534~1597과 아들 채명달蔡命達, 채경달蔡慶達 삼부자는 정유재란 때 부안 호벌치胡伐峙에서 모두 전사했다.

5
조헌

상소 통해 전란 예견하고 대비책 제시해
조헌, 목숨 바쳐 충성·절의 실천
왜, 큰 피해 입고 호서·호남 포기

중봉重峯 조헌趙憲, 1544~1592은 직언을 서슴지 않는 강직한 선비였다. 옳다고 믿는 생각은 조금도 주저하지 않고 실천에 옮기는 행동파였다. 그는 일찌감치 임진왜란을 예견하고 국정 전반에 걸쳐 개혁과 함께 침략에 대한 대비를 주문하곤 했다. 전쟁이 발발하자, 그는 즉각 의병을 모집해 금산에서 싸우다 장렬하게 순절했다. 그를 따르던 700명의 의사는 단 한 명도 전장에서 이탈하지 않고 죽음을 맞았다. 조헌의 이러한 충절은 후대 민족정기와 호국정신에 큰 영향을 주었다.

금산 칠백의총 제향

2022년 9월 23일 충남 금산군 금성면 의총리 칠백의총 종용사從容祠[1]. 최응천 국가유산청장과 칠백의사 후손 등 100여 명이 참석한 가운데 '칠백의사 순의殉義 제430주년 제향'이 열렸다. 행사는 제향, 살풀이춤 공연, 의총 참배 등의 순으로 1시간여 진행됐다.

옥천 '표충사'에 봉안된 조헌 영정.

금산 칠백의총은 연곤평延崑坪전투(제2차 금산성전투)에서 조헌 및 영규대사와 함께 순절한 칠백의사를 기리는 곳. 다만 이보다 8일 전에 벌어진 눈벌전투(제1차 금산성전투)의 고경명 군, 연곤평보다 10일 뒤에 벌어진 횡당촌전투의 변응정邊應井 군까지 함께 모시고 있다. 국가 차원에서 매년 9월 23일임진년 음력 8월 18일 칠백의사 순의제향殉義祭享을 엄숙하게 거행하고 있다.

일제강점기 때 일제는 의총과 종용사를 훼손하고, 순의비를 폭파한 것도 모자라 칠백의총에 딸린 부속 토지를 팔아 황폐하게 만들었다. 광복 후 1952년 금산 군민들이 성금을 모아 의총과 종용사를 다시 지었다. 1963년 1월 국가에서 사적으로 지정한 데 이어, 1963년 박정희 대통령의 성역화 지시에 따라 지금의 면모를 갖추게 됐다.

(전략)

거시기고 아무개라 사초마저 뭇풀인데

죽기야 하겠나

---

1 임진왜란 당시 금산 지역의 싸움에서 순절한 21위位의 위패가 안치된 사당이다. 1647년 당시 호서·호남지방의 유림에 의하여 사당이 건립되었다. 1940년 일제의 항일유적 말살 정책에 따라 훼손되었다가 1952년 복원되었다.

죽기밖에 더 하겠나
한목숨 시위에 걸고 왜바람 가로질러

다시 보는
다시 봄에
김치 치즈 스마일

웃음보 터트리는 걸음나비 포인트로
돌아온
봄의 씨앗 무명씨는
돌아오지 않았다

– 제16회 '중봉조헌문학상' 시 부문 대상 정두섭의 〈함소입지含笑入地〉 중에서

사단법인 중봉조헌선생기념사업회는 올해 처음으로 제1회 '중봉조헌 선양 유튜브 영상공모전'을 개최했다. 사업회는 또 '중봉조헌문학상'을 제정해 매년 시와 수필로 나누어 작품을 공모해 시상하고 있다. 2023년 17회째를 맞았다.

경기도 김포문화원(원장 박윤규)은 2023년 9월 16일 김포시 운양동 김포문화원 앞에서 '제36회 중봉문화제'를 개최했다. 조헌의 강직한 성품을 잘 보여주는 지부상소를 현대적으로 재해석한 행사 등이 마련됐다. 판소리, 한국무용 등 조헌을 주제로 한 공연도 무대에 올랐다. 학자, 의병장, 정치 개혁가 등 다양한 조헌의 삶을 조명했다.

충북 옥천문화원(원장 유정현)은 2023년 10월 옥천군 안남면 도농리 표충사表忠祠[2] 등지에서 '제48회 중봉충렬제'를 개최했다. 추모 제향을 비롯해

학술 세미나, 전시 등의 행사를 진행했다. 옥천은 조헌이 순절하기 전 학문을 닦으며 제자를 기르던 곳으로 묘, 이지당二止堂, 후율당後栗堂 등 많은 유적지가 남아 있다.

황규철 옥천군수는 "중봉충렬제를 통해 호국정신을 함양하고 우리 지역의 자랑스러운 역사를 되돌아보는 계기가 되기를 바라는 마음"이라고 말했다.

피어린 금산성, 700명 장렬히 산화

> 원한은 가을 하늘에 가득하여 답답하기만 한데
> 죽은 의병들은 자취 없이 누런 먼지만 자욱하네.
> 나라가 위급해져서야 충언이 맞았음을 알겠는데
> 비록 싸움은 패했어도 적의 세력을 꺾었구나.
>
> -『재조번방지』 내 장유張維, 1587~1638의 순의비 시

왜군은 전광석화처럼 무인지경無人之境으로 한양을 점령했지만 커다란 고민이 생겼다. 병참선 확보 즉 군량을 지속적으로 대야 전쟁을 안정적으로 수행할 수 있는데, 가장 효율적인 바닷길이 이순신 장군에 의해 철저하게 막혀 있었다. 육로에 의한 병참선은 영남 의병들에 의해 원활하지 않았다. 그래서 왜군은 물자가 풍부한 호남을 공략하기로 결정한다. 왜군 총사령관 우키다 히데이에宇喜多 秀家는 군량을 확보하고 이순신 장군의 후방을 치기 위해 1592년 6월 고바야카와 다카카게에게 충남 금산과 경남 거창 등지로 남

2 조헌의 영정과 위패, 조헌의 아들 조완기 위패를 봉안하고 있는 사당이다. 조헌 묘 아래에 있다.

하를 명령했다. 그래서 그해 7월 벌어진 전투가 웅치, 이치, 1차 금산성전투이다. 이어 8월 벌어진 전투가 조헌, 영규대사에 의해 치러진 청주성 탈환 및 2차 금산성전투이다.

임진왜란 당시 조헌은 관직에서 물러나 고향인 충북 옥천에 내려와 조용히 학문을 닦으며 제자를 가르치고 있었다. 조헌은 임진왜란이 발발한 지 얼마 후 왜적이 강토를 짓밟는다는 소식을 들었다. 불같은 성격에 정의감이 가득했던, 행동하는 선비 조헌은 위기에 빠진 조국을 그냥 두고 볼 수 없었다. 즉시 휘하의 문인을 통해 1,600여 명의 의병을 소집, 충과 의를 향한 기치를 높이 들었다.

조헌은 8월 초 청주성으로 진격해 영규대사, 박춘무朴春茂, 1544~1611 등과 힘을 합해 청주성을 수복하는 데 성공했다. 조헌은 청주성 탈환 후 임금을 지키는 근왕을 위해 아산까지 북상했다. 그런데 윤선각尹先覺, 1543~1611 충청도순찰사가 "전황이 급박하니 금산에서 왜군을 몰아내는 게 우선"이라고 권해 회군했다.

당시 영규대사를 비롯해 많은 의병들은 금산 공격에 대해 신중할 것을 주문했다. 금산성에 대한 정보가 부족했고, 관군과의 협조가 제대로 이루어지지 않았기 때문이었다. 조헌은 전라도순찰사 권율에게 8월 18일 금산성 공격을 제의해둔 상태였다. 하지만 권율은 "사정이 좋지 않으니 싸움을 연기하자"라는 편지를 보냈고, 이 편지가 미처 당도하기 전 조헌은 영규대사와 함께 17일 예정대로 연곤평에 진을 치고 관군을 기다리고 있었다. 연곤평은 금산성 밖 10리 지점으로 현재 칠백의총 앞 들녘이다. 조헌의 병력은 청주성 전투와 윤선각의 방해공작으로 어느새 700명으로 줄어 있었다.

이때 적장 고바야카와 다카카게, 안코쿠지 에케이는 미리 병력을 보내 매복하고 있었다. 이들은 지원부대가 없다는 것을 확인하고 의병들을 포위해 기습공격을 가했다. 전체 병력이 1만 5,000명에 이를 만큼 압도적이었다. 하지만 의병들은 조금도 굴하지 않았다. 미처 제대로 전투 준비를 하지 못해 잠시 당황했지만 곧 전열을 가다듬고 싸움에 임했다.

> "조헌이 군중에 영을 내리기를, '오늘은 오직 죽음이 있을 뿐이다. 죽고 살고 나아가고 물러감에 의에 부끄럼 없게 하라' 하였다. 모두가 명령대로 따랐다. 싸우기 한참 만에 적병이 세 번 패했으나 우리 군사는 모두 화살이 떨어졌다. 적이 드디어 거침없이 진으로 밀려오니 한 군사가 조헌을 이끌며 피하기를 청하니 조헌이 웃고 말안장을 풀며 말하기를, '이곳이 내가 순절할 땅이다. 장부는 죽을지언정 난에 임하여 구차하게 목숨을 구하지 않는다' 하고 싸움을 독려하니 사졸들이 죽기로 달려들어 자리를 떠나지 않고 싸우다 마침내 함께 죽으니 한 사람도 요행으로 모면한 자가 없었다. (…) 드디어 무주茂朱에 있던 적과 함께 모두 달아나버리니, 호서와 호남이 이로 인하여 안전하게 되었다."
>
> – 『연려실기술燃藜室記述』 제16권 「선조조 고사본말」, 조헌·영규대사·변응정

『선조수정실록』 26권, 선조 25년 8월 1일 자에도 "조헌의 군사는 화살이 다 떨어져 맨주먹으로 육박전을 벌였고 한 사람도 도망가지 않고 싸우다 모두 전사했다"라 적고 있다. 그만큼 의병들은 압도적인 전력 차에도 불구하고 한 치도 밀리지 않은 채 하루 종일 악착같이 싸웠다. 죽음을 불사하고 벌이는 혈전이었다. 아무리 병력이 많아도 목숨을 내놓고 싸우는 의병의 투지 앞에서는 왜군도 엄청난 희생을 치를 수밖에 없었다. 결국 왜군은 병력을 금산에서 성주로 물렸다. 결코 승전의 기쁨을 누릴 수 없는 싸움이었다.

이어서 『선조수정실록』은 이날 금산성전투에 대해 "조헌의 군사들은 모

1976년 정창섭이 그린 금산전투도. 시체가 가득한 전장에서 조헌, 영규대사가 왜군들과 육박전을 벌이고 있다. ▷전쟁기념관

두 명령을 잘 받들어 각자가 힘써 싸웠으며, 이르는 곳마다 엄숙하고 정돈이 되어 문란하지 않았다. 당초에 그가 의병을 일으켰다는 소식을 듣고 원근에서 모였는데, 관가에 의해 가족이 구금[3]되어도 오히려 조헌을 사모하여 차마 떠나지 못하였다. 그가 패했다는 소식이 전해지자, 전장에서 죽은 군사의 집에서는 사사로운 원한을 품지 않고 다만 조헌이 전사한 것을 슬프게 여겼으며, 요행히 뒤에 처져 모면한 자도 함께 죽지 못한 것을 한스럽게 여겼다. 호서의 여러 고을 사람들이 그를 위하여 몇 개월 동안이나 소식素食[4]하였다"라고 평했다.

---

3 충청도순찰사 윤선각은 의병이 많아지면 관군에게 불리하다 여기고 의병 가족을 가두는 등 조헌의 의병 활동을 방해했다.

4 고기를 먹지 않고 채소만으로 식사하는 것.

상소 왕 조헌, 선조 "그는 간귀"

조헌은 조선의 '상소 왕'이었다. 물론 '아무 말 대잔치'는 아니었다. 그는 투철한 충의정신으로 무장한 강직한 선비였다. 조정 대신은 물론 왕의 잘못까지 꼬치꼬치 미주알고주알 따져가며 직언을 서슴지 않았다. 얼마나 직설적이고 과격한 상소를 줄기차게 올렸던지 선조는 진절머리를 내며 상소를 무시하는가 하면 심지어 화를 내며 파직에 귀양까지 보냈다.

『국조인물고』 등에 따르면 조헌은 처음 1572년 교서관 정자正字로 있을 때 선조가 사찰에 향을 내려주라는 명을 내리자, '논향축소論香祝疏'를 올렸다. 그런데 거기에 쓰인 말이 너무 극단적極端的이어서 선조의 분노를 샀고, 이로 인하여 그는 삭탈관직당했다. 이는 시작에 불과했다.

2년 뒤인 1574년 조헌은 질정관質正官[5]으로 명나라를 다녀온 직후 명나라의 문물제도를 본받아 조선이 고쳐야 할 폐단을 기술한 상소를 올렸다. 이어 1586년 선조가 구언求言[6]하는 교서를 내리자, 공주 교수敎授[7]로 있던 조헌은 이에 붕당의 시비와 정사의 폐단을 논한 장문의 상소문을 올렸다. 조헌의 상소는 동인을 분노케 했고 이에 조헌에 대한 비난과 공격이 이어지면서 결국 1년 뒤 조헌은 파직되었다. 1587년 올린 상소는 선조의 화를 얼마나 돋우었던지 불에 태워지고 말았다. 왕이라고 해도 언로言路를 막는 것이어서 상소를 불태우는 것은 금기사항이었다.

1589년엔 유명한 지부상소持斧上疏[8]를 올리는 바람에 함경도 길주로 귀

5 사신 일원으로 제도나 사물 등 특정 사안에 관한 의문점을 알아 오는 일을 맡았다.

6 나라에 재앙이 있을 때나 국정 운영에 필요할 경우, 임금이 신하로부터 널리 의견을 구하던 일.

7 향교 교관.

8 자신의 주장이 잘못된 것이라면 자신을 죽여달라는 뜻으로 도끼를 지니고 올리는 상소를 뜻한다. 조헌은 당시 조정의 잘못과 동인의 전횡을 비판하는 '논시폐소論時弊疏'를 올렸다.

조헌이 사용했던 것으로 전해지는 화살통.

양을 갔다. 그는 심지어 유배지에서도 여러 번 상소를 올렸다. 조헌의 강경한 상소가 거듭되자 선조는 이렇게 말한다.

> "조헌은 간귀奸鬼이다. 아직도 두려워할 줄 모르고 조정을 경멸하여 더욱 거리낌 없이 날뛰니, 그 사람은 앞으로 마천령磨天嶺을 다시 넘게 될 것이다."
>
> –『선조실록』 23권, 선조 22년 12월 15일

1591년 3월 도요토미가 사신을 보내 명나라를 칠 길을 빌려 달라고 요구했다. 조헌은 이에 옥천에서 도끼를 메고 상경해 '청참왜사소請斬倭使疏'를 비롯해 '영호남비왜지책嶺湖南備倭之策' 등을 올린다. 왜 사신의 목을 베어 명나라와 인근 나라에 조선의 단호한 의지를 보여주고 일본을 경고해야 한다는 주장이다. 두 번째 지부상소이다. 그는 나라에 위기가 닥쳤다 생각하고 절박한 심정으로 3일 동안 대궐 앞에 엎드렸다. 이번에도 임금은 비답을 주지 않았다.

특히 조헌이 청참왜사소와 함께 올린 영호남비왜지책은 뛰어난 혜안을 가지고 나름의 전쟁 대비책을 기술한 것이다. 조헌은 이 상소를 통해 왜군의 침입 경로는 호남이 아니라 영남일 것이며, 변방에 명장을 파견해 초전에 적의 기세를 꺾어야 하며, 유격전을 펴야 한다는 등 구체적인 방책을 여덟

항에 걸쳐 제시하고 있다.

훗날의 『선조수정실록』을 보면 이런 평가가 나온다.

> "조헌 계책이야말로 당시의 최상책이라 할 만한 것이었다. 그러나 그 계책이 채택되지 않자, 밤마다 천문天文을 우러러 살피면서 통곡하며 눈물을 흘리기도 하고 온종일 먹지 않기도 하였는데 곁에 있는 사람들이 모두 이상하게 여겼다. 그리고 늘 처자로 하여금 무거운 것을 지고 걷는 일을 연습하게 하였으며, 문인門人으로 하여금 글을 읽는 여가에 날마다 30리씩 걷는 연습을 시키면서 말하기를 '머지않아 왜적의 난리를 피해야 할 것이니 이것이 시급한 업무이다' 하였는데, 문인들이 모두 감히 어기지 못하였다. (…) 조헌이 천문과 인사人事의 길흉을 헤아렸으니 이는 지극한 정성으로 시운을 걱정하였기 때문에 술사처럼 미리 알 수 있었던 것이다."
>
> – 『선조수정실록』 26권, 선조 25년 8월 1일

조헌의 상소문 내용이 얼마나 실효성이 있고 합리적이었는가에 대해서는 지금 시각에서 판단하기 어렵다. 그러나 갖은 박대와 시련에도 자신의 소신을 끈질기게 피력한 조헌의 우국충정은 귀감이 되고도 남을 만하다. 그는 전란을 예견하며 구체적인 대책을 제시했고, 말로만 그친 것이 아니라 온몸으로 그리고 목숨을 던져가며 실천에 옮겼다.

조헌은 누구? 정의감 투철한 행동하는 학자

조헌의 고향은 경기도 김포이다. 김포시 감정동 옛집 터에는 우저서원牛渚書院[9]이 있다. 충북 옥천이 조헌을 상징하는 고장이 된 것은 보은현감을 지

내다 물러나 옥천에 터를 잡고 지냈기 때문이다. 조헌의 본관은 배천白川, 호는 율곡 이이의 후계자를 자처하며 지은 후율後栗 또는 중봉重峯이다.

조헌의 성격은 직선적이고, 정치적 성향은 개혁적이다. 여러 차례의 과격한 상소문을 통해 자신의 의견을 적극적으로 개진한 관료이자 정치가였다. 직선적이며 타협하지 않는 기질 때문에 관직 생활이 평탄치 못했고 정적도 많았다. 조헌은 관직에서 물러나 충북 옥천에 터를 잡고 후학을 가르쳤다.

조헌은 이지함, 성혼, 이이 셋을 스승으로 섬기며 평생 학문에 힘썼다. 조헌이 '중봉'과 함께 또 하나 자신의 호로 삼은 '후율'은 율곡의 뒤를 잇겠다는 뜻이 담겨 있다. 그의 실용적 개혁사상은 반계 유형원柳馨遠, 담헌 홍대용洪大容, 초정 박제가朴齊家 등의 실학자에게 영향을 줬다. 조헌의 실천적 의리사상은 도학자인 은봉 안방준安邦俊, 청음 김상헌金尙憲, 우암 송시열 등에게 영향을 끼쳤다.

1604년선조 37 선무원종공신 1등에 봉해지고 1734년영조 10 영의정에 추증되었다. 시호는 문열文烈이다. 충성과 절의의 상징으로서 1883년고종 20 유학자 최고의 영예인 문묘文廟[10]에 종사되었다. 옥천 표충사, 배천 문회서원, 김포 우저서원, 금산 성곡서원 등에 배향됐다.

우암 송시열은 조헌을 기려 시경詩經에 나오는 이 문구에서 따와 옥천의 한 건물을 '이지당二止堂'[11]이라고 명명했다.

---

9 조헌을 배향한 서원으로 흥선대원군의 서원철폐 때 훼철되지 않은 47개 중 하나이다.

10 공자를 비롯한 최고의 유학자를 모시고 제사를 지내는 사당이다. "정승 세 명이 대제학 한 명만 못하고, 대제학 세 명이 문묘 배향 현인 한 명에 미치지 못한다"라는 말이 있을 정도로 정승이나 공신보다 훨씬 큰 영예로 여겨졌다.

11 충북 옥천군 군북면 이백리에 있는 목조 건물로, 조헌이 제자를 가르치던 곳이다. 보물로 지정돼 있다.

'고산앙지 경행행지高山仰止 景行行止'

높은 산은 마땅히 우러러볼 일이며, 좋은 행실은 마땅히 따라 할 일이다.

조헌의 영정과 위패가 봉안된 충북 옥천군 안남면 '표충사'. 안에는 조헌과 아들 완기의 위패가 봉안돼 있다. 사당 뒤편 언덕에는 조헌의 묘소가 있다.

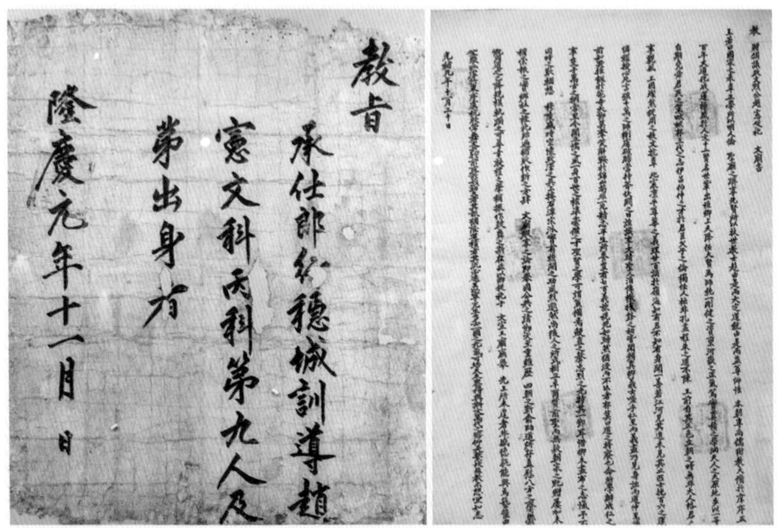

教旨
承仕郎行穩城訓導趙
憲文科丙科第九人及
第出身者
隆慶元年十一月 日

조헌 문과급제 교지(왼쪽)와 1883년 내린 문묘 종사 교지(오른쪽). ▷칠백의총 관리소

◈ 조헌의 생애

1544년(중종 39)	경기도 김포에서 출생
1565년(명종 20)	성균관 진학
1567년(명종 22)	문과 급제, 교서관校書館 부정자副正字
1572년(선조 5)	교서관 정자 임명
1574년(선조 7)	질정관으로 명나라 다녀와 국정개혁 상소 올림
1582년(선조 15)	보은현감, 충청도와 인연 시작
1586년(선조 19)	공주 교수敎授, 종6품 임명, 장문 상소 올림
1589년(선조 22)	지부상소
1591년(선조 24)	명나라 칠 길을 빌려 달라는 일본 사신의 목을 베라며 상소
1592년(선조 25)	금산전투에서 사망
1883년(고종 20)	문묘 종사

인터뷰

조종영 배천 조씨 문열공종회 회장

배천 조씨 문열공종회 조종영趙鍾英 회장은 조헌의 12대손이다.

"왜적의 침략을 일찌감치 예견하고 구체적인 침략 경로, 그 대비책까지 제시한 중봉공의 상소를 잘 수용했더라면 임진왜란이 일어나지도 않았을 것이며, 일어났다 해도 피해를 덜 입고 더 빨리 종결됐을 것입니다. 조 회장은 '청참왜사소'와 전쟁에 대비해 여덟 개 방책을 제시한 '영호남비왜지책'을 보면 중봉이 예언한 대로 전쟁이 전개됐는데 그 선견지명에 놀라지 않을 수 없다"라며 안타까워했다. 그는 조헌의 삶과 행적을 조명한 『지당에 비 뿌리고-중봉 조헌과 그의 의병들』이라는 책을 저술했다.

혹자는 중봉이 권율 장군과 협공하지 않고 혼자 싸우다 700명 의병이 전멸한 데 대해 무모하다고 지적한다. 이에 대해 조 회장은 "진을 치고 권율 장군을 기다리려 했는데 왜군이 기습한 것"이라 했다. 그는 이어 "'내가 죽을 자리는 여기다, 너희들은 가려면 가라, 피해도 된다'라고 말씀하셨음에도 의병 모두가 중봉과 최후를 함께한 것"이라 설명했다.

조 회장은 또 '중봉은 과격한 행동주의자일 뿐 학문은 낮다, 그럼에도 서인 노론의 힘으로 문묘에 종사됐다'라는 일부 지적에 대해서도 반론을 제기했다.

"불의와 타협하지 않는 강직함으로 직언을 서슴지 않아 관직 생활이 평탄치 않았고 정적도 많았는데 이런 점이 너무 부각되어서 그런 것으로 짐작합니다. 중봉은 율곡, 우계, 토정 선생의 학문을 계승한 큰 학자요, 정치 개혁가이거든요."

"오직 대의를 위해 성현의 가르침을 실천하는 일관된 인생을 살다가 한창 뜻을 펼칠 49세의 나이에 의병을 일으켜 나라를 위해 순절했습니다. 오늘날 우리 국민 마음에도 중봉이 남긴 호국정신과 향토수호 의지가 면면히 흐르고 있다고 봅니다."

6
영규대사

짓밟힌 강토·백성 구하려 살계殺戒 범하다
영규대사, 최초로 승병 일으켜
"칠백 아닌 천오백의총으로 바꿔야"

충남 금산 '보석사'에 봉안된 영규대사 진영.

승병僧兵은 스님들로 이루어진 군대를 말한다. 살생을 금하는 불교에서 승병이란 어울리지 않는 말이다. 그러나 기허騎虛 영규靈圭, ?~1592대사는 임진왜란이 일어나 국토가 유린되자, 3일 동안 통곡한 뒤 분연히 떨쳐 일어났다. 임진왜란 최초의 의승병義僧兵이다. 그는 조헌의 의병과 합세하여 청주성을 탈환하고, 2차 금산성전투에서 전사했다.

보통 임진왜란 의승장義僧將 하면 서산대사 휴정休靜과 사명대사 유정惟政을 떠올리지만 그 전에 공주의 의승장 영규가 있었다. 영규대사의 봉기는 전국에서 잇따라 의승병이 일어나는 계기가 되었다.

영규대사 추모 다례제

"의승 기허당 영규대사는 왜군의 발에 짓밟힌 강토와 백성을 구하기 위해 처음으로 승병장이 되어 청주성을 탈환했습니다. 이어 금산성전투에 참가하여 승병들과 함께 장렬하게 순절했습니다."

2022년 9월 25일 오후, 충남 공주시 계룡면 유평리 영규대사 묘 아래 영정각에서 '기허당 영규대사 순절 제430주기 다례제'가 열렸다. 행사에는 마곡사 주지이자 영규대사기념사업회 이사장 원경 스님을 비롯해 최원철 공주시장, 박순규 영규대사 사적현창회장, 마곡사 말사의 스님들, 주민 등 100여 명이 참석했다.

원경 스님은 봉행사에서 "대사님은 신음하는 민초를 구하기 위해 수도하는 스님들을 모아 승병장이 되어 백성을 위해 대신 목숨을 바쳤다"고 말했다. 이어 "오늘 스님의 다례를 맞아 분열을 극복하고 더 나은 세상을 만들기 위해 노력하자"고 당부했다.

한편, 2023년 9월 5일 충북 옥천군 안내면 답양리 가산사 경내 호국문화체험관에서는 '임란 승병장 영규대사 업적과 호국사찰 가산사 위상 재조명'이란 학술대회가 열렸다. 황규철 옥천군수 등이 축사를 했고 발제는 김상영 전 중앙승가대 교수, 황인규 동국대 교수, 조병현 전 동국대 교수가 맡았다.

"임진왜란사에 있어 기허당 영규대사, 휴정 서산대사, 유정 사명대사의 의승병활동은 커다란 의미가 있습니다. 조선시대 각종 부역과 차별에 시달린 하층민임에도 의승군義僧軍을 일으켜 싸움에 앞장선 숭고한 희생을 높이 평가해야 마땅하지 않겠습니까."

가산사는 작은 규모지만 오랜 역사를 간직한 유서 깊은 사찰이다. 갑사에서 출가한 영규대사는 금산 보석사, 청주 안심사, 옥천 가산사 등지에서 승병을 모집하고 훈련을 시켰다. 훗날 1675년숙종 1 숙종은 영규대사 전공을 기려 가산사를 호국사찰로 지정하고 조헌과 영규 두 의병장의 영정을 그려 봉안하도록 했다. 하지만 일제강점기 때, 일제는 영정을 강탈하고 가산사를 불온사찰이라 하여 탄압하기도 했다. 가산사는 그 전통을 이어 '호국도량'을 표방하며 영정각을 복원했다. 가산사는 또 주변의 관련 전적지 10여 개소를 연계한 호국체험프로그램을 운영한다는 계획이다.

불교계는 현재 힘을 합해 관련 책자를 발간하는 등 현양사업에 적극 나서고 있다. 보석사(주지 장곡)는 2022년 11월 금산전투에서 순절한 의승 가운데 법명이 밝혀진 14명(신문, 공연 등)의 위패를 만들어 조사전에 봉안하는 위패봉안식을 가졌다. 조계종 6교구 본사 마곡사(주지 원경)는 2019년 '사단법인 승병장영규대사기념사업회'를 설립해 학술 세미나를 열고 묘 앞에서 제향 행사를 갖고 있다. 이 외에도 2020년 8월 공주대에서, 2023년 5월 국회에서 세미나가 잇따라 열렸다.

청주성 탈환과 금산성전투

왜군은 1592년 5월 초 청주성을 점령해 중간 거점으로 삼고 한양으로, 평양으로 진격했다. 그러나 명나라가 참전하면서 전황이 장기 농성전으로 흘렀다. 이에 왜군이 군량 조달을 위해 호남으로의 진출을 도모하면서 청주와 금산의 전략적 위치가 한층 중요해졌다. 이에 조선군은 7월 들어 본격 탈환 작전에 들어간다. 보름 동안의 전투 끝에 8월 1일 일본군은 한밤에 성을 비우고 도주한다. 마침내 영규대사의 승병, 조헌과 박춘무의 의병, 이옥李沃의 관군은 청주성 수복에 성공했다. 청주 시민은 이를 기념해 매년 9월 초 청주읍성 탈환 축제를 개최한다.

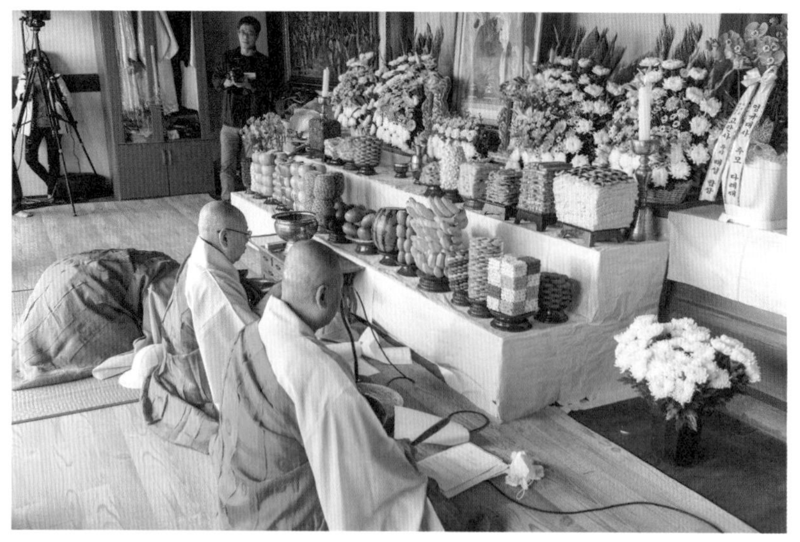

충남 공주 영규대사 영정각에서 열린 불교식 제례.

유교식 제례.

청주성 탈환은 무척 의미가 컸다. 『선조실록』 30권, 선조 25년 9월 11일을 보면 비변사가 "충청도는 적의 요새가 되는 곳입니다. 그런데 적들이 청주를 차지한 지 이미 넉 달이 넘었습니다. 그리하여 날마다 우도右道[1]를 엿

보며 흉독凶毒을 부려 우리의 근심이 된 지 오래입니다. 중僧 영규가 의義를 분발하여 스스로 중들을 많이 모아 성 밑으로 진격하였는데 제일 먼저 돌입하여 마침내는 청주성을 공략하였습니다. 그가 호령하는 것을 보면 바람이 이는 듯하여 그 수하에 감히 어기는 자가 없었고 질타하는 소리에 1,000명의 중들이 돌진, 다른 군사가 이들을 믿고 두려움이 없었다고 합니다." 하고 보고한다.

이튿날, 『선조실록』 30권, 선조 25년 9월 12일에는 "청주의 왜적은 이 군사가 아니었다면 이길 수 없었을 것"이란 표현도 나온다. 청주성 탈환에 있어 승병의 역할이 가장 컸음을 짐작할 수 있는 대목이다.

그러나 승전의 기쁨은 오래가지 못했다. 영규대사와 함께 청주성 탈환을 이끌었던 조헌이 여세를 몰아 금산성 출정을 주장했다. 영규대사는 불리한 형세를 알고 있기에 관군과의 협력이 필요하다며 만류했으나 조헌의 고집을 꺾지 못했다. 결국 "조헌을 홀로 죽게 내버려 둘 수 없다"며 승병을 이끌고 길을 나섰다.

> "맨주먹으로 치며 싸웠는데 오히려 조금도 기가 꺾이지 아니하였다. 오래지 않아 조헌은 난병亂兵 속에서 죽었다. 어떤 사람이 영규에게 말하기를, '조 의병장이 죽었습니다. 적은 더욱 많이 오니 이곳을 떠나는 것이 낫겠습니다.' 하니, 영규는 크게 호통을 치며 말하기를, '죽으면 죽었지 어찌 혼자만 살 수 있겠는가.' 하였다. 종일 힘써 싸우다가 영규도 죽고 여러 군사도 모두 죽으니, 감히 후퇴하여 살려는 자가 없었다. 적도 이날 밤에 경상도로 도망갔다. 적은 이때부터 감히 다시 호남을 침범하지 못하였으니, 대체로 그 군세가 크게

1 호남, 호서 등 서쪽을 가리킨다.

꺾였기 때문이다."

– 한국고전종합DB: 『기재사초寄齋史草』 하 임진일록3 8월

조정에서는 영규대사를 당상관 첨지중추부사僉知中樞府事에 임명하고 비단옷 한 벌을 내려 주었다. 허나 영규대사가 이미 죽은 뒤였으므로 비단옷은 중도에서 되돌아갔다.

"승군 없는 칠백의총은 역사 왜곡"

"함께 왜군과 맞서 싸우다 조헌이 이끄는 의병 700명, 영규대사가 이끄는 의승義僧 800명 등 1,500명이 모두 장렬하게 전사했지만 정부는 의승에 대한 추모는 쏙 빠뜨린 채 700의병만 추모하는 반쪽짜리 선양사업을 하고 있습니다. 칠백의총이란 이름도 의승을 포함하는 '천오백의총'으로 바꿔야 합니다."

대한불교조계종은 2023년 4월 3일 중앙종회의원 일동 명의로 '승병장 영규대사·800의승 명예 회복 촉구 결의문'을 발표했다.

"영규대사와 800명의 의승은 나라가 누란의 위기에 직면했을 때 기꺼이 목숨을 바쳤던 순국선열이며 호국불교의 상징입니다. 그럼에도 국가 차원의 기념비나 위령제도 없습니다. 조선 백성을 지키고자 목숨 바쳐 싸우고도 국가와 국민으로부터 외면받는 현실이 종단 구성원으로서 부끄럽고 가슴 아픈 일이 아닐 수 없습니다."

결의문에 따르면 조선 후기까지는 금산 칠백의총에 의승을 위한 제향 공간이 별도로 있었다. 종용사 서쪽에 별실別室로 승장사僧將祠가 존재했고, 대한제국 광무 2년1898년 7월까지 의승을 위한 제향이 이어졌다. 그러나 일제강점기인 1940년 조선총독부에 의해 칠백의총이 훼손됐다. 이후 1970~1976년 칠백의총에 대한 성역화 사업을 하면서 복원·정비했지만, 이

때 영규대사와 의승의 공적은 아예 누락됐다는 것이 조계종의 주장이다. 이어 "영규대사와 의승에 대하여 국가적으로 재평가 작업을 해서 국가와 민족의 이름으로 사당을 복원하고, 순국 충혼 위령탑 '팔백의승탑'을 건립해서 적극 추모에 나서야 한다"라고 주장했다.

영규대사가 의승 800명을 모집하여 훈련시킨 것으로 알려진 충북 옥천의 가산사도 문제점을 지적하고 있다. 칠백의총이란 이름은 숭유억불 정책 영향으로 조헌의 제자 박정량과 전승업이 전사자를 거두어 하나의 무덤을 만들면서 700의병의 공적만을 기린 데서 출발한다는 것이다. 가산사 지원智源 주지 스님은 2023년 3월 국회에서 기자회견을 열고 "800여 승군의 희생이 통째로 사라진 것은 심각한 역사 왜곡"이라며 "총독부 정책으로 훼손된 영규대사와 800 의승의 역사를 바로 잡아달라"고 호소했다.

영규대사의 승병 규모를 800명으로 보는 것은 『선조실록』 29권, 선조 25년 8월 26일에 "영규라는 자가 있어 300여 명을 불러 모으고서 '우리들이 일어난 것은 조정의 명령이 있어서가 아니다. 죽음을 두려워하는 마음이 있는 자는 나의 군대에 들어오지 말라'고 하니, 중들이 다투어 스스로 앞장서서 모이어 거의 800에 이르렀는데, 조헌과 함께 군사를 합하여 청주를 함락시킨 자가 바로 이 중이라고 합니다"라는 기록이 나오기 때문이다. 이를 근거로 청주성 탈환 시 1,000여 명으로 시작했으나 병력 손실로 금산성전투에는 800명이 참가한 것으로 보고 있다.

부도 아닌 묘에 안치한 까닭

추모 다례제가 열린 영정각 왼쪽 계단으로 조금 올라가면 영규대사 묘가 자리잡고 있다. 보통 스님이 입적하면 화장을 해서 유골을 부도浮屠 또는 승탑僧塔에 모시는 것이 일반적이다. 그런데 왜 일반인처럼 무덤을 만들었을까?

“천지를 유린蹂躪하는 임진왜란 말발굽에
칡넝쿨 마디마디 의병 꽃 피어나고,
풀잎도 날 세워 싸움터로 향할 때
장삼을 방패 삼아 낫 들고 일어나서
빗발치는 조총 알을 몸으로 막으시며
부러진 낫 끝으로 청주성 탈환하신 거룩하신 대사님이시여!”

– 갑사 표충원에서

확실한 기록은 없으나 이런 사연이 전한다. 당시 의주까지 피란을 갔던 선조는 청주성에서의 승전 소식을 듣고 기쁜 나머지 대사에게 벼슬과 옷을 하사한다. 그런데 하사품이 도착하기 전에 영규대사는 금산전투에서 싸우다가 심각한 부상을 당한다. 대사는 치료 뒤 다시 싸우기 위해 다친 몸을 이끌고 갑사로 이동하던 중 그만 현재의 묘 부근에서 숨을 거두고 만다. 혹은 의병활동을 방해한 윤선각을 징치懲治하기 위해 갔다고도 전한다. 묘는 갑사에서 자동차로 10분이 안 되는 거리에 있다.

이와 관련, 유교적 관점도 있다. 영의정을 지낸 조인영趙寅永, 1782~1850은 영규가 유교적 가치관인 충의를 위해 죽었기 때문에 다비茶毘를 하지 않고 유교식 예에 따라 장례를 했다고 적었다. 조인영은 금산 보석사에 1840년헌종 6 ‘의병승장비義兵僧將碑’ 건립을 주도한 인물이다. 조인영은 ‘영규대사순의비명靈圭大師殉義碑銘’에서 영규를 일컬어 “용勇·렬烈·충忠을 함께 실천한 인물로 독존獨尊의 위치에 있다”라며 ‘무상보살無上菩薩’이라 극찬하고 있다.

황경원黃景源, 1710~1787의 ‘영규대사사절기靈圭大師死節記’, 박지원朴趾源, 1737~1805의 ‘영규비靈圭碑’, 성해응成海應, 1760~1839의 ‘금산순절제신전錦山殉節諸臣傳’, 이인상李麟祥, 1710~1760의 ‘영규비靈圭碑’ 등에서도 영규대사의 용기와 희생을 앞다퉈 높이 기리고 있다.

충남 공주의 갑사 '표충원'. 서산대사, 사명대사, 영규대사 진영을 모시고 있다.

개인적인 생각으로는 승병장 혼자 현장을 빠져나왔을 가능성이 희박한 점, 『선조수정실록』에 조헌과 함께 전사했다고 기록이 나온다는 점, 전란 중이라는 사정상 다비식보다 매장이 더 수월하다는 점 등으로 미루어 연곤평 전투 현장에서 전사했으나 제자들이 시신을 거두어 매장했을 가능성이 크다고 본다.

영규대사는 누구? 최초 의승병장

영규대사는 밀양 박씨로 충남 공주 출신이다. 호는 기허騎虛이며, 서산대사 휴정休靜의 제자로 알려져 있다. 그는 계룡산 갑사에서 출가한 후 갑사 청련암과 금산 보석사 등에서 수도하면서 선장禪杖을 휘두르며 무예 익히기를 즐겼다. 당시 영규대사의 출중한 무예 솜씨는 따를 자가 없었다고 한다. 체격 또한 기골이 장대한 무인형이었다.

1592년 영규대사는 왜군에 의해 국토가 처참하게 짓밟히는 모습을 목격하면서 죽비 대신 칼을 잡기로 결심한다. 더 이상 죽어가는 백성들의 비명

계룡면 행정복지센터 앞 영규대사 정려.

을 들을 수 없었다. 중생들의 고통을 덜어줄 수 있다면 살생의 죄를 짊어질 수밖에 없다는 것이 그의 생각이었다.

정규한鄭奎漢, 1750~1824의 『화산집華山集』 권5 '기허대사충렬원기騎虛大師忠烈院記'는 이렇게 적고 있다. "내가 비록 산에 있으면서 솔잎을 먹고, 고사리를 씹고 있지만 국은을 입었으니 티끌만큼이라도 갚는 날이 있어야 한다. 큰 난리를 만났으니 의병장이 되고자 한다. 우리가 일어난 것은 조정의 명령이 있어서가 아니다. 죽음을 두려워하는 마음이 있는 자는 나의 군대에 들어오지 마라."

영규대사는 임진년 6월쯤 승병을 모집하기 시작했다. 휘하에 1,000명이 넘는 스님이 모여들었다. 당시 영규대사는 높이 10m가 넘는 갑사 철당간 꼭대기에 올라가 승병을 권했다고 한다. 그의 승전보로 인해 곳곳에서 승병이 일어났다. 영규대사는 서산대사, 사명대사와 함께 임진왜란 3대 의승장으로 꼽힌다. 지중추부사知中樞府事[2]에 추증追贈되었다.

묘에서 약 1㎞ 거리의 계룡면 행정복지센터 앞에는 조정에서 영규대사를 기려 내린 정려가 있다. '증 가선대부 동지중추부사 의승 진위장군 영규대사지려'라 써 있다. 계룡면 행정복지센터 앞길 이름은 '영규대사로'이다.

2 중추부中樞府에 둔 정이품 관직으로 당상관이다.

인터뷰

지원 가산사 주지

지원智源 가산사 주지는 칠백의총의 이름을 의승까지 포괄할 수 있는 '천오백의총' 또는 '금산의총'으로 바꿔야 한다고 주장했다. "금산 칠백의총에서 영규대사와 승병이 통째로 누락됐기에 바로잡아달라는 것뿐"이라며 "지극히 당연하고 정당한 요구임에도 성명을 발표하고 기자회견까지 해야 하느냐"고 반문했다. 또한 칠백의총 내에 의승을 위한 별도의 제향 공간 마련, 의승 유물관과 순국위령탑(가칭 팔백의승탑) 건립 등의 후속 조치도 필요하다고 밝혔다. 그는 "현재 불교계의 요구가 분명한 기록에 근거한 데다 논리적 타당성을 갖추고 있음에도 국가유산청의 조치가 미온적이어서 사태 해결이 지지부진한 것"이라며 목소리를 높였다.

"하루빨리 금산 칠백의총에서 매년 치르고 있는 순의제향에 승병까지 포함시켜 호국정신을 기려야 합니다. 현재 칠백의총 종용사 내 오른쪽 맨 끝에 '승병사졸僧兵士卒'이란 위패 하나 달랑 있을 뿐이거든요. 제대로 평가하고 대접해달라는 것입니다."

지원 스님은 이를 위해 지금까지 다양한 현양 사업을 벌여왔다. 사찰 입구를 지나쳐 왼쪽으로 100m 정도 올라가면 '호국문화체험관'과 함께 영규대사의 영정을 봉안한 '표충각表忠閣'이란 건물이 있다. 해남 대흥사에 표충사表忠祠, 공주 갑사에 표충원表忠院이 있음을 고려한 것이다. 표충각 왼쪽 뒤편 언덕으론 '순국충혼위령탑'이 서 있다. 두 개의 기둥으로 이루어진 조형물은 의병과 승병을 상징한다. 가산사 경내 극락전 왼쪽에는 조헌과 영규를 모신 별도의 영정각이 있다. 이 모두 다른 사찰에는 없는 시설들이다.

지원 스님은 "조헌과 영규대사의 위국충절을 기리기 위한 것"이라며 "매년 음력 8월 18일 두 분과 함께 순절한 의병, 승병 모두를 위해 추모제향을 올리고 있다"고 소개했다.

가산사 내 '순국충혼위령탑'. 좌우 두 개의 기둥은 각각 의병과 승병을 상징한다.

7
김천일과 2차 진주성전투

노령에 허약한 몸 이끌고 전장서 왜적 토벌
김천일, 독산성·강화도로 진격
2차 전투 때 진주 제 발로 입성
고립무원 호남 의병 대거 숨져

건재健齋 김천일金千鎰, 1537~1593은 노령에도 불구하고 호남에서 가장 먼저 의병을 일으켰다. 의병을 이끌고 북으로 진격하며 수원, 강화 등에서 크고 작은 여러 전공을 거두며 힘껏 싸웠다. 이듬해인 2차 진주성전투 때 죽음을 알면서도 진주성으로 들어가 마지막까지 싸우다가 맏아들과 함께 장렬히 순절했다.

> "내가 비록 힘이 약해 적의 상대가 안 된다 해도 죽음으로써 대항할 것이다. 죽음으로써 나라에 보답할 뿐이다."

창의 431주년 정렬사 추모제향

2023년 7월 3일 오전 전남 나주시 대호동 정렬사旌烈祠. 김천일의 호를 따서 명명한 '건재로'를 따라 달리다 동신대학교를 오른쪽에 두고 '정렬사길'

정렬사 내 김천일 초상.

정렬사에서 열린 추모제향. 윤병태 나주시장이 분향례를 올리고 있다.

을 조금 올라가면 나주의 진산鎭山 금성산 자락에 정렬사가 자리잡고 있다. 입구에는 '문열공 김천일선생 창의 제431주년 추모제향'이라고 쓴 커다란 플래카드가 바람에 나부끼고 있었다.

7월 3일은 음력으로 5월 16일. 김천일이 나주시 과원동 금성관錦城館 망화루望華樓 앞에서 의병을 일으킨 뜻깊은 날이다. 나주시는 이를 기리기 위해 매년 추모제향을 올리고 있다. 정렬사는 김천일 장군을 주향主享으로 그의 아들 좌승지 상건象乾, 1557~1593, 충민공 양산숙梁山璹, 1561~1593, 관해 임회林檜, 1562~1624, 후조당 이용제李容濟, ?~1597 등 다섯 명의 위패를 모시고 호국 의병 활동을 기리는 사당이다.

이날 행사는 오전 10시 30분 윤병태尹炳泰 나주시장의 초헌례로 시작돼, 윤의준 한국에너지공과대학교 총장의 아헌, 김남전 언양 김씨 대종회장의 종헌으로 진행됐다. 푹푹 찌는 무더위에도 나주시민을 비롯하여 언양 김씨(김천일), 제주 양씨(양산숙), 평택 임씨(임회), 전의 이씨(이용제) 등 후손 200여 명이 참석해 경건하게 의병들을 추모했다.

"비록 약하나 죽음으로 보답할 터"

"내가 통곡만 하면 무슨 소용이 있겠는가. 나라에 난리가 일어나서 군부君父가 파월播越[1]하고 있는 때에 세신世臣 [2]인 내가 목숨만 건지려고 해서는 안 될 일이다. 나는 장차 의로운 군사를 일으켜 난리 속으로 뛰어들 것이다. 힘이 약해 상대가 안 된다 해도 그때는 오직 죽음이 있을 따름이다. 죽지 않고서는 나라에 보답할 길이 없다."

– '창의사김공정렬사비倡義使金公旌烈祠碑'

건재 김천일은 1592년 4월 30일 선조가 파천했다는 소식을 듣고 곧바로 고경명, 박광옥朴光玉, 1526~1593[3], 최경회崔慶會, 1532~1593, 정담鄭湛, ?~1592[4] 등에게 편지를 보내 의병을 일으킬 것을 제안했다. 관직에서 물러나 고향 나주에 머물고 있던 때였다.

김천일은 이어 5월 16일 송제민, 양산숙, 박환朴懽 등과 함께 300명의 근왕의병을 이끌고 한양 탈환을 위해 북쪽으로 진군했다. 당시로선 적지 않은 55세의 나이였다. 전라도는 경상도와 달리 직접적인 전쟁터가 아니었기 때문에 호남 의병들은 전라도 외 지역으로 진출하는 경우가 많았다. 『선조수정실록』은 당시 김천일에 대해 이렇게 적고 있다.

---

1 임금이 도성을 떠나 다른 곳으로 피란하던 일. 파천(播遷)과 같다.

2 대대로 내려오며 왕조를 섬기는 신하.

3 1592년 임진왜란이 일어나자 김천일, 고경명 등과 의병을 일으켰으며, 도원수 권율을 도왔다. 1593년 나주목사로 있으면서 병을 무릅쓰고 인심을 수습하고 흩어진 병사를 규합하다가 죽었다.

4 김제군수로 있던 1592년 의병을 일으켜 나주판관 이복남, 해남현감 변응정, 의병장 황박 등과 함께 금산을 거쳐 전주로 향하던 코바야카와 타카카게의 왜군에 맞서 진안과 완주의 경계인 웅치고개에서 싸우다 장렬히 전사하였다.

독산성 성벽의 일부. 주변을 두루 살필 수 있는 군사적 요충지로, 도성 방어에 중요한 곳이다.

> "몸이 허약해 갑옷의 무게도 이기기 어려웠으나 국난을 극복하려는 뜻이 굳세고, 충성심이 강해 뭇 사람으로 하여금 목숨을 내걸고 싸우게 할 수 있었다."
>
> –『선조수정실록』 27권, 선조 26년 6월 1일 갑신 6번째 기사 '창의사 김천일의 졸기'

수원에 도착한 김천일은 경기도 오산시 지곶동 독성산성禿城山城, 독산성이라고도 부른다을 거점으로 삼고 유격전을 전개해 왜군을 상대로 여러 차례 전투를 치렀다. 군세는 어느덧 수천으로 불어나 있었다. 이 같은 배경에는 군량미를 500석이나 대준 양성 이씨陽城李氏 외가가 큰 도움이 됐다. 김천일의 언양 김씨 후손들은 오늘에도 양성 이씨에 대한 감사의 뜻을 깊이 간직하고 있다. 또한 김천일 군은 당시 왜군에게 빌붙어 협조하는 '순왜順倭'[5]를 찾아 처단하

5 임진왜란 당시 왜군에 협력한 조선인.

니 민심이 차츰 안정을 찾아갔다. 경기도 일대가 살육과 노략질로 왜적에게 완전히 유린된 상황이었다. 조정은 이에 그의 공로를 기려 창의사倡義使라는 군호를 수여했고 장례원판결사掌禮院判決事에 임명했다.

1592년 7월 초 김천일과 전라병마절도사 최원崔遠은 수원에서 강화도로 진을 옮겼다. 도성 주변의 적을 견제하고 행재소行在所와 여타 지역의 연락망을 잇기 위해서였다. 김천일은 8월 6일 양화진전투에서 200여 명을 죽이고 수급 92개를 얻는 등 큰 전과를 올렸다. 이후 1593년 4월 왜군이 도성에서 철수하기까지 약 7개월여 강화도를 활동 거점으로 삼는다.

그러나 얼마 후 다시 장단에 주둔한 일본군을 공격했다가 유인책에 빠져 크게 패해 이후로는 다시 뭍으로 나오지 못했다. 이에 선조는 "속히 강화에서 육지로 나오라"라는 명령을 내렸고, "김천일 등이 의기는 있으나 용병에 능하지 못하여 일을 할 수가 없다"라고 불만을 토로했다고 『선조실록』 선조 25년, 10월 11일 자 기사는 말한다.

제2차 진주성전투에서 아들과 순절하다

개전 초기 왜군은 부산포를 시작으로 도성 한양까지 일사천리로 진격했으나 점차 의병들의 반격에 부딪힌 데다 1593년 1월 평양성에서 조명연합군의 공격을 받고 한양으로 후퇴했다. 특히 바닷길은 이순신이 이끄는 수군에게 가로막혀 있었기에 왜군은 심각한 군량미 부족에 시달리고 있었다. 이에 왜군은 반드시 진주성을 차지해 호남에 진출해야만 했다.

전쟁 중 진주성에선 두 차례의 전투가 있었다. 1차 진주성전투는 1592년 10월 6일부터 10일까지 5일 동안 김시민金時敏, 1554~1592 진주목사의 지휘 아래 3,800명의 조선 관군이 3만 명의 왜군을 물리친 전투이다. '진주대첩'으로도 불리는 1차 진주성전투는 행주대첩, 한산도대첩과 함께 임진왜란 3대 대첩으로 꼽힌다. 승리를 거둔 데에는 김시민의 리더십과 철저한 전투 준비가 큰 몫을 했다. 또 동서남북으로 정언충, 최경회, 임계영, 정기룡, 최강, 이달, 김준민 등 각 의병부대가 외곽에서 지원 태세를 갖춘 채 주둔하고 있었다. 외곽 의병부대가 왜군을 배후에서 노리는 동시에 왜군의 지원을 차단하는 역할을 수행하여 승전에 큰 보탬이 됐다.

1차 진주성전투의 승리는 왜군의 곡창지대인 호남 진출을 차단했다. 결국 1593년 1월 평양성이 조명연합군에게 함락당한 후 평양뿐 아니라 함경도, 경기도, 강원도에 있던 왜군 모두 서서히 퇴각하기 시작해 1593년 4월 조선은 한양을 수복하게 된다.

남쪽으로 후퇴하던 왜군은 1차 진주성전투의 패전을 설욕할 겸 영호남을 함께 아우를 수 있는 진주성을 교두보로 삼아 다시 북상하고자 했다. 전쟁의 국면을 전환하기 위한 것이었다. 도요토미 히데요시는 이에 가토 기요마사, 고니시 유키나가, 우키타 히데이에宇喜多秀家 등 철수 중인 왜군을 총동원해 진주성 내 조선인을 남김없이 죽일 것과 진주성 함락 후 전라도를 공략할 것을 명령한다. 1593년 6월 21일부터 29일까지 벌어졌던 2차 진주성전투이다. 왜군은 이를 위해 1차 때보다 세 배 이상 많은 9만 3,000명의 대병력을 동원했다. 조선군 병력은 의병을 중심으로 겨우 3,000여 명이었다.

> "일본군은 진주를 공격하기 위하여 함안을 점거하고 반성班城[6]을 유린한 후 6월 18일에는 의령을 점령하였다. 이 당시 관군과 의병군은 모두 함안 부근과 그 서쪽에서 일본군을 견제하고 있었다. 그리고 일본군의 공격 목표가 진주라는 것을 알고 있었으므로 관군과 의병은 이에 대처할 작전회의를 가지게 되었다. 이 회의에서는 진주성을 지키자는 김천일의 주장과 성을 포기하자는 곽재우의 주장이 맞

6 진주시 일반성면一班城面과 이반성면二班城面 지역에 있던 옛 지명.

서 결국 합의점을 찾지 못한 채 장수들의 독자적 판단에 따라 행동하기로 하였다.[7] 이리하여 도원수 김명원과 순찰사 권율은 휘하 군을 이끌고 남원·운봉 등지로 떠났고, 순변사 이빈과 의병장 곽재우도 이곳을 떠나버렸다. 또 전라좌의병장 임계영은 호남으로 돌아가고, 그 외 전라병사 선거이 등 여러 장수들도 흩어졌다."

-『신편 한국사』

김천일은 아무리 처지가 어렵다고 해도 진주를 포기하면 호남까지 도미노처럼 연달아 무너진다고 생각했다. 진주성을 그냥 내줄 수 없다는 것이 그의 확고한 신념이었다. 6월 14일 그는 진주성으로 들어간다. 김해부사 이종인李宗仁이 가장 먼저 입성해 있었으며 경상우병사 최경회, 충청병사 황진, 거제현령 김준민金俊民, 사천현감 장윤張潤, 1552~1593, 복수의병장 고종후, 의병장 이계련李繼璉, 강희보姜希輔, 강희열姜希悅 등이 차례로 진주성에 들어왔다.

진주성은 천연 요새로, 남쪽이 남강에 접한 험준한 절벽으로 이루어져 있어 사실상 접근이 불가능한 곳이었다. 서북쪽은 참호塹壕를 파서 물을 채워 들어가기 어려웠다. 따라서 공격을 받을 만한 곳은 동쪽뿐이었다. 즉 수비를 잘하고 외부 지원만 뒤따라준다면 쉽게 함락될 수 없는 곳이다. 김천일은 최경회와 상의하여 군사를 정비하고 수성 계획을 세우는 한편, 양산숙 등을 명 유정劉綎에게 보내 지원병을 요청했다. 당시 진주성에 있는 군사는 약 3,600명에 불과했고, 일반 백성 6~7만이 있을 뿐이었다.[8]

---

7 조경남『난중잡록亂中雜錄』권32, 임진 10월 정사.

8 이항복의 '백사기사白沙記事'에는 김천일 300명, 황진 700명, 최경회 500명, 고종후 400명, 장윤 300명, 이계련 400명, 이잠 300명, 민여운 200명 등 총 3,100명의 군사가 있었다고 기록하고 있다. 안방준의 '진주서사晋州敍事'에는 김천일 500명, 최경회 600명, 황진 700명, 고종후 400명 등 총 3,600명의 군사와 백성 6~7만이 있었다고 적고 있다.

부족한 군사로 성을 지키기 위해 동·서·북 삼면은 비교적 많은 숫자를 차지하는 의병이 지키고 황진, 이종인, 장윤은 관군을 이끌고 급박한 곳을 구원케 하는 전략을 세웠다.[9] 또 김천일과 최경회가 도절제都節制가 돼 김천일은 의병을, 최경회는 관군을 통솔하기로 했다. 황진은 순성장巡城將을 맡는 것으로 나름 지휘계통을 세웠다. 1593년선조 23 6월 21일 마침내 왜적이 성을 포위하는 것으로 전투가 시작된다.

> "김천일은 경상우병사 최경회, 충청병사 황진, 복수의병장 고종후 등 여러 장수와 함께 뜻을 더욱 굳게 가다듬고 향불을 피워 죽음으로 지킬 것을 맹세하고는 8일 밤, 9일 낮을 쉬지 않고 전쟁을 독려하며 싸웠다. 그러나 불행히도 하늘에서 비가 연일 퍼부어 성대城臺가 무너져 내리고, 용맹한 장수로서 온 군사가 의지하고 중하게 여기던 황진이 또 탄환을 맞아 죽었으며, 적병이 더욱 급하게 성을 타고 올라오니 혈전을 벌인 지 9일째 되는 날 성이 마침내 함락되었다.
> 김천일이 군중에게 말하기를 '너희들이 죽게 되기는 마찬가지이니 반드시 한 놈의 적이라도 죽이고 죽어라. 이러한 때를 당하여 싸우다 죽는 것은 영광스럽고, 구차하게 살려고 하는 것은 욕이 된다. 우리들이 지금에야 죽는 것도 너무 늦은 것이다. 다만 나는 의리상 흉적의 손에 죽을 수 없다.' 하고 마침내 그의 아들 상건象乾과 함께 촉석루矗石樓 아래 남강에 몸을 던져 죽었다. 당시에 그를 애도하는 사람이 '살아서는 의로운 장수가 되었고 죽어서는 충신이 되었으니 무슨 유감이 있으랴.' 하였다." —『선조실록』 선조 27년 3월 20일 자 기사

9 안방준 '진주서사' '分城而守 以城南矗石樓最爲險絶 賊不敢犯 惟東西北三面受賊可虞 令義兵守之 黃進 李宗仁 張潤 各率數十人 隨賊所薄 往來相救'

6월 28일 무장 출신으로 성내 싸움을 이끌며 큰 역할을 하던 황진에 이어 순성장이 된 장윤도 조총에 맞아 전사했다. 고립무원 속에서 계속된 장맛비에 성은 곳곳이 무너져 내렸다. 활은 비 때문에 제 성능을 발휘하지 못했고, 다른 무기마저 거의 부러지거나 닳았다. 전투 시작 8일 만에 김천일, 최경회, 고종후, 황진 등이 모두 전사했다. 성이 함락된 후 군사와 백성 6만여 명이 죽었고 소나 말 등 가축도 남김없이 죽임을 당했다. 성안에는 시체가 산처럼 쌓였다. 차마 눈 뜨고 볼 수 없을 만큼 처참했다. 왜군은 성을 허물고 해자를 메우고 우물을 덮고 나무를 베어 잔혹하게 1차 전투에서 패한 분풀이를 했다. 6월 29일이었다. 우리가 이겼다는 이유로 1차 진주성전투, 즉 진주대첩을 더 기리고 있으나 2차 진주성전투에서의 죽음과 충절이야말로 더 깊이 기억해 둘 일이다.

> 촉석루 아래 삼장사三壯士 술 한 잔 들고 웃으며 강물을 가리키노니
> 강물은 유유히 도도하게 흐르니 물결이 마르지 않듯 우리 혼도 죽지 않으리.
> 矗石樓中三壯士 一杯笑指長江水 長江之水流滔滔 波不渴兮魂不死
>
> – 학봉 김성일金誠一, 1538~1593이 지었다고 알려진 시

소위 '삼장사三壯士'[10]로 불리는 김천일, 최경회, 고종후는 성이 함락되기 직전 북향재배한 뒤 촉석루矗石樓에서 남강으로 몸을 던져 순절했다. 김천일의 아들 김상건도 아버지와 함께 남강으로 투신했다.

제2차 진주성전투가 얼마나 많은 인명피해를 냈는지 『국조인물고』 황진편에 이런 기록이 나온다.

---

10 삼장사는 고종후 대신 황진을 들기도 한다.

임진왜란 때 두 번에 걸쳐 치열한 싸움이 벌어졌던 진주성 촉석루와 남강.

"왜구가 난리를 일으킨 이래로 그 흉악한 칼날이 온 누리를 범했는데, 그중에서도 적賊이 신경을 곤두세워 다급하게 공격하면서 반드시 탈취하고야 말려던 사례로 진주와 같은 경우는 없었고, 장사將士가 온 힘을 기울여 항전하면서 엄청난 숫자의 적을 죽였던 사례도 진주와 같은 경우는 없었다. 성이 함락될 즈음 명장名將과 열사烈士가 목숨을 바쳐 절조를 지키며 성과 함께 모두 죽어갔던 것 역시 진주처럼 그렇게 많았던 경우는 있지 않았다."

–『국조인물고』 권32, 황진

이날의 패배에 대해 유성룡은 『징비록』에 "김천일과 진주목사 서예원徐禮元, ?~1593[11]이 사이가 좋지 않아 주객主客 간에 서로 시기하고 명령이 엇갈려 이 때문에 크게 패했다"라고 기록하였고 이러한 평가는 역사학계의 평가

11 김시민의 후임으로 진주목사가 되었으나 이듬해 2차 진주성전투에서 순절했다.

주류를 이루었다.

하지만 최근에는 '패배'라는 외형적 1차 결과보다 계층과 지역을 막론하고 끝까지 죽음으로 항전함으로써 왜군의 호남 진출을 막았다는 2차적인 의미에 주목하고 있다. 이 전투로 인해 왜군도 2만 명 이상의 전사자가 나오는 등 커다란 병력 손실을 입었다. 왜군은 결국 호남 진출을 포기하고 부산 지역으로 후퇴해 명나라와 휴전협상을 추진하게 됐다.

우리가 이긴 전투여서인지 주로 1차 진주성전투를 기억하고 있으나 많은 이들의 외면 속에서 죽을 걸 알면서도 성에 들어가 목숨 바쳐 싸운 2차 진주성전투야말로 우리에게 진정한 충과 의가 무엇인지 가르쳐주는 전투 아닐까?

남강 헤엄쳐 전투 뛰어든 양산숙

양산숙은 임진왜란이 일어나자 김천일의 부장이 되어 활약했으며, 김천일의 밀서를 가지고 의주 행궁에 가 선조에게 호남·영남의 정세와 의병 활동을 자세히 보고하였다. 이 공으로 공조좌랑에 제수되었다.

2차 진주성전투 때에는 김천일의 명으로 명나라 장군 유정에게 가서 원군을 청했지만 실패했다. 이때 진주성을 포위한 왜군을 보고 함께 갔던 다른 일행은 겁에 질려 도주했지만 양산숙만은 "주장主將만 죽을 곳에 둔 채 구차하게 혼자만 살겠다고 도망치는 것은 옳지 않다"라며 남강을 헤엄쳐 건너 단신으로 성에 들어갔다. 양산숙은 이렇듯 성이 함락될 때 헤엄쳐 죽음을 모면할 수 있었지만, 김천일과 함께 끝까지 싸우다 남강에 뛰어들어 죽었다.

좌승지에 추증되었으며, 시호는 충민忠愍이다. 그의 처 이씨李氏는 무안 승달산僧達山에서 숨어 지내다 적을 만나자, 차고 있던 칼로 스스로 자결해 절부 정려가 내려졌다.

양산숙은 명문가 출신으로, 할아버지는 기묘명현己卯名賢 양팽손梁彭孫이

광주광역시 광산구 박호동 '양씨삼강문'. 양산숙 등 일족의 충효열 정려가 걸려 있다. 충신 양산숙(왼쪽)과 절부 양산숙 처(오른쪽) 정려.

며, 아버지는 대사성 양응정梁應鼎이다. 시호는 충민忠愍이다. 나주 정렬사, 진주 창렬사에 제향되었다.

2차 진주성전투, 왜 호남의 피해가 컸을까?

임진왜란 때 전라 의병은 다른 지역과 달리 호남이 온전했던 덕에 근왕병勤王兵 성격이 강했다. 따라서 고경명, 김천일, 최경회 등은 창의 후 모두 북쪽으로 진격해서 충청도와 경기도 일원에서 싸웠다. 그러나 금산전투 패배 이후 이들은 경상우도 즉 거창, 김천, 성주, 고령 일대로 남하했다. 경상우도를 지키지 못하면 호남도 위험할 수밖에 없다는 생각 때문이었다. 김성일의 요청에 따른 거시적·국가적 차원의 필요성도 한몫했다. 호남 의병은 이에 1차 진주성전투부터 거창·개령·성주전투, 2차 진주성전투에 이르기까지 적극 참여했다. 1차 진주성전투 때는 외곽에서 지원군 역할을 했으며, 거창·개령·성주전투에서는 의병장 김면金沔, 정인홍과 연합해서 일대를 수복하는 데 큰 공헌을 했다.

2차 진주성전투는 호남의 의병과 관군이 주도적으로 치렀다. 당시 왜군이 진주성을 공략하기 위해 대규모의 병력을 집중시키고 있다는 소식은 명군과 조선군 모두 사전에 알고 있었다. 하지만 왜군과 강화를 추진하고 있던 명군은 진주성을 내주기로 했다. 이른바 공성책이다. 곽재우 등 의병들도 1차

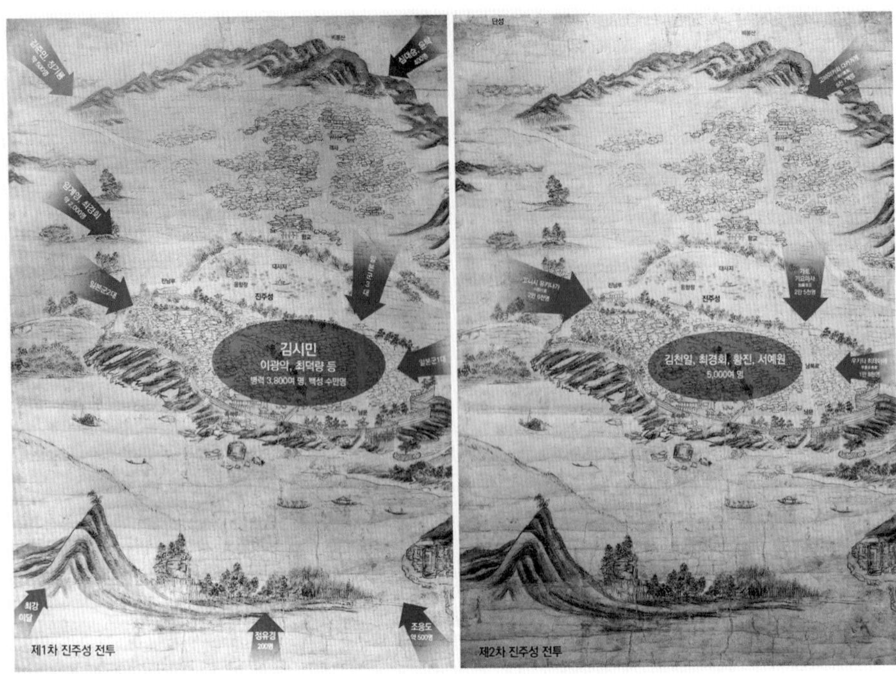

1차 진주성전투(왼쪽)**와 2차 진주성전투 상황도.** 2차 전투 때는 1차에 비해 외부의 지원군이 없었던 반면 왜군 병력은 더 많은 등 훨씬 열악한 조건이었다. ▷국립진주박물관에서 촬영

때와는 달리 아예 진주성에서 비껴 있었다. 제1차 전투 때 외곽에서 지원군이 넓게 포진해 있던 것과 다른 점이다. 하지만 김천일의 생각은 달랐다.

> "지금의 호남은 국가의 근본이 되어 있고 진주는 호남과 가까운 밀접한 곳이니 실로 순치脣齒[12]의 관계이다. 진주가 없어지면 호남 또한 없어지고 말 것이다. 진주성을 비움으로써 왜적을 피할 수 있다는 것은 계책이 될 수 없다."
>
> –『건재집』

12 '입술이 없으면 이가 시리다'는 순망치한脣亡齒寒과 같은 뜻이다.

김천일은 이 같은 생각에서 군사 300여 명을 이끌고 진주성 안으로 들어갔다. 그를 따라 충청병사 황진, 경상우병사 최경회, 복수의병장 고종후, 사천현감 장윤, 광양의 강희보 강희열 형제 등이 잇따라 입성했다. 이 싸움을 이끌었던 장수 대부분이 호남 출신이다.

김천일은 누구? 일찍 부모 여의고 평생 병약했다

김천일의 본관은 언양으로 고려 김취려金就礪 장군의 14대손이다. 1537년중종 32 1월 나주에서 독자로 태어났다. 그러나 출생 이틀 만에 모친이 세상을 뜬 바람에 동냥젖으로 겨우 연명했다. 이렇게 자랐으니 제대로 영양을 섭취했을 리 없고, 이 때문에 김천일은 평생 병약한 몸으로 살았다. 생후 6개월 만에 부친마저 돌아가 양성 이씨 외가댁 외할머니 손에서 양육됐다.

그는 19세 때 명망이 높았던 일재 이항李恒, 1499~1576에게서 학문을 배운다. 이어 김인후金麟厚, 노수신盧守愼, 유희춘柳希春, 성혼成渾, 정철鄭澈 등과 교류한다. 이러한 학문적 배경으로 인해 김천일은 나주 지역 서인을 대표하는 인물이 된다. 훗날 임진왜란 때 일찌감치 의병을 일으켜 근왕을 표방하고 북상하던 의병의 정신적 바탕이기도 하다.

1573년선조 6 그의 나이 22세 때 조목趙穆, 이지함, 정인홍 등과 함께 학행學行으로 발탁되어 처음 군기시 주부軍器寺 主簿에 제수된다. 이어 용안현감, 강원도·경상도도사, 순창군수, 수원부사 등 주로 지방관으로 부임했다. 그는 가는 곳마다 세금과 부역을 균등하게 하는 등 선정을 베풀어 신망이 높았다.

좌찬성左贊成이 추증되고, 나주의 정열사, 진주의 창렬사 등에 배향되었다. 문집에『건재집』이 있다.

◈ 김천일의 생애

1537년(중종 32)	나주에서 출생
1561년(명종 16)	노수신에게 수학
1573년(선조 6)	군기시 주부 제수
1578년(선조 11)	사헌부 지평
1582년(선조 15)	순창군수
1584년(선조 17)	담양부사
1589년(선조 22)	한성부서윤, 수원부사
1592년(선조 25)	의병 일으켜 북쪽으로 출병
1592년(선조 25)	8월 장례원판결사掌禮院判決事 제수
1593년(선조 26)	6월 2차 진주성전투에서 순절
1618년(광해 10)	영의정 가증加贈
1627년(인조 5)	시호 문열文烈

인터뷰

김용암 언양 김씨 대종회 부회장

"진주성으로 들어가면 모두 죽을 것이 뻔하다는 사실을 조선군도, 명군도 알고 있었어요. 그럼에도 문열공 김천일 장군을 선두로 성안으로 들어갔고, 아무도 배반하지 않고 죽음을 함께 했어요. 문열공이 사람에게 업혀 다니면서도 진영을 돌며 병사들의 노고를 위로하고 손수 병사들에게 죽을 먹이는 등 그들의 마음을 움직였기 때문입니다."

김천일 장군의 후손이자 전 목포 신흥초등학교 교장이었던 김용암金龍巖 언양 김씨 대종회 부회장은 서애 유성룡이 『징비록』에서 김천일을 비판한 데 대해 안방준安邦俊, 1573~1654이 「진주서사」[13]에서 김천일을 옹호한 점을 제시했다.

"유성룡은 진주성 함락은 김천일의 실책 때문이라고 하였다. (···) 그가 진주성 방어전을 벌이지 않았다면, 적의 기세가 꺾이지 않아 호남 50여 성은 모두 짓밟혀지게 되어, 그 참화慘火는 진주성 것보다 훨씬 심하게 되었을 것이다. 호남 한 개 도의 사람 수가 진주 한 개 성의 그것과 어찌 같다고 할 수가 있겠는가!"

"전쟁 초기 민심 이반이 심각했습니다. 우리 백성이 왜군에 협력하는 순왜가 많았잖아요? 왜군의 길잡이 노릇을 하는가 하면 심지어 반란을 일으켜 관아나 민가를 습격해 노략질도 하고요. 백성들의 이러한 민심이 점차 돌아서 왜군에 맞서게 되는 것은 바로 의병의 활약에 힘입은 바가 크다"고 역설했다.

김 부회장은 "어려운 여건 속에서도 희생을 무릅쓰고 외세에 맞서 싸운 문열공의 충의·애민정신, 그 용기와 결단성은 길이 칭송받아 마땅하다"고 적힘줘 말했다.

---

13 『은봉야사별록隱峯野史別錄』에 실린 「임진록壬辰錄」, 「노량기사露梁記事」, 「진주서사」의 세 편 중 한 편으로 제2차 진주성전투에 대해 일기체로 기록하고 있다. 이 세 편의 기록은 임진왜란 연구에 중요한 자료로 평가받는다. 서울대 규장각 소장.

8
최경회

호남의병 거느리고 진주성 지키다 순절
최경회 1·2차 진주성전투 참가
"호남도, 영남도 모두 우리 땅"
논개 모녀 무죄방면 후 보살펴

화순 '충의사'에 봉안된 최경회 초상.

의병장 최경회崔慶會, 1532~1593는 부인이라 할 수 있는 논개가 워낙 유명하다 보니 그늘에 가려 있는 측면이 있다. '논개 남편 최경회'라는 식이다. 하지만 최경회는 임진왜란 때 의병을 일으켜 여러 차례 큰 공을 세웠고, 제2차 진주성전투 때 최후까지 항전하다가 장렬하게 최후를 마친 뛰어난 의병장이다.

최경회 사당에 들어선 의암영당

2023년 10월 10일 전남 화순군 동면 충의로 409 충의사忠毅祠. 주차장에 대형버스와 승용차가 잇따라 들어섰다. 행사 시작 30분 전인 오전 9시 30분 홍살문을 지나치자, 기와를 얹은 몇 채의 한옥이 좌우에 늘어선 가운데 행사 관계자들이 준비로 부산했다. 충의사 앞엔 '충의공 최경회 선생 순절 제430주기 향사봉행 추모제'라 쓰인 플래카드가 남도의 햇살 좋은 가을하늘 아래에서 가볍게 펄럭이고 있었다.

그런데 뜻하지 않게 오른쪽 한편에 별도의 담장을 두르고 '장수문長水門'이란 이름을 단 건물이 보였다. 논개의 고향 전북 장수군에서 따온 이름이다. 담장 내 '의암영당義巖影堂'에는 논개 영정과 함께 제향을 위한 음식이 차려져 있었다. 충의사에 논개 영당을 둔 것은 그를 최경회의 후처로 여겼기 때문이다. 행사 참석자들은 이미 익숙한 듯 잇따라 영당 앞에서 분향과 묵념을 하며 예를 표했다.

화순 '충의사' 내 의암영당 내부 모습(위)과 경남 함양군 서상면 금당리 전(傳) 묘역. 함양과 장수의 경계에 있다. 앞은 논개, 뒤는 최경회 묘이다.

순절 430주기 추모제향

오전 10시 충의사 사당에서 제향이 시작됐다. 조영래 화순교육장, 강정 충의부대장, 최현신 전 화순광업소장이 각각 초헌관, 아헌관, 종헌관을 맡았다. 의암영각에서도 동시에 조명순 화순군의회 운영위원장을 헌관으로 제향이 진행됐다. 행사장에는 장수군 (사)의암주논개정신선양회 신봉수 회장, 해주 최씨 대종회 최동석 회장, 화순향교 최봉근 장의 등 100여 명이 참석했다.

'충의공 최경회 선생 호국정신선양회' 조준현趙俊鉉 회장은 추모사를 통해 "충의공은 상중喪中에도 의병을 일으켜 진주대첩에 이어 금산·무주전투에서 승리를 이끌었다"라며 "그분의 숭고한 호국정신을 더 기리고, 세상에 더 많이 알리는 데 힘쓸 것"이라고 다짐했다.

제2차 진주성전투에서 장렬한 최후를 맞다

최경회는 김천일, 고경명에 비해 다소 늦게 의병을 일으켰다. 상중에 있었던 데다 건강이 좋지 않았기 때문이었다. 그러던 중 고경명 막하에 있다가, 군량미를 모으기 위해 화순 동복에 머물고 있던 문홍헌이 최경회를 찾아온다. 문홍헌은 고경명 군의 금산 패전 소식을 최경회에게 전하면서 주장이 되어줄 것을 간청했다. 당시 문홍헌은 화순에서 의병 300명을 모아 고경명 군에 몸담고 있던 터였다. 이에 최경회는 형 경운, 경장과 함께 의병청을 화순에 설치하고 의병을 일으켰다. 이들을 '호남우의병湖南右義兵'이라 한다.

최경회 부대는 1592년 7월 담양과 순창 등을 거쳐 남원에 이르렀다. 그런데 한양으로 북상하려던 순간 금산에 주둔하고 있던 왜적이 전주로 향했다. 이에 최경회는 의병을 이끌고 금산과 무주 등에서 싸워 승리했다. 금산에서 퇴각하는 적을 우지치牛旨峙[1]에서 지리적 이점을 활용한 매복작전을 펴서 크게 이겼다. 최경회는 이때 왜군의 장수가 사용하던 언월도偃月刀를 빼앗기도 했다.

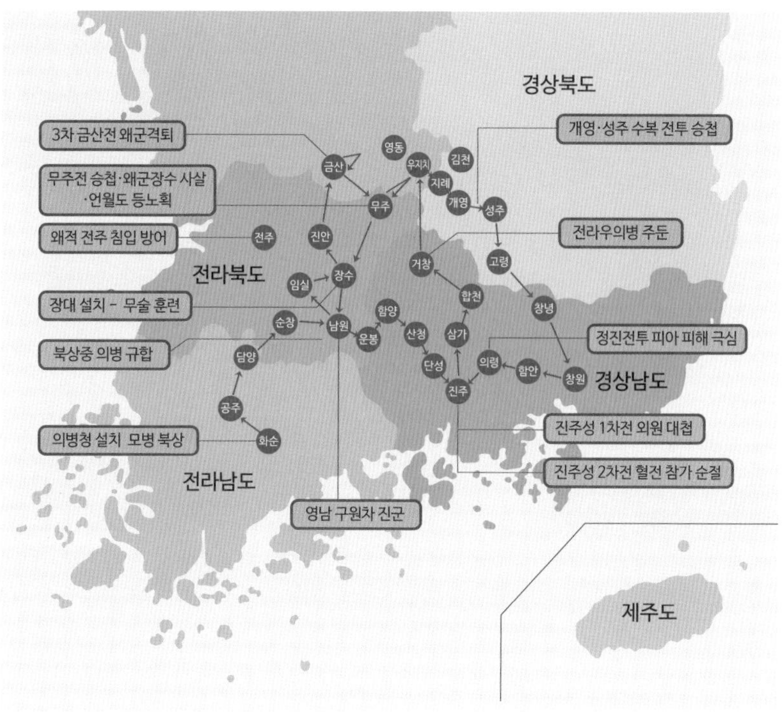

최경회의 의병 활동을 나타낸 그림. 화순에서 거병해 금산, 무주, 성주를 거쳐 진주에서 최후를 맞는다.
▷화순 충의사

그해 10월 최경회는 의병장 김면金沔과 경상우도관찰사 김성일의 원군 요청을 들어 진주로 향한다. 이때 최경회의 부장部將들은 "어찌 호남을 버리고 멀리 영남우도를 구원해야 하느냐"며 구원 요청에 반대한다. 최경회는 "호남도 우리 땅이요, 영남도 우리 땅이거늘 의병으로서 어찌 원근을 가리겠는가?(『일휴당실기日休堂實記』)"라고 부하들의 만류를 뿌리치고 진주로 달려간다.

1 우척현牛脊峴이라고 하며, 거창군과 김천시의 경계로, 예로부터 사람과 물자가 많이 오갔던 고개이다. 지금은 우두령牛頭嶺으로 불리고 있다.

화순군 한천면 모산리의 '포충사' 유허비. 최경회, 문홍헌, 구희, 조현을 배향한 사당으로 건물은 헐렸다가 최근 복원한 것이다.

최경회는 군사 1,000여 명을 이끌고 진주성을 외곽에서 지원해 진주대첩에 기여한다. 이어 영남 의병장 김면과 정인홍, 호남 좌의병장 임계영 등과 힘을 합쳐 성주, 개령開寧[2] 수복전에 참가해 1593년 2월 이 지역을 탈환한다. 이 공으로 최경회는 그해 2월 경상우도병마절도사에 임명됐다.

1593년 6월 가토 기요마사 등이 이끄는 10만 왜군이 진주성을 재차 공격해 왔다. 제2차 진주성전투이다. 최경회는 병사 700명을 이끌고 김천일, 황진, 고종후 등과 함께 진주성에 들어갔다. 9일 밤낮으로 혈전을 치렀으나 성은 결국 함락되고 말았다. 마침내 최경회는 김천일, 고종후와 함께 촉석루에 올라 일제히 남강에 몸을 던졌다. 최경회 예하 문홍헌文弘獻, 1551~1593, 구희具喜, 1552~1593, 오방한吳邦翰, ?~1593 등의 의병들도 강에 투신하거나 왜적과 끝까지 싸우다 장렬하게 최후를 맞았다.

---

2 지금의 김천 지역이다.

최경회는 누구? 문무 겸비한 의병장

'충의사' 내 최경회 장군 동상.

최경회는 해동공자海東孔子로 칭송받던 고려 최고의 유학자 최충崔沖, 984~1068의 16세손으로 해주 최씨이다. 1593년 이조판서에 추증됐고 진주 창렬사, 화순 포충사에 배향됐다. 호는 일휴당日休堂, 시호는 충의忠毅이다.

임진왜란 당시 의병장은 문인 출신이 대부분이었다. 주로 향리에서 덕망 있는 선비가 의병을 일으켰다. 그러다 보니 병법에 대해 어두웠고 고령인 경우가 많아 군대를 제대로 통솔하기 어려웠다.

하지만 최경회는 드물게 문무를 겸비한 의병장이었다. 그가 경상우병사에 임명된 것도 이런 점이 고려된 것으로 보인다. 『선조실록』 8권, 선조 7년 5월 2일 자를 보면 "문신 2품 이하에게는 활쏘기를 시험했는데 최경회가 25분分으로 장원했다"라는 기록이 있다.

최경회가 세상을 뜨자, 두 명이 그의 뜻을 잇겠다고 나섰다. 하나는 논개요, 또 하나는 그의 형 최경장이다. 최경장은 나이 65세에 동생의 의병 활동을 잇는다는 뜻에서 '계의繼義'를 기치로 삼아 전라우의병을 통솔했다.

◈ 최경회의 생애

1532년(중종 27)	전남 화순에서 출생
1547년(명종 2)	양응정 문하에서 수학
1567년(명종 22)	문과 급제, 영해군수

1574년(선조 7)	사헌부 감찰, 형조좌랑, 옥구현감 역임
1577년(선조 10)	장수현감, 논개 모녀와 인연
1579년(선조 12)	무장현감
1582년(선조 15)	영암군수
1587년(선조 20)	담양부사
1590년(선조 23)	모친상으로 관직 사임 후 시묘살이
1592년(선조 25) 7월	담양 남원 장수 금산에서 전라우의병장 활약
1592년(선조 25) 10월	김면·정인홍 군과 합동으로 성주 개령 수복
1593년(선조 26) 2월	경상우병사
1593년(선조 26) 6월	제2차 진주성전투에서 순절

9
논개

충효열 그리고 사랑… 영원한 국민 연인
논개, 소설 영화 뮤지컬로 부활
장수군·진주시 앞다퉈 선양사업

거룩한 분노는
종교보다도 깊고
불붙는 정열은
사랑보다도 강하다
아, 강낭콩 꽃보다도 더 푸른
그 물결 위에
양귀비꽃보다도 더 붉은
그 마음 흘러라
– 시인 변영로의 시 〈논개〉 중

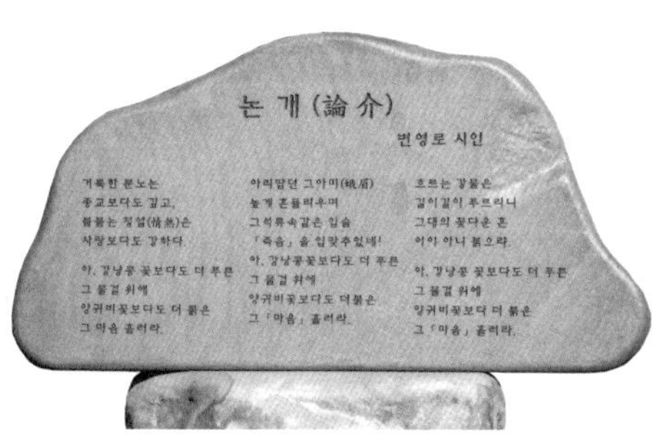

전북 장수군 논개사당에 서 있는 변영로의 〈논개〉 시비.

의암義巖 주논개朱論介, 1574~1593 또는 논개論介는 젊은 여성의 몸으로 왜장을 끌어안고 강물로 뛰어들어 산화한, 청사에 길이 빛나는 호국충절의 화신으로 추앙받는 여성이다. 그러다 보니 우리 역사 인물 가운데 논개만큼 시, 소설, 음악, 영화, 위인전 등 다양한 분야에서 인기 소재가 된 이도 드물다. 부분적으로 설화가 가미되면서 기생인지 양반인지 신분 논란까지 가세해 지금껏 수많은 이들의 입에 오르내리고 있다.

기생이냐, 양반 딸이냐

임진왜란사에서 충무공 이순신 장군 다음으로 유명한 이는 아마 논개일 것이다. 교과서에서, TV에서, 할아버지 할머니의 이야기에서 논개가 왜장을 끌어안고 순국한 사실을 어린 시절부터 보거나 들어온 덕에 대한민국 국민이라면 논개를 모르는 이가 없다. 그러나 유명세에 비추어 논개만큼 명확한 사료에 근거한 삶의 흔적을 찾기 어려운 인물도 없다.

논개가 최초로 나타나는 문헌은 유몽인柳夢寅, 1559~1623의 『어우야담於于野談』이다. 순국 28년 후인 1621년광해군 13에 쓴 책이다. 비록 야담집이지만 '논개 스토리'가 역사적 사실로 정착되는 출발점이랄 수 있다. 이후 여러 문헌에 등장하는 계기가 됐기 때문이다.

> "논개는 진주의 관기官妓였다. 계사년에 창의사 김천일이 진주성에 들어가 왜적과 싸우다가 성이 함락되자 군사들은 패배하였고 백성들은 모두 죽었다. 논개는 단장을 곱게 하고 촉석루 아래 가파른 바위 위에 서 있었으니, 아래는 만 길 낭떠러지였다. 사람의 혼이라도 삼킬 듯 파도가 넘실거렸다. 왜적들이 이를 바라보고 침을 삼켰지만 감히 접근하지 못했는데 어떤 왜장 하나가 당당하게 앞으로 나왔다. 논개는 미소를 띠고 왜장을 맞았다. 왜장의 손이 그녀의 몸을

잡자, 논개는 힘껏 왜장을 끌어안는가 싶더니 마침내 강물로 뛰어 들어 함께 죽었다."

–『어우야담』 권1 인륜편人倫篇: 효열孝烈

그 후 1700년대 중반부터『호남절의록湖南節義錄』,『일휴당실기』 등 여러 문헌에 등장하면서 논개의 가계와 행적이 차츰 세상에 알려지게 되었다. 역사적 사실로 공고화된 것이다. 이후 추모 열기까지 보태져 논개 이야기는 더욱 다양한 채널을 통해 가공 확대해왔다. 하지만 각 기록 간에 어긋나는 부분도 있어 아직 정확하게 고증하기는 어려운 형편이다.

어쨌든 여러 기록과 진주에서 내려오는 구전 등을 종합하여 정리한 논개의 삶은 대략 이렇다. 논개는 1574년 전라도 장수현 임내면 주촌朱村 즉, 현재의 전북 장수군 장계면 대곡리의 번듯한 양반가에서 태어났다. 어려서부터 영특하고 총명해 많은 사랑을 받고 자랐다. 그러나 논개가 네 살 때 아버지 주달문朱達文이 세상을 뜬 바람에 가세가 기울어 모녀는 한마을에 사는 숙부 주달무에게 몸을 의탁했다. 그런데 도박에 빠져있던 주달무는 김풍헌이란 지방 토호의 아들에게 논개를 민며느리로 팔아먹고 돈을 받아 챙겨 달아났다. 이 사실을 알게 된 논개 어머니는 딸을 데리고 친정으로 도망갔다. 김풍헌은 이들을 관아에 고발해 논개 모녀는 장수 관아에 갇혔다.

이때 등장하는 장수현감이 바로 최경회이다. 이 재판에서 최경회는 논개 모녀에게 무죄 판결을 내리지만 그들은 갈 곳이 없었다. 딱하게 여긴 최경회의 아내 나주 김씨는 모녀에게 내아內衙에서 일을 돕게 했다. 1579년 최경회가 무장현감으로, 1582년 영암군수로 자리를 옮길 때마다 모녀도 따라다녔다. 논개가 16살 때인 1590년 담양부사로 있던 최경회는 논개를 부실副室[1]로 맞는다.

1590년 12월 최경회가 모친상을 당해서 화순으로 갈 때 논개는 자신의

논개가 왜장을 끌어안고 남강에 투신하는 모습을 제작한 모형.
▷장수 논개기념관에서 촬영.

고향 장수로 돌아가 기다린다. 최경회가 시묘살이를 하던 중인 1592년 임진왜란이 발발하여 두 사람은 전쟁 속으로 휩쓸려 들어간다. 최경회는 상중이었지만 몸을 일으켜 장수에서 의병을 모집하고 훈련했다. 논개는 이때는 물론이고 이듬해 2차 진주성전투가 벌어질 때까지 최경회를 따라다니며 부지런히 병사들을 뒷바라지했다. 하지만 6월 28일 진주성은 함락됐다. 논개는 남편을 따라 목숨을 버리는 열녀烈女를 넘어 의녀義女의 길을 걷기로 결심했다. 왜군이 칠월칠석 남강 촉석루에서 전승 축하연을 벌일 때 관기로 위장한 논개는 촉석루 아래 바위로 왜장 게야무라 로쿠스케毛谷村六助를 유인했다. 양손에 옥가락지를 낀 논개는 왜장의 허리를 감고 남강으로 뛰어들었다. 그 바위 이름은 의암이며, 논개의 호가 되었다.

민족의 가슴에 뜨겁게 각인된 의인 논개의 혼은 오늘도 넘실거리는 진주 남강에 깃든 채 우리를 지켜보고 있다. 역사가 주는 교훈을 제대로 계승하고 있는지.

1 측실側室이라고도 하며, 작은 부인 또는 첩을 뜻한다. 하지만 최경회의 처가 사망한 뒤 논개가 정실부인 즉 계배繼配가 됐다는 뜻에서 후처後妻 또는 후실後室이라고도 한다.

논개의 담론… 설화에서 전설로, 신화로, 역사로

"서릿발같이 차고 고추같이 매운 그 기개가 하늘의 해와 별같이 빛났으니 이 어찌 장하다 아니할 수 있으랴"

– 장수현감 정주석이 세운 '논개생장향수명비'에서

논개 담론의 출발은 2차 진주성전투에서 논개의 죽음을 목격한 이들의 구술이었다. 이를 전해 들은 유몽인은 기생이라는 이유로 정식 사서에 기록되지 못한 것을 안타까워하며 1621년 『어우야담』에 논개 이야기를 실었다. 1617년 임진왜란 이후의 충신·효자·열녀 사례를 뽑아 편찬한 『동국신속삼강행실도東國新續三綱行實圖』[2]에 논개의 순국 사실이 누락됐던 것이다.

『어우야담』 그리고 진주 백성들의 계속된 추모 노력을 계기로 그녀의 행위는 점차 여러 문헌에 실리고 구체화되면서 재조명받기 시작했다. 특히 진주성민들은 성이 함락된 날이면 강변에 제단을 차려 논개의 의혼義魂을 위로했다. 그리고 나라로부터 공식 인정받을 수 있도록 임금에게 정려를 청하는 등 여러모로 힘썼다.

장수군에 따르면 논개에 대한 글은 금석문 11종, 고문헌 40종, 단행본 39권, 연극 5편, 소설 5편, 시 50여 편 등이다. 1629년인조 7 논개가 순국한 지 32년 뒤 정대륭鄭大隆이라는 선비가 진주로 이사를 와서 백성들로부터 논개가 떨어져 죽은 바위 이야기를 듣고는 '의암'이라는 글씨를 써서 바위에 새겼다. 정대륭은 '북관대첩비[3]'의 주인공인 함경도 의병장 농포 정문부鄭文孚, 1565~1624의 둘째 아들이다.

---

2 1617년 임진왜란 발발 이래의 충신·효자·열녀 사례를 모아 『삼강행실도』, 『속삼강행실도』의 속편으로 편찬한 책이다.

1650년효종 1 민순지閔順之는 『임진록壬辰錄』에 "논개라는 여자가 일부러 예쁘게 꾸미고 있자니 적장이 좋아하며 다가왔다"라고 기록했다. 이는 논개가 기생이 아님을 알린 최초의 문헌으로 꼽힌다.

1651년효종 2 오두인吳斗寅, 1624~1689[4]은 '의암기義巖記'[5]에 "진주 사람들은 해마다 성이 함락된 날이면 강가에 제단을 차리고 의로운 넋에 제사를 올린다"라고 적었다. 1722년경종 2에는 경상우병사 최진한崔鎭漢이 촉석루 아래 의암 바로 위에 '의암사적비'를 세워 그 뜻을 기렸다. 1740년영조 16 경상우병사 남덕하南德夏는 논개 사당 '의기사義妓祠'를 촉석루 옆에 세웠다. 1846년헌종 12 장수현감 정주석鄭冑錫은 논개의 충절을 기리고 출생지임을 알리기 위해 '촉석의기논개생장향수명비矗石義妓論介生長鄕竪名碑'라는 비를 장수에 세웠다. 이밖에 1800년 『호남절의록』, 1839년 『호남삼강록湖南三綱錄』 등 다양한 기록이 등장한다.

전북 장수군과 경남 진주시는 논개가 태어나고 죽은 곳이기에 어느 지역보다 다양한 건축물, 기념비, 제의祭儀가 남아있고, 지금까지 활발하게 선양사업이 행해지고 있다.

1955년 장수군민들은 성금을 모아 장수읍 논개사당길 41에 '의암사義巖祠'라는 사당을 건립했다. 1987년에는 논개가 태어난 것으로 알려진 장수

---

3 의병장 정문부鄭文孚 장군이 임진왜란 당시 가토 기요마사의 왜군을 무찌른 전투에 대해 기록해 함경북도 길주에 세운 전승비이다. 그러나 1905년 러일전쟁 당시 일본군이 일본으로 가져갔다. 그러다 각계의 노력으로 100년만인 2005년 한국으로 돌아왔으며, 이듬해 북한에 반환돼 원래 자리에 다시 세워졌다. 복제비가 정문부 장군 묘, 독립기념관 등 네 곳에 세워졌다.

4 숙종 때 인현왕후 폐위 반대 상소를 올려 유배를 가던 중 죽었다. 경기도 안성의 덕봉서원에 배향됐다. 이 서원은 흥선대원군의 서원훼철에서 제외된 47곳 중 하나이다. 호는 양곡陽谷.

5 오두인의 문집인 『양곡집』에 실려 있다. 『양곡집』은 그의 아들 해창위 오태주吳泰周와 사위 도암 이재李縡가 엮었다.

논개 영정을 모신 진주 '의기사'(왼쪽)와 논개 사당 내 '논개생장향수명비(오른쪽)'. 논개 출생지임을 알리기 위해 장수에 세운 비석이다.

군 장계면 대곡리 주촌마을 '주논개생가지'가 성역화됐다. 66,100㎡에 이르는 꽤 넓은 부지에 논개의 생가와 함께 동상, 시비, 전시관, 논개 부모 묘 등이 들어섰다. 장수군은 이에 더해 논개가 태어난 날로 전해지는 음력 9월 3일을 군민의 날로 정해 '의암 주논개제전'을 지내고 있다. '의암주논개상義巖朱論介像'으로 선정된 여성에 대해 추대식도 개최한다. 논개를 계승한 여성이라는 의미에서 상賞이 아니라 상像이며, 여느 미인대회와도 다르다.

경남 진주시는 매년 5월 말 '진주논개제'라는 축제를 열고 있다. 헌다례, 의암별제, 논개순국 재현극, 뮤지컬 등 다양한 전통문화 예술축제를 통해 논개를 기리고 있다. 진주에서는 사당 '의기사義妓祠'라는 이름에서 알 수 있듯 별 거부감 없이 의기 또는 기생이라는 호칭을 사용하고 있다.

물론 논개 신분이 기녀든 양반이든, 최경회 장군의 첩이든 후처든 그런 문제가 중요한 게 아닐 것이다. 본질은 그녀의 죽음이 충과 의義와 열烈의 표상으로 언제나 우리 가슴에 뜨겁게 방망이질 치고 있다는 것이 아니겠는가.

거룩한 분노, 다시 태어난 논개

꽃 입술 입에 물고 바람으로 달려가

작은 손 고이 접어 기도하며 울었네

(…)

몸 바쳐서 몸 바쳐서

떠내려간 그 푸른 물결 위에

– 가수 이동기의 노래 〈논개〉 중에서

논개에 얽힌 극적인 이야기와 충열이란 소재는 다방면으로 전개돼 나갔다. 젊고 아름다운 나이의 기생이란 신분, 몰락한 양반의 딸, 의병장의 후처, 임진왜란이란 참혹한 비극, 적장을 끌어안고 동반 투신자살, 이런 점들은 다양한 분야로 각색 응용하기에 좋은 소재였다. 점차 문학적 소재로, 공연예술로, 심지어 지역축제로 다양하게 분화돼 갔다.

시의 예를 보면 심산 김창숙 〈의기암〉, 수주 변영로 〈논개〉, 만해 한용운 〈논개의 애인이 되어서 그의 묘廟에〉, 시조시인 조운 〈논개〉, 모윤숙 〈논개〉 등과 같이 여러 시인들에 의해 시로 승화되고 있다.

논개는 소설과 공연 예술 분야에서도 다양한 모습으로 재현된다. 일찍이 월탄 박종화가 『논개와 계월향』(1962년)이란 소설을 남겼다. 근래 들어서는 김별아 작가가 쓴 소설 『논개』(문이당, 2007년)에서 "오직 한 사람을 생각했다. 삶의 전부가 그를 사랑하는 것으로 채

한용운 시비. 넘실거리는 남강에 가락지를 형상화했다.

'진주논개제'의 일환으로 진행되고 있는 '의암별제' 모습. 진주시가 무형문화유산 등록을 추진하고 있다. ▷진주시

워지길 바랐다. 종래 죽음까지도 함께 하기를 원했다"라 썼다. 양반 딸로서 '사랑'을 부각해 논개를 재창조했다. 이에 비해 김지연은 『소설 논개』(정은출판, 2017년)라는 장편소설에서 논개를 기생으로 설정하되 '충忠'이란 요소를 부각해 이야기를 풀어냈다. 비록 기녀 신분이지만 나라를 위해 헌신하는 모습으로 묘사했다.

1868년고종 5 진주목사 정현석鄭顯奭은 '의암별제義巖別祭'라는 독특한 행사를 만든다. 종묘제례나 문묘제례처럼 제향에 음악과 춤을 결합했고, 여성만이 제관祭官이 될 수 있도록 했다. 악공을 제외하고 제의에 관계되는 모든 사람이 여성이라는 점에서 유교식 제례 가운데 유일한 사례로 꼽힌다. 일제강점기 때 중단됐다가 1992년 복원돼 매년 5월 진주성에서 치러지고 있다. 진주시는 경남무형문화유산 등재를 추진 중이다.

1953년 남성봉의 〈쌍가락지 논개〉(손로원 작사, 이병주 작곡), 1961년 최숙자의 〈논개의 최후〉(야인초 작사, 김성근 작곡), 1982년 이동기의 〈논개〉(이건우 작사, 이동기 작곡) 등 대중가요에서도 논개는 인기 소재이다. 안익태는 교향시 〈논개〉를 작곡했다. 〈실경역사뮤지컬 의기논개〉를 비롯하여 영화, 창극, 연극, 음악, 무용, 오페라 등의 장르에서도 등장하고 있다. 논개만큼 우리에게 충忠과 의義와 열烈 그리고 사랑을 일깨워주는 인물이 없기에 논개는 앞으로도 우리에게 계속 여러 가지 친숙한 모습으로 다가올 것이다.

논개 영정 왜 새로 그렸나?

진주 의기사에 걸린 논개 영정은 당초 이당 김은호金殷鎬, 1892~1979 화백이 그린 작품이었다. 그런데 김 화백의 친일 행적과 고증 부족 논란 등으로 폐기해야 한다는 논란이 줄곧 일었다.

이에 경남 진주시와 전북 장수군은 영정을 새로 제작하기로 방침을 정하고 2006년 공동으로 전국 현상 공모를 했다. 그 결과 윤여환尹汝煥 충남대 회화과 명예교수를 선정해 작품을 납품받았다. 가로 110㎝, 세로 180㎝크기이며 비단 바탕에 천연 채색을 한 전신입상이다. 2007년 정식으로 국가표준영정으로 지정받았다. 진품은 국립진주박물관에 소장 및 전시 중이며 진주 의기사와 장수 의암사에는 영인본이 봉안되어 있다.

윤 교수는 홍익대학교 동양화과 출신으로 논개를 포함하여 유관순, 정문부 등 국가표준영정 여섯 점과 기타 사찰 및 문중 의뢰 초상화도 여럿 제작한 원로 한국화가이다.

논개 영정 제작은 신안 주씨新安 朱氏 후손들을 조사하여 공통적인 용모의 특징을 찾는 일부터 시작된다. 윤여환 교수는 2006년 '얼굴연구소'에 의뢰해 신안 주씨 여성의 얼굴 특징을 형질인류학적으로 분석했다. 그리하여 논개에 가깝다고 판단되는 얼굴 모형을 정했다. 논개 영정의 복식과 머리

윤여환 화백의 새 논개 영정(왼쪽), 김은호 화백의 논개 영정(오른쪽). ▷국립진주박물관에서 촬영

모양 고증은 변수邊脩, 1447~1524[6] 묘 출토품과 〈호조낭관계회도戶曹郎官契會圖〉[7] 등을 따랐다. 복식은 거사 일이 하절기인 점을 고려하여 여름 차림으로 했다. 표현 기법은 조선시대 전통 기법이 동원됐다. 즉 배채법背彩法[8] 을 사용해 전신사조傳神寫照[9]의 정신을 살리려 노력했다.

"열 가락지를 끼고 결의에 찬 얼굴로 왜장을 향해 다가가는 굳센 모습으로 설정해서 그렸다"라는 윤 교수의 설명이다.

---

6 변수는 중종반정에 가담해 정국공신 2등에 책록된 인물이다. 그의 묘에서 출토된 복식 유물 62건, 72점이 국가민속문화재로 지정돼 있다. 국립민속박물관 소장.

7 조선시대 공물과 세금 등의 경제를 담당하던 호조 관리들의 계회契會 모습을 그린 것으로, 비단 바탕에 가로 59㎝, 세로 121㎝이다. 1550년명종 5경에 그려졌다.

8 종이나 비단 등 화폭의 뒷면에 색을 칠해 그 색이 앞으로 배어 나오도록 하는 채색법.

9 초상화를 그릴 때 단순히 인물의 겉모습만 재현하는 것에 그치지 않고 내면세계까지 담아내는 일.

10
기억해야 할 임진 의병들

"내가 할 수 있는 방법으로 왜적과 싸울 터"
좌의병 임계영, 성주·개령 수복
일관사포의 고흥, 의병도 많아
흥국사 의승, 해전에서 맹활약

임진왜란이 발생하자, 참으로 많은 우국지사가 조선 팔도 곳곳에서 떨쳐 일어났다. 주인과 노비 그리고 아버지와 아들이, 산과 들에서, 칼이나 곡괭이를 들고 목숨 바쳐 왜적과 싸웠다. 이 땅과 이 사람들을 지키기 위해 잔혹하기 그지없는 침략자 왜군을 두려워하지 않고, 죽음을 무릅쓴 채 피를 흘렸다. 그러기에 우리는 이들을 기억하고 기려야 할 의무가 있다.

> "6월 11일. 들려오는 말이 전 부사 고경명이 광주에서 의병을 일으키고, 전 부사 김천일이 나주에서 의병을 일으켰다고 한다. 기쁘고 기쁜 일이다. 변이 일어난 뒤로 남쪽은 조용하여 아무 소리가 없던 중 이때 이르러 의로운 소리가 크게 일어나니 누군들 목숨을 버려 의에 따르지 않겠는가. 드디어 글을 통해 향중에 알리고 도청都廳[1]을 교중校中에 설치, 모든 유사를 나주에 정한 다음 한편으로는 의병을

모으고 한편으로는 의곡을 모았다. 또한 궁전弓箭 등의 물자를 준비하여 두 곳으로 나누어 보냈는데, 나주로는 의병 40명에 의곡 15석, 장창 20개, 장검 20개, 강궁 30개, 비전 400개를 보냈다. 광주로는 의병 60명에 의곡 25석, 장창 30개, 장검 30개, 강궁 38개, 비전 600개를 보냈다. 모이고 나자 병사들이 고경명에게 속하기를 원하는 자들이 많아 이처럼 고르지 못하게 되었다. 큰아이 경鏡은 나주로 가고 둘째 건鍵은 광주로 갔다."

– 정희맹[2], 『선양정문집善養亭文集』 권3, 「일기日記」 6월 11일.
신윤호(2022)에서 재인용

의병은 직접 싸우는 것만이 다가 아니다. 군량과 병장기가 있어야 하며, 누군가 이를 내놓으면 모아서 보내야 한다. 많은 이들이 정희맹처럼 직접 싸울 형편이 안 되면 노비는 물론 아들까지 의병으로 보냈다. 지금의 우리는 전시가 아닌 평시임에도 병역기피를 하지 않는가. 그런데 정희맹은 목숨을 잃을 수도 있는 위태로운 전장에 두 아들을 참전시키고 재물을 내놓았다. 너나 할 것 없이 모두가 힘을 모아 왜군과 맞서려는 정신이 초유의 국난을 극복하는 바탕이 된 것이다.

---

1 특정 업무 추진을 위해 설치한 임시 관청.

2 정희맹丁希孟, 1536~1596은 임진왜란 발발 후 아들 정경丁鏡과 정건丁鍵을 근왕병으로 보내고, 자신도 강항 등 50여 명과 함께 의병을 일으켜 고향을 지켰다. 군량과 병장기를 많이 모아 보내기도 했다.

전라좌의병 임계영, 박광전, 문위세

"적이 성 아래 당도하여 장정들을 죽이면 불쌍한 우리 백성들은 몸을 어디에 숨기며, 집과 가족은 어느 곳에 둔단 말입니까? 영남에서 이미 이렇게 당한 것을 귀로 들었고 눈으로도 보았으니, 산중으로 들어가 숨어봐야 헛된 수작으로 결국 죽고 말 것입니다. 이왕 죽으려면 나라를 위하여 죽지 않으렵니까? 치욕을 갚고 나라를 살리는 것도 이때입니다. 무릇 우리 도내에는 틀림없이 장정이나 흩어져 도망친 군사가 있을 것이니, 만약 잘 타이르고 격려한다면 능히 한 군단을 편성할 수 있을 것입니다."

–『삼도실기三島實紀』에 실린 임계영의 격문

삼도三島 임계영任啓英, 1528~1597은 장흥 임씨로 진보현감을 지냈던 전남 장흥, 보성 지역의 재지사족在地士族이다. 거의擧義 당시 65세라는 고령임에도 불구하고 1592년 7월 고경명이 금산에서 패했다는 소식을 듣고 통곡하면서 "나랏일이 이 지경에 이르렀으니 이제 내가 죽을 곳을 얻었도다." 하고 보성에서 박광전朴光前과 함께 의병을 일으켰다. 이를 '전라좌의병'이라 한다.

좌의병은 무과 출신의 뛰어난 장수였던 장윤張潤, 1552~1593을 부장으로, 문위세文緯世를 양향관粮餉官[3]으로, 정사제鄭思悌, 1556~1594를 종사관으로 삼았다. 좌의병은 '호虎' 자를 장표章標로 삼아 왜군의 호남 침공을 막기 위해 남원으로 향하며 군세를 불렸다.

최경회가 이끄는 우의병도 남원에 와 합류했다. 좌·우의병은 연합전선을 구축해 무주, 진안, 장수, 금산 등지에서 1개월 동안 왜적을 무찔렀다. 이 무

3 군량미를 모으고 관리하는 직책.

전남 보성군 용산서원(왼쪽)과 보성의병기념관(오른쪽).

렵 퇴계 이황 문하에서 유성룡과 동문수학한 김성일 경상우도초유사招諭使의 지원 요청이 도달했다. 왜군이 금산전투에 따른 병력손실로 인해 호남공략을 포기하고 남하한 데 따른 것이었다. 이에 좌·우의병은 곧바로 경상도 성주 개령으로 달려간다.

1592년 10월 좌·우의병은 영남 우의병과 연합전선을 구축해 개령 성주 수복전투를 시작한다. 11월엔 최경회의 우의병이 김면金沔 군과 함께 개령開寧에서, 임계영의 좌의병이 정인홍 군과 함께 성주星州에서 진을 따로 두고 본격적으로 싸운다. 여러 차례 전과를 거두지만 이듬해 2월 왜적과 맞붙어 600명을 죽이고, 400여 명의 포로를 구출하는 등 크게 이겼다. 결국 모리 데루모토毛利輝元가 이끄는 왜군은 밤을 타서 도주했다. 마침내 성주와 개령을 수복한 것이다. 이른바 '성주대첩'이다. 엄동설한 동토凍土에서 맹추위에 시달리며 몇 달 동안 치른 전투였기에 더욱 빛나는 승전 기록이다.

특히 임계영과 박광전은 노령인데다 전투에 밝지 않다는 자신들의 한계를 잘 인식하고 행정과 보급·지원에 주력하며 의병을 이끌었다. 싸움은 무관 출신의 부장 장윤에게 일임하는 등 역할분담 체계를 잘 갖추어 높이 평가받는다.

임계영은 제2차 진주성전투 때도 먼저 장윤에게 정예 300명을 거느려 들어가게 했다. 하지만 병력과 군량을 더 모아 진주에 이르렀으나 이미 성이 함락되고 장윤도 전사한 뒤여서 함께 죽지 못한 것을 그는 평생 한스럽게 여겼다. 임계영은 이후 고성, 거제, 하동 등 경남 지역에서 여러 전과를 올렸고 양주, 정주, 해주 등지의 목사를 역임했다.

죽천竹川 박광전朴光前, 1526~1597은 정병 700여 명을 모집하고, 문인 안방준安邦俊, 1573~1654을 종사從事로 삼고 큰아들 박근효朴根孝를 참모로 삼아 거의했다. 그러나 고령인데다 병으로 의병을 통솔하는 데 어려움이 있어 두 살 아래의 임계영을 의병장으로 추대했다. 그리고 자신의 가산을 동원해 군량과 병장기 지원에 앞장섰다.

박광전은 1597년 정유재란이 일어나자, 전 판관 송홍렬宋弘烈, 생원 박사길朴士吉 등에게 격문을 보내 의병을 일으키고 의병장이 됐다. 화순의 동복同福 적벽에서 적을 크게 무찔렀으나 병이 악화돼 진중에서 72세로 죽었다.

풍암楓庵 문위세文緯世, 1534~1600는 전라좌의병에 가담해 군량 조달에 힘썼다. 이 공으로 1595년 용담현령龍潭縣令에 임명됐고, 1597년 정유재란 때에는 읍민과 함께 많은 왜적을 무찔렀다. 전쟁 후인 1600년 파주목사에 임명됐지

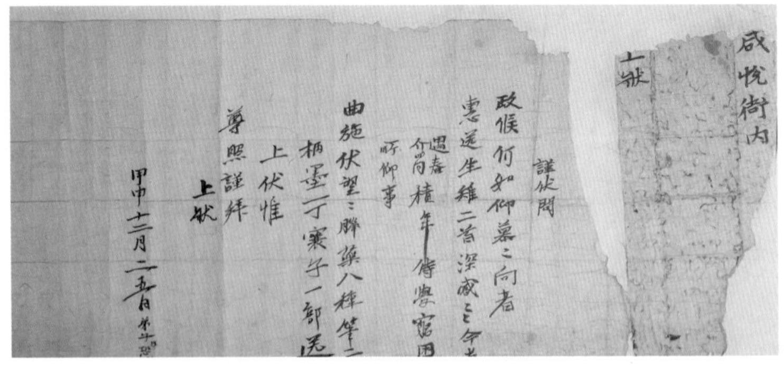
上狀
謹伏問
政候何如仰慕之向者
惠送生雉二首深感之
上伏惟
尊照謹拜
上狀
甲申十二月二十五日

광해군이 스승 박광전에게 보낸 편지. ▷보성의병기념관

만 병으로 부임하지 못하고 죽었다. 네 명의 아들 원개元凱, 영개英凱, 형개亨凱, 홍개弘凱를 포함한 일가 100여 명도 함께 의병에 참여했다.

전라좌수영의 중심, 흥양

2023년 1월 1일, 새해 첫날 아침 일찍 전남 고흥으로 향했다. 임진왜란 의병 전적지를 여러 곳 답사해온 내게 고흥은 가슴 설레이는 곳이다. '흥양'이라 불리던 고흥은 임진왜란에 있어 매우 특별한 곳이기도 하고, 무엇보다 전적지가 널려 있기 때문이다.

충무공 이순신 장군이 지휘하던 전라좌수영 관할구역은 '오관오포五官五浦'로 이루어져 있다. 순천도호부順天都護府, 낙안군樂安郡, 보성군寶城郡, 광양현光陽縣, 흥양현興陽縣의 다섯 군현郡縣과 방답진防踏鎭, 사도진蛇渡鎭, 여도진呂島鎭, 발포진鉢浦鎭, 녹도진鹿島鎭의 다섯 진포鎭浦이다. 즉 행정구역 다섯 곳(5관)과 여기에 설치된 군사기지 다섯 곳(5포)을 말한다. 그런데 군사기지 5포 가운데 방답진만 여수 돌산에 있을 뿐 나머지(여도진, 사도진, 발포진, 녹도진)

전남 고흥군 도화면 발포리 발포진성 주변. 사진 맨 위에 이순신이 수군으로 처음 여기 근무한 것을 기념해 세운 '충무사'가 있다.

전라좌수영 관할 구역 및 오관오포 위치.

전라좌수영 산하 오관오포 현황

구분	지역	지휘관	관할구역
5관	순천도호부	부사(종3품)	여수시, 순천시 일원
	광양현	현감(종6품)	광양시 일원
	낙안군	군수(종4품)	보성군 벌교읍, 순천군 낙안면
	보성군	군수(종4품)	보성군 일원
	흥양현	현감(종6품)	고흥군 일원, 여수시 삼산면
5포	방답진	첨사(종3품)	여수시 돌산읍 군내리
	사도진	첨사(종3품)	고흥군 영남면 금사리
	여도진	만호(종4품)	고흥군 점암면 여호리
	녹도진	만호(종4품)	고흥군 도양읍 봉암리
	발포진	만호(종4품)	고흥군 도화면 발포리

가 흥양 즉 고흥에 집중돼 있다. 이순신 주력 부대 대부분이 오늘날 고흥반도에 진을 치고 있었던 셈이다. 그만큼 고흥이 전략적으로 군사요충지였다

는 뜻이다. 이는 거의 섬처럼, 사방이 바다로 둘러싸였던 고흥의 지형과 관계가 깊다.

따라서 현지 수군의 역할 또한 컸을 것이 분명하다. 실제 이순신 휘하 수군 지도층에서 녹도만호 정운을 비롯해 홍양 출신[4]이 가장 많은 수를 차지했다. 즉, 홍양수군은 전라좌수군의 반을 차지한다 해도 과언이 아닐 정도로 핵심 전력이었다. 이순신 장군이 수군으로서 맨 처음 부임해 근무한 각별한 지역이기도 하다. 당시 충무공은 종4품 발포 만호로 18개월 근무했다.

송대립 형제

홍양은 지역적으로 늘 왜구의 노략질에 노출돼 있다 보니 임진란 후 의병 활동 역시 활발했던 곳이다. 송대립宋大立, 1550~1597은 관군이자 의병이었다. 당시 전라도 해안가에는 관군과 의병을 오가는 일이 많았다. 전쟁 당시 처음에는 의병이었지만 조정에서 의병을 관군 또는 수군으로 편입시켰고, 전쟁이 소강상태에 접어들면서는 생업에 종사하다 다시 의병으로 봉기하는 등의 일이 많아서이다.

전남 순천시 해룡면 신성리 '충무사'에 모셔진 송희립 장군 초상.

송대립은 1594년 무과에 올라 지도 만호智島 萬戶로 있던 아우 송희립宋希立,

4 흥양 출신 선무원종1등공신만 해도 흥양현감 배홍립, 녹도만호 정운과 송여종, 사도첨사 김완을 들 수 있다. 정유재란 때 활약한 흥양현감 최희량, 송대립, 송희립, 진무성, 신여량, 송상보, 신제운 등도 흥양 출신이다.

고흥군 동강면 마륜리 '여산송씨 쌍충정려각'. 아버지 송대립은 임진왜란 때, 아들 송심(宋諶)은 병자호란 때 전사했다. 건물이 보기 드물게 화려하고 잘 만들어져 보물로 지정돼 있다.

1553~1623과 함께 이순신 휘하에서 공을 세웠다. 정유재란 때 백의종군하는 이순신 장군을 수행하며 수군 재건 사업을 도왔다. 또 도원수 권율 휘하의 창의별장倡義別將이 되어 흥양에서 의병을 모집해 보성, 흥양 등지에서 왜적과 싸웠다. 1597년 4월 흥양의 망저포를 침범한 왜적과 싸워 크게 이겼다. 이때 혼자 달아나는 왜적을 추적해 여덟 명의 목을 베고 한 명을 사로잡아 돌아오려는 찰나 복병이 쏜 총탄에 전사했다.[5]

아우 송희립은 이순신 장군과 함께 옥포해전을 비롯해 수많은 해전에 참여한 핵심 참모로 용맹을 떨쳤다. 1598년 노량해전에서 왜군에게 포위된 명 도독 진린陳璘을 구출하느라 전신에 중상을 입었다. 이순신, 정운과 함께 순천 충무사에 배향돼 있다.

진무성

진무성陳武晟, 1566~1638은 이순신 휘하 군관으로 있으면서 당포해전 때 적선에 뛰어들어 왜병의 목을 베고 배를 불태워 용명을 날렸다. 제2차 진주

5 『국조인물고』 권55 '왜난시 입절인倭難時立節人 피구인부被拘人附'.

성전투 당시, 정탐을 위해 변장을 하고 성안에 잠입해 김천일을 만나고 나오면서 왜적을 죽여 맹장 소리를 들었다.

진무성 동상.

최희량

최희량崔希亮, 1560~1651은 1594년 무과에 급제해 선전관으로 활약했다. 정유재란 때 흥양현감으로 있으면서 명도, 첨산尖山, 예교曳橋 등지에서 승첩을 거뒀다. 이순신이 전사한 후 벼슬을 버리고 고향으로 돌아갔다. 1604년 선무원종공신 1등에 책록됐다. 보물로 지정된 '최희량 임란 관련 고문서' 중 첩보서목捷報書目은 1598년 흥양현감으로 있던 최희량이 이순신 장군과 전라도 관찰사에게 올린 전과 보고이다. 왜적과 싸워 승리한 전말을 당시의 공문서 양식으로 담고 있는 희귀한 자료라는 점에서 보물로 지정됐다.

전남 나주시 '무숙사' 내 최희량 초상과 보물 '임란첩보서목'을 복제해 만든 병풍.

흥국사 의승병

임진왜란 이전에도 승군은 있었다. 승군은 부역과 산성 경비 등의 임무를 수행했고, 유사시 육전이나 해전에 참여했다. 임진왜란 발발 몇 달 후인 1592년 8월 이순신이 관내 여러 사찰에 요청하자, 400여 명의 승려가 자원해 의승 수군義僧 水軍이 처음 편성됐다. 이후 흥국사 300명, 순천 등 기타 지역 300명으로 늘었다. 지휘체계는 전라좌수사 → 승장 → 승군으로 이어진다. 대표적인 의승장으로 순천의 삼혜三惠, 흥양의 의능義能, 자운慈雲, 옥형玉泂, 혜희惠熙 등이 알려져 있다. 이들 중 자운과 옥형은 임란 이후 여수의 암자에 이순신 장군 위패를 두고 명복을 빌었다.

의승 수군은 이순신의 지휘 아래 순천, 광양 등 요충지에 대한 파수 임무를 하면서 필요하면 해전에 참여했다. 전투가 있을 때 유격대나 돌격대로 운용돼 싸움을 승리로 이끄는 데 크게 공헌했다. 비상사태에 재빨리 출동해 대처할 수 있도록 특별 훈련을 받은 기동타격대 역할을 한 셈이다. 의승 수군은 직접적인 전투 외에도 군량의 수송과 조달, 일반 잡역, 성의 수축과 수비 등 다양한 일을 맡았다. 이순신 장군이 의승장들의 활동을 칭찬하며 조정에 포상을 요청할 정도였다.

> "수군을 자진해서 모집하여 들어온 의병장 순천 교생校生[6] 성응지와 승장 수인守仁, 의능 등이 이런 난리에 눈앞의 안일만을 생각하지 않고 의기를 발휘하여 군병들을 모집해 각각 300여 명을 거느리고 나라의 치욕을 씻으려 하였는바, 참으로 칭찬할 만한 일입니다. (…) 조정에서 각별히 표창하여 뒷사람들을 격려하여야 하겠습니다."
>
> –『신정역주 이충무공전서』 권4 '청상의병제장장請賞義兵諸將狀'

6 향교에 다니던 유생.

의승 수군의 핵심 주둔지는 지리적으로 바다에 가까운 여수 흥국사였다. 흥국사에는 사찰과 어울리지 않는 공북루拱北樓가 있다. 보통 북쪽 성문의 이름으로 많이 쓰는데 '북쪽의 임금에게 예를 갖춘다'는 뜻이다. 이순신은 수시로 공북루를 찾아 승군을 훈련시켰다고 한다.

해남 '대흥사' 표충사에 봉안된 뇌묵당 처영 진영.

이밖에 뇌묵당 처영處英은 승병 700명을 이끌고 행주산성 전투의 한 방면을 담당해 행주대첩에 크게 기여했다.

3부 | 정유재란

1
정유재란의 참상

왜군 만행, 이보다 더 잔혹할 수 없었다
살육·방화·납치 이어 코 베기까지
왜군 피해 목숨 끊은 여성 숱해

정유재란 당시 왜군의 종군 의승 케이넨[1]이 『조선일일기』에 일기체로 쓴 목격담이다.

> "들도 산도 섬도 죄다 불태우고 사람을 쳐 죽인다. 산 사람은 금속줄과 대나무 통으로 목을 묶어서 끌고 간다. 어버이 되는 사람은 자식 걱정에 탄식하고, 자식은 부모를 찾아 헤매는 비참한 모습을 난생처음 보게 되었다."
>
> (1597년 8월 6일)

1 정유재란 때 왜군을 따라 종군한 의료 담당 승려로서, 1597년 6월부터 1598년 2월까지 8개월 동안 경상도와 전라도의 전투 상황 등을 일기로 남겼다. 일기는 그가 주지로 있던 일본 규슈九州의 '안양사安養寺'에 보관돼 있다.

왜군이 마을에 쳐들어와 살인 방화 약탈을 하는 모습을 그린 상상화. ▷해군사관학교박물관

"전주를 떠나면서 가는 도중의 벽촌에서 남녀를 불문하고 죽이고 있는 참상은 차마 두 눈을 뜨고 볼 수가 없는 처참한 모습이다."

(1597년 8월 20일)

왜적이 살육하고 불태우는 아비규환의 참상을 '담담하게' 기록한 것이 이 정도였다. 그들이 이 땅에서 저지른 만행은 실로 천인공노할 만한 짓이었다. 발을 디디는 곳마다 대량 살육과 방화, 약탈, 납치 등 악귀 같은 짓을 저지르고 다녔다. 남녀노소 가리지 않고 죽여 코를 벴고, 관아든 민가든 마구 불을 질렀다. 금붙이나 공예품, 서적 등 조금만 귀해 보이면 서슴없이 빼앗거나 훔쳤다. 도공이나 인쇄공 등 기술자는 납치해서 본국으로 보냈다. 바느질, 공예 등 손재주가 있는 여성들도 납치 대상이었다. 코를 베는 할당량을 채우고 나면 사람을 잡아 노예로 팔아치웠다[2]. 여성들은 이들의 만행을 피해 물에 빠지거나 목을 매는 등 스스로 목숨을 끊는 경우가 비일비재했다. 기근과 전염병까지 겹쳐 생지옥이 따로 없었다.

해남군 옥천면 성산리 '성산만의총'. 백제 때 고분이지만 지역 주민에 따르면, 정유재란 때 죽은 의병과 백성들의 시신 1만여 구를 모아 주변에 여섯 개의 무덤을 만들었다고 한다.

일반적으로 정유재란을 임진왜란의 연장선으로 보지만, 전쟁의 성격은 다소 다르다. 임진왜란 때는 일본의 '정명가도征明假道, 명을 정벌할 테니 조선의 길을 빌려달라'를 명분으로 삼았지만, 정유재란 때엔 '영토 확보' 즉 조선의 남부지방 장악에 주력하며 전라도를 가혹하게 유린했다. 이로 인해 조선인은 물론 명군과 왜군까지, 임진란 때보다 더 많은 피로 이 땅을 흠뻑 적셨다.

다시 전쟁터가 된 국토

명나라와 일본 간 교섭을 담당한 심유경沈惟敬[3] 등이 조건을 숨긴 채 명 신종神宗 황제와 도요토미 히데요시를 동시에 기만하면서 무리하게 끌어오다 강화교섭은 파탄에 이르렀다. 명과 왜의 협상 담당자들이 성과를 내려고 조급해했던 데다, 토요토미의 과대망상으로 인해 협상이 협잡의 연속이었다. 조선은 화의를 반대해 협상에서 제외됐다.

---

2 왜군에게 납치당해 끌려간 조선인의 정확한 수는 알 수 없으나 대략 10만 명 이상으로 추정하고 있다. 특별한 기술이 없는 사람은 일본에서 노예로 부려먹거나 포르투갈 상인 등에 노예로 팔아치웠다.

3 고니시와 함께 강화협상의 중심 인물이었으나 거짓 외교로 삼국을 속이다 탄로 나자, 일본으로 망명하기 위해 남쪽으로 도망가던 중 경북 의령 근처에서 명 양원에게 체포돼 처형됐다.

함양군수 조종도와 안의현감 곽준이 왜 우군과 싸우다 전사한 황석산성.

1597년 2월 분노한 도요토미는 재차 조선 침략을 명했다. 그는 임진왜란 당시 승리하지 못한 원인이 곡창지대였던 전라도를 미리 점령하지 못한 데 있다고 판단했다. 이에 전라도를 우선 점령하라는 명령서를 작성해 하달했다. 왜군은 준비를 거쳐 7월 중순 임진왜란 때의 17만여 명보다 약간 적은 14만여 명의 병력[4]을 동원해 다시 침략했다.

정유재란이 시작되자, 명은 조선의 급보를 받고 병부상서 형개邢玠를 총사령관으로 다시 원병을 파견했다. 조선은 명에 파병을 요청하는 한편 체찰사 이원익, 도원수 권율의 지휘 아래 팔도에서 군사를 모으는 등 나름대로 대응에 힘썼다.

왜군은 도요토미의 명령대로 이번에는 경상, 전라, 충청 등 하삼도下三道 점령, 그중에서도 전라도에 중점을 두었다. 우군은 대장 모리 히데모토毛利秀元 이하 가토, 구로다 등 6만 명이 밀양, 거창, 안의를 지나 황석산성에 이르렀다. 좌군은 대장 우키타 히데이에 이하 고니시, 시마즈 등 5만 명으로 편성해 하동, 구례를 거쳐 남원으로 올라갔다. 칠천량해전에서 대승을 거둔 수군 7,000명은 섬진강을 거슬러 올라가 구례에서 좌군과 합류해 남원으로 향했다. 왜군은 남원전투, 황석산전투, 전주 함락 등 연전연승했다.

8월 좌·우군은 전주에서 회합하고, 우군은 공주 방면으로 북상하기로 했다. 충청·전라로 남하하기로 한 좌군은 다시 지역별로 부대를 나눴다. 나베

4 정유년에 건너온 병력은 12만 명이며, 2만 명은 조선에 잔류했던 병력이다.

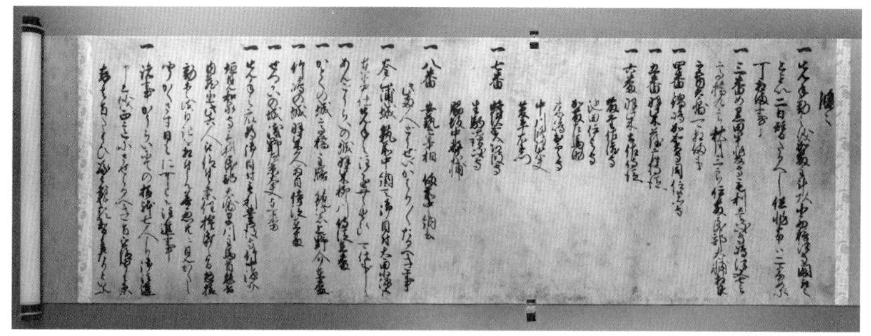

1597년 2월 도요토미 히데요시의 정유재란 개전명령서. 전라도를 남김없이 공략할 것 등의 내용이 들어있다. ▷일본 나고야성박물관 소장, 국립진주박물관 복제.

시마 나오시게는 금구와 김제를, 조소카베 모토치카長宗我部 元親는 고부와 나주를 맡는 방식이었다. 이렇게 각자 맡은 곳을 침략하면서 '저항하면 죽일 것, 관리를 고발할 것, 협조하면 상을 내릴 것'이라는 등의 포고를 통해 점령지를 확대해 나갔다. 채찍과 당근 그리고 이간책으로 왜군에 협조하는 부역자가 많이 생기기도 했다. 물론 살인과 약탈, 납치, 코 베기 등도 곳곳에서 계속 자행된다.

한편, 왜 수군은 남원성을 점령한 뒤 다시 내려가 남해안에서 서진하다가 명량해전으로 이어진다. 조선 수군은 이 해전에서 기적적으로 승리하지만 전선과 병력, 군량이 턱없이 부족하다 보니 고군산도, 목포 고하도 등으로 올라가 전열을 다듬는다. 왜 수군은 조선 수군을 추격하는 한편 무안, 함평, 영광 등 서해안 뭍으로 상륙해 분탕질하고 백성을 도륙한다. 『간양록』을 쓴 수은 강항[5]도 이때 영광에서 수군 도도 다카토라藤堂 高虎의 부하들에게 붙잡혀 포로 신세가 돼 일본으로 끌려간다.

1598년 8월 19일 도요토미 히데요시가 사망하면서 왜군은 일제히 철수하고 마침내 임진왜란은 막을 내린다.

---

5 뒤에 별도의 장에서 강항과 그가 남긴 『간양록』에 대해 다룬다.

CU

명량해전이 벌어진 전남 해남과 진도 사이 울돌목.

정유재란 삼국 지휘부

	명	조선	일본
최고 지휘자	신종(만력제)	선조	도요토미 히데요시
전쟁 수뇌부	병부상서 겸 총독 형개	영의정 유성룡 체찰사 이원익	대로 도쿠가와 이에야스 등
일선 책임자	- 경리 양호 - 총병관 마귀 - 제독 유정 - 부총병 해생 - 중로군 대장 동일원 - 수군 도독 진린 - 수군 부도독 등자룡	- 도원수 권율 - 경상좌병사 성윤문 - 경상우병사 김경서 - 경상방어사 고언백 - 충청방어사 박명현 - 전라병사 이복남 - 토왜대장 정기룡 - 삼도수군통제사 이순신	- 총사령관 고바야카와 히데아키 - 8군대장 겸 우군대장 모리 히데모토 - 9군대장 겸 좌군대장 우키타 히데이에 - 1군 가토 기요마사 - 2군 고니시 유키나가 등 - 수군 도도 다카토라 등

실패한 전면 총공세 사로병진책

1597년 9월 13일 명의 부총병 해생解生이 직산에서 왜군을 격퇴하고, 9월 16일 조선 수군이 명량해전에서 승리하며 왜 수군에 일격을 가한다. 이를 기점으로 왜군은 보급로 단절을 우려해 북상을 포기하고 겨울을 나기 위해 남해안으로 물러나면서 곳곳에 성을 쌓고 웅크린다.

전열을 정비한 조명연합군은 1598년 7월 사로병진四路竝進 작전을 편다. 명군의 최고 책임자이던 병부상서 총독 형개가 입안한 전면적인 공격 전략이다. 네 군데서 총공격을 퍼부어 일거에 왜군을 격퇴한다는 것이다. 총병 마귀麻貴와 조선 김경서金景瑞, 1564~1624[6]의 동로東路군은 울산의 가토 기요마사를 공격하는데, 이 싸움이 제2차 울산성(도산성)전투이다. 중로中路군은 제독 동일원董一元과 정기룡鄭起龍의 지휘로 사천의 시마즈 요시히로를 친다. 사천성전투이다. 서로西路군은 제독 유정과 권율이 순천의 고니시 유키

6 문헌에 따라 김응서金應瑞라고도 나오는데 임진왜란 이후 김경서로 개명했다.

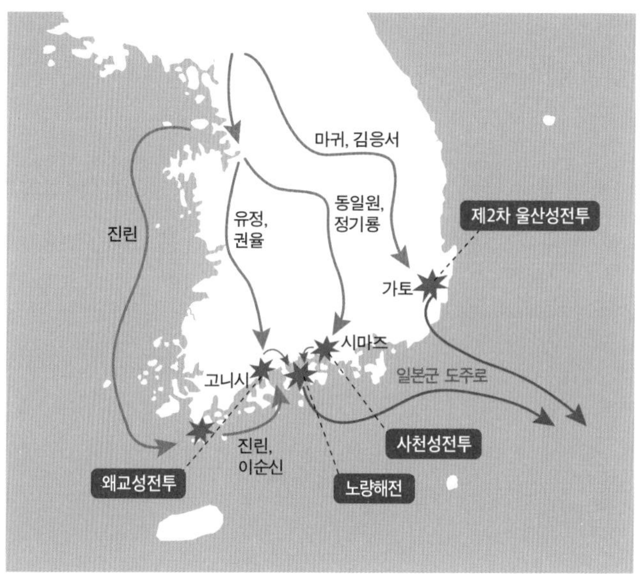

사로병진 개념도.

나가를 친다. 왜교성전투이다. 수로水路군은 도독 진린과 이순신이 순천왜성 배후에서 육군을 지원한다.

하지만 오랜 내전을 겪으면서 방어에 최적화된 왜군의 왜성倭城을 함락시키는 일은 몹시 어려웠다. 수군을 제외한 삼로三路군 모두 소기의 성과를 거두지 못했다. 패전이나 다름없는 결과였다. 동로군은 울산왜성 공략에 실패해 오히려 쫓기는 신세가 된다. 중로군은 아군 진영에서 폭발사고가 나는 바람에 왜군에 역습을 당해 큰 피해를 보고 물러난다. 서로군은 고니시의 뇌물에 매수된 유정이 군사를 움직이지 않고 소극적 태도로 일관한다. 육군과 수군 간 손발이 맞지 않은 상태에서 이순신과 진린의 수군만이 왜교성을 적극 공격한다. 수군은 노량해전에서 시마즈군을 거의 궤멸시키는 대승을 거둔다. 그러나 정작 목표였던 고니시는 몰래 빠져나갔고, 이순신 장군이 전사하며 마침내 전쟁은 끝난다. 사로병진책이 성공만 했더라면 왜성에 숨어있는 왜군을 모조리 쓸어버릴 수 있는 기회였다. 그러나 주요 왜군 장수들이 탈출하는 데 성공하는 등 병력을 하나로 집중했으면 어땠을까 하는 아쉬움을 남겼다. 이에 대한 『선조실록』의 평가는 다음과 같다.

> "동로의 중국 군사는 2만 4,000명이고 우리 군사는 5,514명이며, 중로의 중국 군사는 2만 6,800명이고 우리 군사는 2,215명이었다. 서로의 중국 군사는 2만 1,900명이고 우리 군사는 5,928명이며, 수로의 중국 군사는 1만 9,400명이고 우리 군사는 7,328명이었으니, 모두 합하면 10여만 명이었다. 군량과 무기도 이에 비등했는데, 삼로의 군대가 흔적도 없이 무너지니, 인심이 흉흉하여 보따리를 싸가지고 있었다."
>
> –『선조실록』 105권, 선조 31년 10월 12일

코 베기, 이총이 아니라 비총

2023년 2월 6일, 나는 일본 교토京都시 히가시야마東山구의 '이총耳塚'을 찾았다. 도요토미 히데요시를 신으로 받들어 모시는 도요쿠니 신사豊國神社 아래 주택가에 이르자, 고분처럼 보이는 커다란 흙더미가 눈에 들어왔다. 무덤 위에는 돌로 된 오륜탑五輪塔이 놓여 있었다. 무덤 앞 안내판에는 '耳塚鼻塚', '귀 무덤코 무덤'이라는 제목 아래 일본어와 한국어로 설명이 돼 있었다.

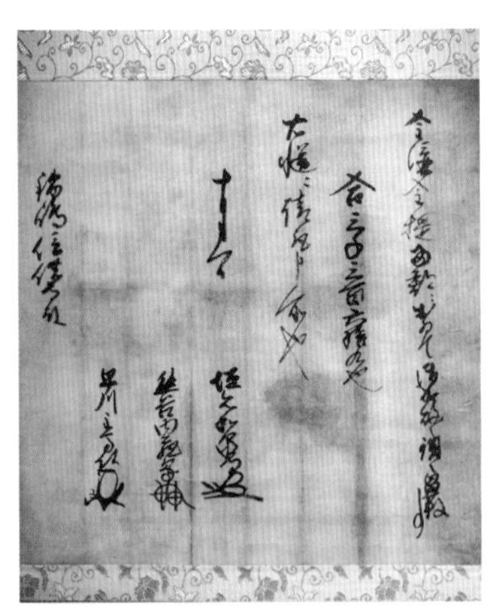

전북 금구와 김제에서 절취한 코 3,369개에 대한 코 절취보고서. ▷일본 사가현립 나고야성 박물관 소장, 국립진주박물관 복제

교토의 귀 무덤(耳塚, 미미즈카). 노성환(2009)은 여기에 묻힌 조선인과 명군 코가 21만 4,000여 개에 이를 것으로 추정하고 있다. 이에 비해 일본의 한 임진왜란 연구 학자는 3만 7,000여 개로 본다.

> "히데요시 휘하의 무장들은 예로부터 전공의 표식이었던 적군의 목 대신에 조선 군민 남녀의 코나 귀를 베어 소금에 절여서 일본에 가지고 돌아왔다. 이러한 전공품은 히데요시의 명에 따라 이곳에 매장되어 공양의식이 거행되었다고 한다. 이것이 오늘날까지 전해 내려오는 귀 무덤코 무덤의 유래이다."

본래 코가 묻혀 있어 '비총鼻塚'이라 해야 맞지만 이름이 섬뜩하다고 해서 일본에서는 보통 '미미즈카みみづか' 즉 이총耳塚으로 부른다. 세계 전쟁 역사상 유례를 찾아보기 힘든 왜군의 '코 베기' 만행을 증언하는 현장이다. 그 처절한 현장을 직접 목격하자, 400년 전이지만 우리 조상의 원혼이 아직도 구천에 떠도는 듯 치가 떨리고 가슴이 저렸다. 교토에 있는 귀 무덤이 가장 널리 알려져 있으나 다른 지역에도 몇 곳 있는 것으로 전해진다.

"수길秀吉이 명령하기를, '해마다 군사를 보내어 그 나라 사람을 다 죽여 빈 땅을 만든 연후에 일본 서도西道의 사람을 이주시킬 것이니, 10년을 이렇게 하면 성공할 수 있으리라. 다만 사람이 귀는 둘이 있고 코는 하나뿐이니 코를 베어 한 사람 죽인 것을 표시하여 바치고, 각기 코를 한 되씩 채운 뒤에야 생포生捕하기를 허락한다.'[7] 하였으므로, 이번에 나와서는 사람만 보면 죽이건 안 죽이건 번번이 코를 베었으므로 그 뒤 길에서 코 없는 사람을 매우 많이 볼 수 있었다."

–『난중잡록』 3권, 정유년 7월 말

'어비', '에비야', '이비야', '어비야' 등 지역마다 조금씩 다르긴 하지만 '에비'라는 말이 있다. 에비는 아이들에게 무서운 존재를 뜻하는데 "계속 울면 에비 온단다", "에비, 이런 거 만지면 안 돼"처럼 쓰인다. 에비는 '이비야耳鼻爺'에서 유래한 것으로 알려져 있다. 귀耳, 코鼻, 사람爺이 합쳐진 말로 귀나 코를 베어가는 사람이라는 뜻이다.

조선인의 코를 잘라 일본으로 가져간 왜군의 악랄한 만행이 본격적으로 시작된 것은 칠천량해전 한 달 뒤부터이다. 1597년 8월 도요토미가 정유재란 때 조선으로 출병한 장수에게 군령을 내렸다. 왜군은 명령에 따라 남녀노소, 승려, 노비 등을 가리지 않고 코를 베서 1,000개씩 광주리에 담아 소금이나 석회로 절여 본국으로 보냈다. 당시 왜군은 호남 지역을 대대적으로 공략하고 있었기에 호남이 큰 피해를 입었다. 코 절취 수는 약 10만에 이르는 것으로 역사가들은 추정하고 있다. 정유재란이 임진왜란보다 더 잔혹했

7 정유재란 당시 왜군들은 조선 백성을 잡아 노예로 팔아서 돈을 벌려고 했는데, 먼저 일정한 수의 조선인을 죽여 코를 베고 난 다음 납치를 허락했다. 이에 산 사람의 코를 벤 뒤 노예로 팔아먹는 꼼수가 성행했다.

다는 평가를 받는 것은 살육이 대대적으로 자행되기도 했지만 코 베기가 한몫하기 때문이다.

> 특히 "영광 지역은 해안이었기 때문에 수륙 양면으로 침략한 일본군에 의해 큰 피해를 당하였다. 육로로 침략한 깃카와 히로이에吉川廣家의 군사에 의해 1만여 명에 달하는 백성이 코 베임을 당하였고, 해로로 침략한 도도 다카토라에 의해 바다로의 피난길이 막혀 포로로 끌려가거나 살해당하였다. 강항 일가 역시 도도 다카토라 군사에게 피랍되었다."
>
> – 신윤호(2022)

정유재란 주요 전투		
1597년	7월 15일~16일	칠천량해전
	8월 13일~16일	남원성전투
	8월 16일	황석산성전투
	8월 20일	전주 무혈입성
	9월 7일	직산전투
	9월 16일	명량해전
	12월~이듬해	제1차 울산성전투
1598년		사천성전투, 제2차 울산성전투, 순천왜성 및 노량해전.

2
김덕령과 홍가신

이몽학 난이 만든 두 사내의 엇갈린 운명
김덕령, 반란 가담 의혹받아 사망
홍가신, 난 진압해 1등 공신 책봉
모두 소설·설화 속 영웅으로 부활

정유재란 직전인 1596년선조 29 이몽학이 충청도에서 전쟁 중의 혼란을 틈타 난을 일으켰다. 곧바로 진압됐으나 그 여파는 적지 않아 많은 사람이 죽었다. 그리고 두 사내, 김덕령과 홍가신의 운명을 극과 극으로 갈랐다. 의병장 김덕령은 난에 가담했다는 의혹을 받아 참혹한 고문 끝에 절명했으나 홍주목사 홍가신은 난을 진압해 영광의 1등공신으로 책봉됐다. 두 사내는 모두 사후 영웅으로 부활했다. 김덕령은 소설 속 민중의 영웅으로, 홍가신은 민담 속 홍성의 신神으로.

I. 비운의 의병장 김덕령

충장공忠壯公 김덕령金德齡, 1567~1596의 지혜는 제갈량과 겨룰 만하고, 용맹은 관우보다 나으며, 힘은 항우와 같이 비범했다. 그러나 사람이 지나치게 뛰어나거나 예쁘면 하늘이 시기하는 법. 침어낙안浸魚落雁 폐월수화閉月羞花의 서시西施, 왕소군王昭君, 초선貂蟬, 양귀비楊貴妃가 그랬듯. 김덕령은 반란 가담 혐의로 고문 끝에 억울하게 죽었다. 사후 민중은 그를 소설과 민담 속 영웅으로 부활시켰다. 그래서인지 김덕령은 임진왜란 의병장 중 누구보다 많은 이야기가 정사, 야사, 설화 등으로 다양하게 전한다.

충장사 김덕령 영정.

이몽학의 난에 연루, 모진 고문 끝에 절명하다

이몽학李夢鶴, ?~1596은 전주 이씨로, 왕족의 서얼 출신이다. 서울에 살았으나 성품이 불량하고 행실이 나빠 아버지에게 쫓겨나 충청도와 전라도를 전전했다. 당시는 계속된 흉년과 전염병으로 죽는 사람이 속출하는가 하면 왜군 재침에 대비한 산성 수축 등을 이유로 징발이 이어지면서 민심이 흉흉하던 때였다. 이몽학은 부여 홍산현에 있는 무량사無量寺에서 모속관募粟官 한현韓絢 등과 함께 모의했다. 친목회를 가장한 모임을 만들어 600여 명의 군사를 규합했다. 이어서 불평불만에 가득 찬 백성을 선동해 반란을 일으켰다.

1596년 7월 6일 이몽학 일당은 야음을 틈타 홍산현을 습격해 현감 윤영현尹英賢을 붙잡았다. 이어 부여 임천군林川郡을 공격해 군수 박진국朴振國을 납치했다. 7일에는 정산현定山縣을, 8일에는 청양현靑陽縣을 함락시켰다. 9일에는 예산 대흥현을 점령했다. 지방 수령들은 제대로 싸우지도 않고 항복

이몽학이 반군을 규합하며 난의 근거지로 삼았던 충남 부여군 '무량사'.

하거나 도주했다. 서산군수 이충길李忠吉은 동생 세 명을 시켜 몰래 반란군을 도와주기까지 했다. 산하 아전과 군졸, 백성이 모두 투항해 반군은 1만여 명에 이르도록 불어났다. 『연려실기술』에 따르면 "밭을 매는 자는 호미를 들고, 행상하던 사람은 막대기를 가지고 다투어 따랐으며, 모두 좋다고 떠들었다." 반란군은 순식간에 충청도 일대를 장악했다. 이들은 마침내 충청도의 중심지 홍주洪州[1]를 공략하지만 홍주목사 홍가신洪可臣, 1541~1615에게 진압되고 만다.

이몽학은 부하에게 죽임을 당하고 그 일당 100여 명이 처형 당하면서 반란은 완전히 막을 내렸다. 그런데 뜻밖에 엉뚱한 방향으로 불똥이 튀었다. 반란군 심문 과정에서 의병장들의 이름이 나왔다. 이몽학이 처음 군사를 일으킬 때 "김덕령 등이 우리에게 호응키로 약조했다"라고 말한 것은 김덕령의 높은 명성을 이용해 군세를 불리기 위한 거짓이었다. 이와 관련해 『선조

1 지금의 충남 홍성

이몽학군이 처음 점령한 부여 홍산현의 객사.

수정실록』 권30, 선조 29년 7월 1일에는 "소문만 듣고도 호미를 던지고 그들에게 투항하는 자가 줄을 이어 군사가 수만 명에 달하자, 소문을 퍼뜨리기를 '충용장 김덕령과 의병장 곽재우, 홍계남 등이 모두 군대를 연합하여 도우며, 병조판서 이덕형李德馨이 내응한다'고 하니, 중외中外가 놀라 민심이 술렁거렸다"라고 적고 있다.

무고誣告였지만 즉각 김덕령, 홍계남, 곽재우, 고언백高彦伯 등이 반란에 동조하거나 가담했다는 이유로 붙잡혀 갔다. 조사 후 홍계남과 곽재우, 고언백은 풀려났다. 이름이 거론됐던 병조판서 이덕형은 거적을 깔고 40일 동안 처분을 기다렸다고 한다. 하지만 누구보다 반란군에 의해 이름이 많이 거론됐던 김덕령은 선조의 친국 과정에서 국문을 이기지 못하고 장독으로 사망했다. 그의 나이 불과 29세였다.

당시의 그의 억울한 심경이 담긴 〈춘산곡春山曲〉이라는 제목의 절명시 한 수가 전한다.

춘산에 불이 나니 못다 핀 꽃 다 붙는다.
저 산에 저 불은 끌 물이나 있지만
이 몸에 내 없는 불 일어나니 끌 물 없어 하노라.

기록으로 본 김덕령: 지혜는 제갈량, 용맹은 관우

김덕령은 여러 기록으로 볼 때 힘과 지혜가 뛰어났던 것이 확실하다. '용맹이 절륜하고 지혜가 뛰어나다', '힘이 남보다 뛰어난 사람', '쌍무지개가 몸을 둘러쌌다', '양쪽 겨드랑에 두 마리의 범이 들락날락한다' 등 당대에도 용력이 절륜하다는 풍문이 많이 나돌았다.

이긍익李肯翊, 1736~1806의 『연려실기술』은 객관적이고 공정하게 쓴 것으로 유명한 역사책이다. 단지 야담을 포함하고 있기에 기록된 모두를 사실로 보긴 어렵다. 이 책은 제17권에 김덕령에 대해 누구보다 많은 분량을 할애하고 있는데 '한국고전종합DB'의 번역문을 몇 가지 추려 옮겨 본다.

> "장성현감 이귀李貴, 1557~1633[2]가 천거하는 글에, '지혜는 공명孔明과 같고 용맹은 관우關羽보다 낫다.' 하였다. 세자가 불러서 익호장군翼虎將軍에 임명하였는데, 임금이 초승장군超乘將軍이라고 고쳐 불렀다. 일찍이 철퇴 두 개를 허리 아래 좌우에 차고 있었는데 무게가 각각 백 근이 되니 온 나라에서 신장神將이라고 하였다. 이보다 먼저 진주목장晉州牧場에 사나운 말이 있어서 뛰쳐나가 곡식을 밟고, 날듯이 높이 뛰어 사람들이 붙잡을 수 없었다. 덕령이 그 소문을 듣고 즉시 가서 굴레를 씌워 올라타니 말이 잘 말을 들었다."
>
> –『명신록名臣錄』[3]

2 인조반정 1등공신이다. 두 아들 이시백, 이시방도 공신이다.

"덕령이 타던 백마도 그 주인과 같아서 하루에 천 리를 갔다. 향하는 곳에는 대적이 없었으니 적군이 감히 싸우지 못하였다."

–『조야첨재朝野僉載』[4]

"행동거지가 평상시와 같아서 조용히 공초를 받았는데, '다만 신에게는 만 번 죽어도 용서받지 못할 죄가 있나이다. 계사년에 자모가 별세하였는데 3년 상의 슬픔도 잊고 한 하늘 아래 같이 살 수 없는 원수에 흥분하여 정을 끊고 상복을 벗어 던지고 칼을 잡고 굳건히 나섰으나, 여러 해 동안 종군하여 조그마한 공도 세우지 못하였으니 충성도 이루지 못했으면서 도리어 효도만 어겼나이다. 허물은 이것뿐이옵니다'라고 하였다."

–『조야첨재』

"덕령이 군사를 일으킨 지 3년 만에 명성이 중국과 오랑캐의 나라에 널리 퍼졌다. 전에 호남에 있을 때 맨손으로 범 두 마리를 두들겨 잡아서 왜놈에게 자랑하며 팔았더니 왜놈들이 두려워하였다. 청정清正이 그가 죽었다는 것을 알고 술을 마시며 기뻐 뛰면서, '호남과 호서는 걱정 없다'라고 하였다."

–『난중잡록』, 『조야첨재』

"서성은 장계를 올렸는데, '권율이 덕령에게 몽학을 토벌하도록 하였는데 나흘이나 머뭇거리면서四日遲留 성패를 바라만 보고 있었으

---

3 조선 초기에서 17세기 중반까지의 명신들에 대한 기록을 모아놓은 책.

4 조선 태조부터 숙종 때까지 역사적 사실을 연대순으로 수록한 책.

므로觀望成敗 가두었다'고 하였다. 이 여덟 글자가 드디어 덕령의 죄안이 되어서 죽음을 면하지 못하였으니 사람들이 모두 서성을 허물하였다."

–『자해필담』

"덕령은, '내가 나라의 후한 은혜를 받았는데 어찌 역적의 새끼를 따라서 모반하였겠는가.' 하며 노하여 몸을 떨치니 쇠사슬이 모두 끊어졌다."

–『명신록』

"미처 성공하기도 전에 명성이 너무 성해져서 마침내 비명에 죽고 말았으니 남쪽 사람들이 지금도 그를 슬퍼한다."

–『명신록』, 『조야첨재』

설화로 본 김덕령: 신비한 힘을 가진 영웅

최영, 남이, 임경업, 이순신, 김덕령…. 이들의 공통점은 출중한 능력의 소유자이며, 불행한 최후를 맞았고, 이후 민중의 영웅으로 재탄생했다는 점이다. 당대에도 힘과 지혜, 충과 효를 한 몸에 지닌 것으로 이름이 높았던 김덕령이 채 피어나지도 못한 채 고문을 받아 잔인하게 죽자, 영웅담으로 각색돼 문헌으로, 구전으로 널리 퍼져나갔다.

뛰어난 지혜와 힘, 온화한 인품까지 무엇 하나 부족함이 없는 훌륭한 사람, 그러나 채 피어나지도 못하고 억울하게 죽임을 당한 김덕령. 민중의 눈에는 안타깝기 그지없는 애틋함과 연민의 대상이었다. 이런 마음은 그를 주인공으로 하는 허구의 설화를 만들어냈다. 그의 신비한 초능력과 영웅담이 날로 확산돼 갔다. 왜적으로부터 당한 치욕과 원한을 통쾌하게 복수해주고 힘겹게 살아가는 민중 자신을 위로하는 심리적 도구였다. 지배층과 사회체제에 대한 불만을 간접적으로 표출하는 형태이기도 했다. 상상의 힘을 빌려 잠시나마 잔혹한 현실에서 탈출해 행복한 꿈의 세계로 날아가 머무르며 위안을 얻는 보상 장치, 대리만족 도구였다. 그러나 아무리 상상의 날개라고는 하지만 한계가 있었다. 충효라고 하는 강고한 윤리관과 국가관을 벗어나지 못하는 전통사회의 한계는 여전했다.

김덕령을 주인공으로 하는 문헌설화는 『연려실기술』, 『동야휘집東野彙輯』[5], 『풍암집화楓巖輯話』[6], 『대동기문大東奇聞』[7], 『김충장공유사』 등 많은 기록에 나타난다. 『임진록』, 『김덕령전』 등 인기 소설의 소재이기도 했다. 구전설화 역시 호남을 중심으로 전국에 널리 분포되어 있다. 신비한 출생, 엄청난 용력勇力, 탁월한 전공戰功, 억울한 죽음으로 요약할 수 있다. 각기 내용은 조금씩 다르지만 '한국민족문화대백과사전'의 김덕령 설화 등을 참고하여 대략 정리하면 다음과 같다.

김덕령의 집안은 가난했다. 모친이 김덕령을 잉태했을 때 두 마리의 호랑이가 현몽하였는데 태어나던 날도 두 마리의 호랑이가 집 뜰에 앉아 기다리다 홀연히 떠나 무등산으로 올라갔다. 김덕령의 무인 기질과 힘을 보여주는 이야기이다.

글공부뿐 아니라 무예에도 능해서 두세 길이나 되는 담장이나 집을 훌쩍 뛰어넘거나 말을 타고 활을 쏘며 칼을 휘두르는 솜씨가 대단했다. 김덕령의 용력은 엄청나서 손으로 호랑이를 잡거나 거친 말을 길들이고, 100근의 철퇴를 양 허리에 차고 다녔으며, 왜장은 김덕령의 화상畵像만 보고도 두

---

5 1869년고종 6 이원명李源命이 민간에서 전하는 이야기와 문헌 자료를 수집하여 편찬한 한문 야담집이다.

6 영조 때 유광익柳光翼이 여러 책에서 추려 엮은 야사 야담집.

7 1926년 한양서원漢陽書院에서 역대 인물들의 전기, 일화를 모아 간행한 전기.

(왼쪽) **광주광역시 북구 충효동 '취가정'.** 억울하게 죽은 김덕령 장군이 술에 취해 석주 권필의 꿈에 나타나 서로 시를 나누었다는 데서 유래한 정자이다.
(오른쪽) **광주광역시 충효동 정려비.** 충효동은 정조가 '충효리'라는 이름을 하사한 데 따른 것이다.

려워서 퇴각했다.

김덕령은 임진왜란 때 부친의 복상을 입게 되어 어머니의 만류로 출전할 수 없었지만, 답답하여 싸움 구경을 나갔다가 왜장의 진중에 들어가 도술로써 그들을 두렵게 하여 물러나게 한다. 이 과정에서 김덕령은 충과 효 사이에서 심각한 갈등을 경험한다.

나라에서는 김덕령이 용력이 있음에도 출전하지 않았다고 하여 역적으로 몰아 죽이려고 했으나 죽일 수가 없었다. 이때 김덕령이 "나를 죽이려면 '만고 충신 효자 김덕령'이란 비를 써달라"고 요구했고, 조정에서 그대로 해주자, "내 오금의 비늘을 뜯고 그곳을 세 번 때리면 죽는다"고 알려준 후 스스로 죽임을 당했다. 그가 죽은 뒤 나라에서 비문의 글자를 지우려고 했지만 오히려 더욱 또렷해지자 그냥 두었다.

김덕령은 누구? 큰 전공은 적어

김덕령은 광주에서 태어났고, 본은 광산 김씨이다. 시호는 충장忠壯이며, 광주의 '충장로'는 여기에서 딴 이름이다. 우계 성혼 문하에서 배웠다.

임진왜란이 일어나자, 6월 친형 김덕홍과 함께 의병을 일으켜 고경명 막하에서 활동했다. 그런데 형 김덕홍이 전주에서 어머니의 건강이 좋지 않다는 전갈을 받고 동생 덕령에게 어머니를 봉양하라고 권유하자, 하는 수 없이 홀로 고향 광주로 돌아왔다. 7월 형 김덕홍은 금산에서 고경명과 함께 왜군과 싸우다 전사했다. 김덕령은 어머니를 돌보면서 틈틈이 무예를 닦았고, 노모는 1593년 8월 세상을 떠났다.

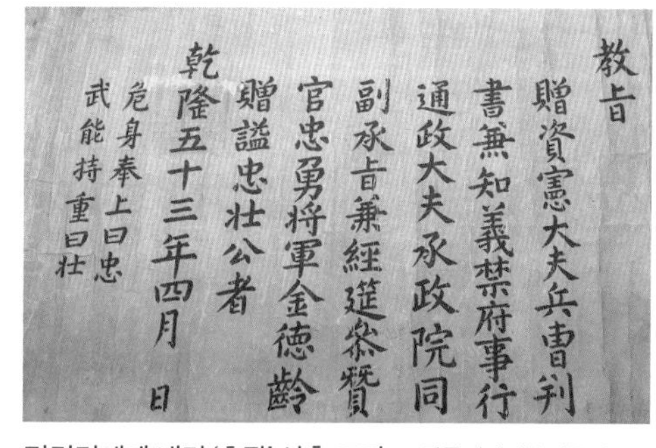
教旨
贈資憲大夫兵曹判
書兼知義禁府事行
通政大夫承政院同
副承旨兼經筵參贊
官忠勇將軍金德齡
贈謚忠壯公者
乾隆五十三年四月 日
危身奉上曰忠
武能持重曰壯

김덕령에게 내린 '충장' 시호 교지. ▷광주역사민속박물관

김덕령은 상중이었지만 송제민 등의 권유로 동생 김덕보에게 삼년상을 맡기고 의병을 일으킨다. 그의 높은 명성 덕에 많은 병력이 모였다. 임란 시기 그는 저명한 마지막 의병장이었다. 1593년 11월 담양에서 거병할 당시 거느린 병사가 5,000명에 달했다고 한다. 1593년 12월 전주에 와 있던 세자 광해군으로부터 익호장翼虎將의 군호를 받았다. 선조는 충용장忠勇將이라는 군호를 내렸다.

1594년 1월 충용기와 익호기 깃발을 앞세우고 담양을 떠난 김덕령 의병은 순창, 남원을 거쳐 함양과 진해, 고성 지역을 방어하며 왜군이 호남 지방으로 진입하는 것을 막았다. 곽재우 장군과 협력해 고성에 상륙하려는 왜군을 여러 차례 격퇴했다. 이순신 장군과 함께 장문포해전에서 수륙 합동 작전을 펼치기도 했다. 그러나 당시 군량 확보가 어려워져 병력이 500여 명으로 감소한 데다 싸움이 소강상태에 접어들며 뚜렷한 대형 전투나 전공은 별로 없었다.

1661년현종 2 신원되어 관작이 복구되고, 1668년 병조참의參議에 추증되었다.

광주광역시 북구 금곡동 '충장사'와 뒤 김덕령 묘역.

◈ 김덕령의 생애

1567년(명종 22)	출생
1593년(선조 26)	군호 충용장忠勇將 임명
1594년(선조 27)	군호 익호장군, 초승장군 임명
1595년(선조 28)	진해, 고성 등지 주둔
1596년(선조 29)	사망
1661년(현종 2)	관작 복구
1788년(정조 12)	좌찬성 추증

Ⅱ. 백월산 산신이 된 홍가신

백월산 정상에 모신 연유

충남 홍성군 홍성읍 서쪽 해발 394m 백월산 정상, 의외의 건물이 한 채 있다. 이름은 '홍후만전묘洪候晩全廟'. 만전은 홍가신洪可臣, 1541~1615의 호니까 홍가신 사당이란 뜻이다. 안을 들여다보면 나무를 깎아 만든 30~60㎝ 정도 크기의 상반신 목상 다섯 개가 제단 위에 줄지어 놓여 있다. 홍가신 가족으로 알려져 있다. 목상 왼쪽으로는 위패 여섯 개가 열을 지어 있다. 맨 왼쪽부터 차례로 백월산신白月山神, 그리고 이몽학의 난을 진압한 다섯 명의 청난공신淸難功臣[8] 즉 홍가신, 박명현朴名賢, ?~1608[9], 최호崔湖, 1536~1597[10], 임득의林得義, 1558~1612[11], 신경행辛景行, 1547~?[12]이다.

홍가신 사당 내 다섯 개의 목상. 홍가신 가족을 의미한다.

목상 오른편에 백월산신과 청난공신 다섯 명의 위패가 나란히 서 있다.

---

8 '청난淸亂'이란 이몽학의 난을 진압한 공신에게 내린 훈호勳號이다.

9 정유재란 때 전라도병마절도사 등을 지낸다.

10 충청도수군절도사로서 삼도수군통제사 원균의 명으로 칠천량해전에 참전했다가 전사했다.

11 나중에 경상우도병마절도사를 지낸다.

12 1608년광해군 즉위년 충청도병마절도사에 임명된다.

홍가신의 공을 기리는 '홍가신청난비'.

1641년인조 19 김광현金光鉉, 1584~1647이 건립한 '홍가신청난비淸難碑' 등에 따르면 선정을 베풀던 홍가신 목사가 홍주를 떠나자, 홍주읍성에는 해마다 질병이 끊이지 않는 등 괴변이 잇따랐다. 그런데 주민들이 홍주의 주산인 백월산에 홍가신 목상을 세우고 제를 지냈더니 질병이 사라졌다. 지금도 백월산제 또는 홍가신제라고 부르며 매년 정월 제를 지낸다. 무속인들도 자주 찾아와 기도한다.

신기한 점 하나! 공민왕恭愍王, 최영崔瑩, 남이南怡, 임경업林慶業 등 무속인이 신으로 받드는 인물의 공통점은 억울하게 죽었거나 비명횡사했다는 점이다. 태백산 산신령으로 부활한 단종端宗, 소백산 산신령으로 모셔지는 금성대군錦城大君도 세조에 의해 죽임을 당했다. 그러나 홍가신은 1등공신에다 75세까지 장수를 누리며 영예롭게 한평생을 보냈다. 그럼에도 사후 산신으로까지 떠받들어지고 있으니 흥미로운 일이다. 운이 엄청나게 좋은 사람이라고 해야 할까?

홍후만전묘 말고도 백월산 정상에 오르기 전 산 중턱 산혜암 입구에 '청난사靖難祠'라는 사당이 하나 더 있다. 홍주향교와 후손들이 매년 5월 숭모제를 지낸다.

백월산 중턱의 사당 '청난사'.

치밀한 작전으로 난을 진압하다

홍가신은 1594년 홍주목사로 부임했다. 그런데 1596년 이몽학이 반란을 일으켰다. 충청도 여섯 개 군郡을 함락시키고 한양으로 가기 위해 북상했다. 머지않아 충청도 서북부의 중심지 홍주로 들이닥칠 판이었다.

당시 홍주목의 병력은 수백 명에 불과한 데다 성이 작고 낮아서 누란의 위기에 처한 상황이었다. 주변 사람들이 홍주목사에게 달려가 "차라리 성을 버리고 한양으로 가서 임금을 지키라"고 권했다. 허나 홍가신은 "내가 명을 받고 이 땅을 지키는데 위급하다고 해서 어찌 떠나겠는가?" 반문하고 긴박하게 움직여 나갔다. 즉각 병력을 모으는 한편 무장 임득의와 박명현, 종사관 신경행 등을 불러 수성 계책을 논의했다. 그의 가족도 피난은커녕 오히려 성안으로 불러들였다. 백성들에게 단호한 수성 의지를 보여준 것이었다.

그즈음 충청수군절도사 최호는 홍주성이 방어에 취약하다 판단하고 홍가신에게 보령 오천의 수영성으로 오라는 연락을 보냈다. 하지만 홍가신은 "홍주는 호서의 목구멍과 같은 곳이어서 내가 한 걸음만 물러나도 적이 승세를 타게 될 것이다"라 답했다. 그 바람에 오히려 최호가 남포와 보령의 군사를 거느리고 홍주성으로 들어와 수성 준비를 도왔다. 홍가신은 또 정보를 얻을 겸 진중 교란을 일으키기 위해 부하 두 명에게 밀지를 내려 반란군에 위장 항복시켰다. 그들에게 우선 "홍주성이 견고하니 곧바로 공세를 취해서는 안 된다"라고 말하도록 해 시간을 벌었다. 그러는 사이 충청병사 이시언李時言 등 주변 관군이 속속 출전 채비를 마쳤다.

홍가신 신도비. 자연석을 파고 세웠다.

홍가신의 적극적인 수성 의지와 치밀한 준비 덕에 관군은 모두 진용을 갖췄고 사기가 올랐다. 반면, 반군의 위세는 처음에는 충남 서북부 지역 대부분을 점령할 정도로 거셌지만, 기세가 꺾이면서 상황이 불리하게 전개됐다. 이몽학은 홍주성 점령이 어렵다고 판단하여 7월 11일 새벽 덕산 쪽으로 진격 방향을 돌렸다. 이몽학은 반란군의 사기를 올리려 "김덕령과 홍계남이 우리에게 호응해서 도성으로 향하고 있다"라고 했지만, 불신이 커지면서 도중에 도망치는 자가 속출했다. 박명현과 최호는 즉각 성안의 군사를 이끌고 추격에 들어갔다. 한편으로는 "이몽학의 목을 가져오면 모두 용서해 없었던 일로 하겠다"라며 반란군을 회유했다. 마침내 김경창과 임억명 등이 막사로 난입, 이몽학의 목을 베어 관군에 바쳤다. 이로써 7월 6일 시작된 민란은 일주일만인 12일에 종식됐다.

이 공으로 1등 홍가신, 2등 박명현과 최호, 3등 신경행과 임득의 등 다섯 명이 청난공신에 책봉됐다.

청렴하고 강직한 관리, 홍가신

홍가신의 본관은 남양이며 호는 만전晩全, 시호는 문장文莊이다. 민순閔純, 1519~1591, 허엽許曄 문하에서 수학했다. 임진왜란 초기에 의병을 일으켜 싸우다가 파주목사로 임명돼 부임했다. 충무공 이순신 장군과 사돈 관계이다. 즉, 홍가신의 아들 홍비洪棐가 이순신의 딸과 혼인했다.

홍가신은 청렴하고 강직했다. 1599년 홍주목사에서 체직遞職[13]됐는데, 제대로 된 곡식조차 없이 길을 떠나려는 것을 본 백성들이 그에게 보리 수십 곡斛[14]을 보내줬다. 그는 받지 않다가 백성들의 간곡한 권유에 한 곡만 남겨두고 나머지는 홍주목으로 되돌려보냈다.[15]

1602년 이몽학의 난을 진압한 공로로 조정에서 청난공신 책록이 논의되자, 홍가신은 사양하는 상소를 올렸다. "이몽학의 오합지졸은 뿌리가 없어 솥 안에 든 물고기였을 뿐입니다. 신이 홍주성을 지킨 것은 신하의 직분이니 무슨 공로가 있다 하겠습니까? 황공하여 감히 사양하겠습니다." 그는 두 번이나 공신 책록을 사양하는 상소를 올렸지만 선조가 허락하지 않았고, 공신에 책록하고 바로 장례원판결사判決事를 제수했다. 그렇게 청난공신 1등에 책록되었으며, 이듬해 영원군寧原君에 봉해졌다.

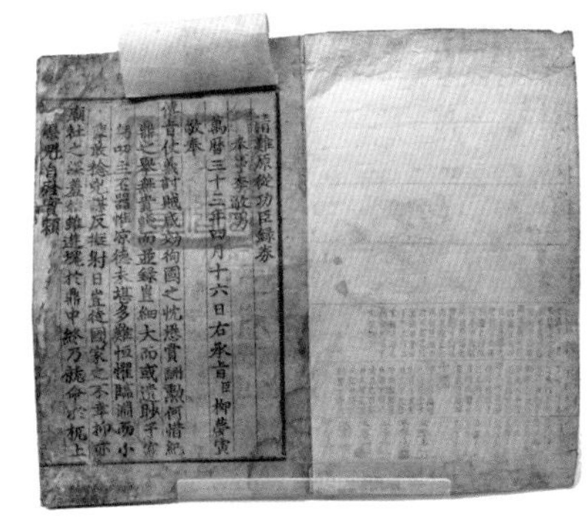
청난원종공신녹권.

이런 일도 있었다. 그가 벼슬에서 물러났음에도 봉조하奉朝賀[16]

---

13 임기 만료 또는 공로, 과실 등의 사유로 직책을 교체하는 것.
14 10말斗. 한 섬이라고도 한다.
15 『국조인물고』 속고4 '휴일休逸'.
16 전직 고위관리를 예우하기 위해 일정한 녹봉祿俸을 주도록 한 일종의 명예직名譽職.

자격으로 계속 녹을 내리자, 1609년 이를 사양하는 '사록차辭祿箚'를 올렸다. "녹祿이란 벼슬하는 자가 받는 것인데 신은 늙어서 시골로 물러나 아무 일도 없이 있는데 한갓 국가의 곡식만 허비하고 있으니 이것은 훗날 소찬素餐[17]의 비웃음을 남기는 것이 아니겠습니까"라는 내용이다. 이에 광해군이 전대에 훈신勳臣을 우대하는 것이니 사양하지 말라는 비답批答[18]을 내렸다.

홍가신은 1610년 형조판서를 끝으로 70세에 관직에서 물러나 1615년 75세에 눈을 감았다. 충남 아산시 염치읍 대동리에 그의 묘와 기념관이 있다. 홍가신은 자명自銘[19]을 다음과 같이 남겼다.

"느긋하고 편안하게 내 명대로 살았으니 맑은 시절에 얼마나 다행이냐 만전옹아. 인생 백 년이 당돌한지라 방종하지 않았고, 오동나무에 명월이요, 버드나무에 청풍 같았다."[20]

◈ 홍가신의 생애

1541년(중종 36)	출생
1567년(명종 22)	진사시 입격
1571년(선조 4)	강릉참봉
1573년(선조 6)	형조좌랑, 사헌부지평
1584년(선조 17)	안산군수
1588년(선조 21)	수원부사
1589년(선조 22)	정여립 모반 사건으로 파직
1593년(선조 26)	파주목사

17 하는 일 없이 녹을 먹음.

18 신하가 올린 상소上疏나 차자 등에 대해 국왕이 내린 답서.

19 묘비에 남기기 위해 스스로 지은 글. 퇴계 이황의 자명이 유명하다.

20 원문은 '百年唐突不厭從 梧桐明月楊柳清風 優遊安靜以壽終 清時何幸晚全翁' 『만전집』 권1

1594년(선조 27)	홍주목사
1596년(선조 29)	이몽학의 난 진압
1604년(선조 37)	청난공신 1등 책록
1605년(선조 38)	형조판서
1615년(광해군 7)	별세

단서철권, 공신에게 주는 특혜

"황하가 말라 띠帶처럼 가늘어지고, 태산이 닳아 숫돌礪처럼 작아질 때까지 나라에서 신하들의 공을 영구히 기억하리라"使黃河如帶 泰山若礪 國以永寧 爰及苗裔

한漢 고조 유방劉邦이 천하를 통일한 뒤 공신들을 봉작封爵하면서 한 말이다. 이른바 단서철권丹書鐵券[21]의 약속이다. 이후 '대려帶礪'라는 단어는 공신에게 대대손손 후하게 잘 대접하겠다는 뜻을 갖는 말이 되었다. 물론 한 고조는 훗날 한신韓信 같은 공신을 토사구팽했지만 말이다.

홍가신.

공신에게는 명예와 권력, 재산 등 막대한 특혜가 주어진다. 임진왜란이라는 혹독한 전란을 겪은 뒤임에도 청난공신 1등에게는 본인과 어버이, 처자에게 3계階를 올려주고, 아들이 없으면 조카사위에게 2계를 올려주며, 적장嫡長이 그 녹

21 붉은색으로 표지를 하고 쇠줄로 엮은 책. 공신에게 주어 대대로 죄를 면하게 하던 증명서.

을 세습하도록 했다. 경제적인 포상도 푸짐했다. 반당伴儻[22] 10인, 노비 30구口, 구사丘使[23] 7인, 전田 150결結[24], 은자銀子 10냥兩, 내구마內廐馬[25] 1필匹을 주었다.

이런 혜택 외에도 공신에게는 왕실에서 공식적으로 초상화를 제작해 하사했다. 당대 최고의 화원이 제작하고, 임금이 하사한 공신 초상화는 물질적, 경제적 특전 이상의 의미를 지녔다. 최고의 명예이자 가문의 영광이었기 때문이다. 이를 받은 집안은 초상화를 가보로 삼아 사당이나 영당에 소중하게 간직했다. 그런데 초상은 지금처럼 항온·항습 시설에 보관하는 것이 아니어서 세월이 흐르다 보면 심하게 훼손됐다. 그래서 일정 시기마다 전문 화원에게 의뢰하여 똑같이 그리는 이모본移模本을 제작하는 방법으로 가문에 대대로 전수했다. 그래서 시기가 다른, 여러 점의 동일인 초상이 전하는 경우도 있다.

---

22 왕자, 공신, 고위관료의 신변을 보호하기 위하여 나라에서 내리던 병졸. 일종의 경호원이다.

23 임금이 종친이나 공신에게 말을 타고 갈 때 호종하도록 내려준 관노비.

24 '1결'은 대략 1ha, 즉 10,000m^2라고 생각하면 편하다. 150결이면 약 1,500,000m^2 (45만 평)인 셈이다. 골프장 한 개를 만들고도 남는 면적이다.

25 임금이 하사한 말.

3
이영남과 류형

이순신과 마지막 함께한 두 부하 이야기
이영남, 노량해전서 적탄에 순국
류형, 충무공 사후 전투 지휘해

이영남과 류형 장군은 충무공 이순신 장군과 각별한 인연을 간직한 인물이다. 노량해전을 함께 치렀기 때문이다. 이영남은 충무공과 거의 비슷한 시각 적탄에 맞아 순절했다. 류형은 충무공의 순국 이후 전투를 지휘했고 후에 '통제이공수군대첩비'를 세워 상관을 추모하며 전공을 기렸다.

I. 이영남

이영남李英男, 1563~1598은 전라좌수영에 청병請兵을 요청하여 조선연합함대를 이루는 데 공헌하고, 이순신 장군과 함께 순국한 인물이다. 이영남은 점차 이순신의 성품에 매료돼 충복忠僕이 된다. 정유재란 때 가리포첨절제사加里浦僉節制使로 조방장을 겸임하여 삼도수군통제사 이순신의 휘하에서 싸운다.

고금도의 한여름 풍경

고금도에 봉안된 이영남 영정.

2022년 7월, 전남 완도군 장도의 청해진 장보고張保皐 유적지와 신지도 원교 이광사李匡師 유배지를 거쳐 완도 고금면 덕동리 '충무사忠武祠'에 도착했다. 국가유산청의 공식 명칭은 '사적 완도 묘당도 이충무공 유적'이다. 노량 해역과 함께 이순신 장군의 마지막 유적지라 할 수 있다. 묘당도는 아주 작은 섬인데, 지금은 간척사업으로 고금도와 하나처럼 연결돼 독립된 섬으로 보이지 않는다. 그래서 묘당도를 따로 찾으면 당황하기 십상이다. 유명무실한 이름인데 굳이 공식 명칭에 '묘당도'란 이름을 붙여 헷갈리게 하는지 모르겠다.

7월 초의 날은 무덥고 햇살은 강렬하다. 주변 바다에는 섬이 참으로 많다. 필리핀, 스웨덴, 인도네시아 못지않게 우리나라도 섬이 많은 나라라는 게 실감 난다. 쪽빛 바다 곳곳엔 전복, 굴 등의 양식장이 빼곡하다. 쌀을 한 움큼 쥐어 방바닥에 쫙 뿌려놓은 듯하다. 화창한 날씨 아래 바다 풍경은 그 자체가 선경仙境이다.

고금도는 전라남도 완도군에 딸린 섬으로 행정구역상 고금면으로 되어 있다. 서쪽 완도, 남쪽 신지도, 동쪽 약산도, 북쪽 강진군으로 둘러싸여 있다. 강진군 마량면에서 고금대교로 이어져 자동차로 들어갈 수 있다. 고금도 주변엔 작은 섬이 무척 많다. 가만히 지도를 보노라면 충무공이 왜 여기에 진을 쳤는지 고개가 끄덕여진다. 순천에 주둔하고 있는 왜군을 방어 또는 요격하기에 좋고, 섬 안에는 기름진 농토가 많아 군량미 확보에 용이하면서 군선 제작에도 적당한 군사적 지리적 요충지이다.

묘당도, 이충무공 마지막 유적지

고금도는 정유재란 마지막 해인 1598년 2월 이순신 장군이 8,000명의 수군을 이끌고 목포 고하도에서 이곳 고금도 덕동리로 옮겨 진을 치고 삼도수군통제영을 설치한 곳이다. 이어 그해 7월 명나라 장수 진린도 5,000명의 군사를 이끌고 고금도에 진을 치면서 두 나라의 수군 본부가 되었다. 조명수군은 이곳에서 연합함대를 이루어 11월 노량해협에서 마지막 전투를 벌였다.

2023년, 충무사 주변에 '완도이순신기념관'(전남 완도군 고금면 덕동리 612)이 들어섰다. 고금도를 중심으로 한 이순신과 진린, 조명연합수군의 활동을 소개하고 있다. 삼도수군통제영 재건, 봉수대 복원 등 '고금 역사공간 관광자원화사업'도 진행 중이다.

현재 고금도의 동쪽 끝 묘당도에는 이충무공을 모시고 제사를 지내는 사당 충무사가 있다. 진린이 명나라 장병들의 무사와 전쟁 승리를 기원하기 위해 지은 관왕묘關王廟에서 비롯됐다. '묘당도'라는 이름 자체가 관왕묘 때문에 붙여진 이름이다. 일제 강점기 때, 관우 상과 위패가 바닷물에 던져지는 등 관왕묘가 모두 훼손됐다. 1953년 광복 후 관왕묘가 있던 곳에 대신 충무사를 지었고 충무공의 영정과 신위를 봉안했다. 현재 관왕묘의 흔적은 '관왕묘비'뿐이다.

충무사 맞은편에는 노량해전에서 이순신 장군이 전사하자, 장군의 유해를 임시로 안장했던 유서 깊은 장소가 있다. '월송대月松臺'라고 하는 곳이다. 소나무 사이로 달이 비친다고 해서 붙여진 이름이다. 바닷가의 작은 소나무 동산인데 이순신이 여기에 와 바다를 바라보며 고뇌하던 곳이라고 한다. 월송대에는 풀이 자라지 않는다. 주민들은 이순신의 기개가 서린 곳이기 때문이라 믿고 있다. 충무공의 유해는 이듬해 충남 아산으로 운구됐다.

노량해전을 앞두고 이순신과 진린이 진을 설치했던 고금도 주변.

이영남을 함께 모신 까닭

1959년 충무사 앞 오른쪽 동무東廡에는 가리포진 56대 첨사였으며, 노량해전에서 이순신과 함께 순국한 이영남 장군의 영정과 위패가 모셔져 있다.

이영남은 1584년선조 17 별시무과 병과에 급제하여 임진왜란 옥포해전, 명량해전, 노량해전 등 이순신과 함께 많은 전투에 참가했다. 그는 전쟁 초기 경상우수영 원균 휘하에 있었다. 그는 당시 전라좌수사 이순신에게 가 연합함대를 만들어 싸우자고 제안하는 청병 활동을 통해 직간접적으로 해전 승리에 기여한 것으로 평가받는다. 전투에 임해서는 전라좌수영 군사들이 잘 알지 못하는 경상도 앞바다의 해저지형이나 물길, 바람 등의 정보를 이영남이 제공했다. 이도 역시 중요한 승리 요인이다.

특히 1592년 5월 최초의 해전이자 충무공의 1차 출정인 옥포·합포·적진포해전을 앞두고 이영남은 협선挾船[1]을 타고 전라좌수영으로 와서 구원 내지 연합함대 구성을 요청한다. 개전 초기 아직 지휘체계가 불안하고 각 수영 소속 수군들이 전투에 익숙해지기 전의 상태에서 연합함대 형성은 의미가 매우 크다. 훗날 이 연장선상에서 삼도수군통제사가 탄생되어, 조선 수군이 일원적인 지휘체계 아래 보다 효율적인 전투를 수행하는 계기가 되었다. 첫 해전인 임진년 5월 7일 옥포해전에 대한 다음 기록을 보자.

> "원균이 율포만호 이영남을 이순신에게 보내 구원을 청하니 모든 장수들이, '우리 관할 지키는 것도 부족한데 어느 겨를에 타 도에 가느냐'고들 말하는데 오직 녹도 만호 정운鄭運과 군관 송희립이 의기

1 대형전투함인 판옥선의 부속선으로 활용된 소형 배. 이순신 장군이 올린 장계를 보면 옥포해전에 17척의 협선이 28척의 판옥선과 함께 출동했다. 부산 원정 때엔 92척의 협선이 전선 74척과 함께 동원된 것으로 나타나는 등 임진왜란 때 많은 활동을 했다.

를 내어 눈물을 흘리면서 이순신에게 진격하기를 권하고 적을 토벌하는 데는 내 도道 남의 도가 없고 먼저 적의 선봉만 꺾어 놓으면 본도도 역시 보전할 수 있다 하였다. 이순신은 깊이 생각하고 답이 없다가 이튿날 새벽에 장사들을 모으고 영담[2]을 불러, '광양의 말이 옳지마는 단지 물길이 깊고 먼 데를 잘 아는 사람이 없으니 이것이 걱정이다.' 한즉, 영담의 말이, '이것은 소장이 담당하여 사또를 위해서 선봉이 되겠소.' 하였다.

이순신이 기뻐서 광양의 계책대로 하자 하고 즉시 영담으로 수로 향도嚮導를 시키고, 귀선장龜船將 신여량申汝良으로 척후를 삼고, 순천부사 권준權俊과 가리포첨사 구사직具思稷으로 중위장, 좌위장, 우위장을 삼아서, 5월 4일 이억기와 더불어 전선 80여 척을 영솔하고 영남 바다로 내려갔다."

-『연려실기술』 권15 「선조조고사본말」, '이순신이 바닷길을 질러 막다'

다만 전라좌수영 함대가 전선戰船 24척, 협선挾船 15척, 포작선鮑作船 46척 등 총 85척인데 비해 경상우수영은 초기에 육지로 도주하면서 전선을 고의로 파괴하는 바람에 전투에 참여한 것은 고작 전선 네 척, 협선 두 척에 불과했다. 그럼에도 전쟁 초기 전라좌수영 함대가 청병에 응해 경상우수영을 지원하고, 전라우수영 이억기 함대까지 합류해 공동으로 대처한 것은 커다란 의미를 갖는다 하지 않을 수 없다. 물론 이는 전라, 경상 각 수사의 전략적인 판단과 조정의 명령 등이 결정적인 요인이지만 이영남의 청병 활동도 일정 부분 기여했음은 부정할 수 없다 하겠다.(박경석, 2008)

2 어영담魚泳潭, 1532~1594은 광양현감 등을 지냈다. 물길을 잘 아는 것으로 유명해 해전 승리에 크게 기여했다.

물론 이영남은 실제 전투에도 참여한다. '소비포所非浦 권관權管[3] 이영남'의 활약이 이순신이 올린 장계 옥포파왜병장玉浦破倭兵狀, 당포파왜병장唐浦破倭兵狀과 『난중일기』 등에 등장한다. 이후 경상우수영에서 전라좌수영으로 근무지를 옮기는데 노량해전에서 이순신과 함께 순절한다. 이덕형李德馨은 임금에 올린 치계馳啓에 이영남의 수군 활약과 순국 사실에 대해 다음과 같이 적었다.

> "왜적이 대패하여 물에 빠져 죽은 자는 이루 헤아릴 수 없고, 왜선倭船 200여 척이 부서져 죽고 부상당한 자가 수천여 명입니다. 왜적의 시체와 부서진 배의 나무 판자, 무기 또는 의복 등이 바다를 뒤덮고 떠 있어 물이 흐르지 못하였고 바닷물이 온통 붉었습니다. 통제사 이순신과 가리포첨사 이영남, 낙안군수樂安郡守 방덕룡方德龍, 흥양현감興陽縣監 고득장高得蔣 등 10여 명이 탄환을 맞아 죽었습니다."
>
> –『선조실록』 106권, 선조 31년 11월 27일

이덕형 치계에 이순신 바로 다음에 이영남의 이름이 나오는 것으로 볼 때 이영남이 노량해전에서 큰 역할을 했음을 분명히 알 수 있다. 칠천량해전에서 수군 지휘자급이 많이 전사한 상태에서 충무공이 자신의 전술을 이해하며 용감하게 싸움을 이끌어줄 인물로 평소 친하게 지냈던 이영남을 중용했을 것이란 점은 어렵지 않게 짐작할 수 있다.

"제가 가장 두려워했던 분이 누구였는지 아십니까?
바로 장군이셨습니다.

---

3 변경邊境의 각 진에 두었던 종9품 최하위 무관.

제가 가장 자랑스러워했던 분도 장군이셨습니다!

진정으로 장군을 닮고 싶었습니다."

2004년 방영된 KBS 드라마 〈불멸의 이순신〉 마지막 화에서 이영남 장군은 위험에 빠진 이순신을 구하다 적장에게 치명상을 입고 구출되나 위의 유언을 남기고 숨을 거둔다. 여기에서 이순신 장군은 그의 눈을 감겨주며 자신의 갑옷을 벗어 이영남에게 덮어준다. 이어 이순신 장군도 바로 총을 맞고 전사한다. 물론 이것은 어디까지나 드라마에 나오는 얘기일 뿐 구체적인 상황은 알 수 없다.

관향 논쟁: 양성 이씨냐, 전의 이씨냐

"이영남 장군은 우리 양성陽城 이씨 사람이다."

"아니다, 우리 전의全義 이씨 사람이다."

두 문중이 이영남을 둘러싸고 서로 자신 문중의 인물이라고 주장하며 논쟁을 벌이고 있다. 원인은 비슷한 시기, 연배가 비슷하고 한자 이름까지 같은 이영남의 임란 참전 사실이 겹쳐 나타나기 때문이다. 특별한 고위직이 아니어서 사료가 불분명하다는 점도 논란의 한 원인이다. 두 가문의 행장行狀류와 묘지墓誌에 기록된 이영남 관련 이력이나 공적도 비슷해서 동일인물처럼 기록돼 있기도 하다. 이를 근거로 두 문중이 이영남을 각기 자신의 선조로 여겨 1960년대 추증사업을 하면서 논쟁이 본격화됐다.

양성 이씨의 경우 세거지世居地인 충북 진천에 현충비를 건립했다. 또 문중은 논쟁을 의식했는지 2002년 진천군 덕산읍 기전리 이영남 묘 앞에 '노량순국임란공신병조판서 양성이영남장군묘'라고 쓴 커다란 표지석을 세웠

충무사 동무에 봉안된 이영남 영정. '양성이씨대종회'라 고 쓴 커튼이 드리워져 있다.

다. 진천문화원에서 발간한 『이영남장군 전기』(이영환, 1984)도 문중에서 음으로 양으로 지원한 것이다.

이에 질세라 전의 이씨 문중은 세거지인 전북 전주시에 선충사宣忠祠와 사적비를 건립했다. 선충사비문에는 '공의 유해는 거두지 못하고 완주군 구이면 신원리에 초혼묘가 있다'고 기재했다. 2022년 8월 소설 『노량의 바다』(이병초, 2022)가 출간됐다. 소설이지만 전의 이씨 문중임을 전제로 이야기가 전개된다.

현재는 대략 양성 이씨가 맞는 것으로 정리되고 있다. 박경석(2008) 논문에 따르면 『가리포진첨사선생안加里浦鎭僉使先生案』에 '이영남 당상 무술 노량부전 봉환별세 재진천李英男 堂上 戊戌 鷺梁赴戰 逢丸別世 在鎭川'이라 되어 있다. 즉 이영남이 가리포첨사 재직 시 관품은 당상관이고, 무술년1598년 노량해전에서 적의 총에 맞아서 별세했으며, 묘는 진천에 있다는 내용이다. 이 문서는 1522년중종 17부터 1895년고종 32까지 374년 동안 227대의 가리포첨사 명단을 수록한 것으로 관에서 펴낸 1차 자료여서 신빙성이 높다. 이 같은 내용은 『만력십이년갑신추별시문무방목萬曆十二年甲申秋別試文武榜目』, 『선무원종공신녹권宣武原從功臣錄券』의 기록과도 일치한다.

이영남, 이순신과 함께 순국하다

이영남의 본관은 양성陽城이고, 충청도 진천 출신이다. 1584년 무과에 급제했다. 강계부사를 거쳐 태안군수, 장흥부사를 역임했다. 경상우수사 원균 밑에서 이순신과 연락을 하는 전령 임무를 맡았다. 이 과정에서 점차 이순신의 성품에 매료돼 그의 충복이 됐다. 정유재란 때 가리포첨절제사가 되어 이순신 휘하에서 싸운다.

전의 이씨 측 '선충사'에 봉안된 이영남 장군 영정. ▷국립전주박물관

1598년 노량해전에서 35세를 일기로 순국했다. 1605년선조 38 선무원종일등공신에 봉해졌다. 숙종 때 병조판서에 추증됐다. 명나라 부총병 등자룡鄧子龍도 이때 전사했다.

◈ 이영남의 생애

1563년(명종 18)	출생
1584년(선조 17)	무과 급제
1589년(선조 22)	율포권관
1592년(선조 25)	소비포권관
1595년(선조 28)	태안군수
1597년(선조 30)	조방장
1598년(선조 31)	가리포첨사, 노량해전 순국
1605년(선조 38)	절충장군 선무원종 1등공신 책봉

Ⅱ. 류형

"당시 한 현령[4]이 이순신 통제사를 도와 크고 작은 수십 번의 전투에서 항상 선봉에 나서 혁혁한 전공을 세워 크게 이름을 떨치었으니, 그 사람이 누구인가? 성은 류柳이고, 이름은 형珩이다. (…) 한음공漢陰公[5]이 이순신에게 '누가 그대를 대신할 수 있겠는가?' 물으니 대답하기를, '충의와 담략膽略[6]이 류형에 견줄 만한 사람이 없습니다. 벼슬은 비록 낮으나 크게 쓸 만합니다.' 하였다."

–『국조인물고』 권56 '왜난시 정토인倭難時征討人'

세종시 '충렬사'에 봉안된 류형 영정.

류형柳珩, 1566~1615은 특히 이순신 장군을 기리는 비석을 세우고, 부임지마다 축성에 힘써 국방력 강화에 크게 기여했다.

별이 떨어졌다, 류형이 있었다

1598년 8월 도요토미 히데요시가 사망하자, 왜군은 순천 등지로 집결하면서 철수를 서둘렀다. 소식을 접한 이순신은 명나라 수군 도독 진린과 함께 노량 근해에서 전투를 준비했다. 도원수 권율이 이끄는 조선 관군과 의

4 류형은 당시 남해현령이었다.
5 이덕형.
6 담력과 지략.

고니시가 주둔하던 '순천왜성'. '예교성'이라고도 하며, 성 건너 공장지대(율촌공단)는 매립지로 예전에는 바다였다.

병, 유정이 지휘하는 명 군사들은 순천 검단산성에 진을 치고 수륙합동작전을 준비했다. 순천왜성에 주둔하고 있는 고니시 유키나가 휘하의 왜군 1만 4000여 명을 섬멸하기 위함이었다.

고니시 부대는 11월 18일 사천의 시마즈 요시히로를 비롯해 고성, 남해 등지에 있던 500여 척의 왜군 지원을 받아 몰래 빠져나가기 시작했다. 19일 새벽 조명연합함대는 노량을 지나는 시마즈 군을 요격했다. 왜의 수군 선박 200여 척을 불태우고 100여 척을 나포했다. 최후의 일격을 가하려는 이순신은 관음포에서 도주하는 왜군을 추격하던 중 총탄을 맞고 쓰러졌다. 임진왜란의 마지막 전투 노량해전이다.

류형 장군은 노량해전에서 적탄에 맞아 부상을 입고도, 전사한 이순신을 대신하여 전투를 지휘했다. 국립문화재연구원이 번역한 '류형 신도비神道碑'[7]에 따르면 류형은 이날 여섯 발의 총을 맞았는데 셋은 관冠을 꿰뚫고, 둘은 바지를 뚫었다. 한 발은 오른쪽 갈비뼈를 맞혀 부상을 입었지만 꿋꿋하게 서서 계속 활을 쏘다가 피가 철철 흘러 기절하고 말았다. 한참 후 깨어나 이순신 장군을 찾았지만 이미 세상을 떠난 뒤였다. 류형은 잠시 통곡하고는 싸움을 지휘해 승리로 이끌었다. 이 공로로 해남현감에서 전라우수사로 발탁됐고, 1602년 삼도수군통제사[8]로 부임하는 등 승승장구한다.

여수 고소대의 좌수영대첩비

전남 여수시 고소동 고소대姑蘇臺. 벽화마을이 조성돼 널리 알려지면서 고소대와 오포대 일대는 수많은 사람이 찾는 관광명소가 됐다. 그렇게 많은 사람으로 북적이건만, 이상하리만큼 고소대 대첩비각 경내는 늘 적막하다. 한편으론 이질적인 고요함이 전 국토를 그토록 처참하게 유린했던 전쟁의 상처와 아픔을 느껴보기에는 알맞다 싶다. 그러다 보면 바깥의 시끌벅적함이 눈과 귀에 꽤나 큰 거슬림으로 다가온다.

어쩌랴, 억지로라도 비각 안에 늘어선 유서 깊은 비석 세 개에 집중해본다. 이 비석이야말로 전쟁 중 조선 수군의 영광과 고난을 상징하는 대표적인 유물이다. 우선 비각 한가운데 자리 잡은 보물 '통제이공수군대첩비統制李公水軍大捷碑', 혹은 '좌수영대첩비左水營大捷碑'(이하 대첩비)라고도 부른다. 크기는 무려 높이 305cm, 너비 124cm, 두께 24cm에 이른다. 현지 안내판은 '국내 비석 중 가장 큰 것으로 유명하다'라고 소개하고 있다. 이를 보호하려 만든 비각도 꽤 크지만, 비석만 겨우 덮고 있어 무척 답답해 보인다. 옹색하기 그지없다. 비석 가까이 접근해서 구경할 수도 없다. 가까이서 잘 볼 수 있어야 애국심도 더 고양될 것 아닌가! 비각 증·개축이 절실하다.

---

7 월사 이정구李廷龜가 글을 짓고, 명필 김현성金玄成이 글씨를 썼으며, 김상용金尙容이 전액篆額을 써서 1618년광해군 10 류형 묘 앞에 세운 비석이다.

8 초대 이순신, 2대 원균, 3대 이순신, 4대 이시언李時言, 5대 류형의 순으로 부임한다.

고소대 비각 내부. 왼쪽부터 '동령소갈비', 보물 '통제이공수군대첩비', 보물 '타루비'이다. 건립 순으로 보면 타루비 1603년(선조 36), 통제이공수군대첩비 1620년(광해군 12), 동령소갈비 1698년(숙종 24)이다.

대첩비 양옆에는 두 개의 작은 비석이 있다. 오른쪽은 '타루비墮淚碑', 왼쪽은 '동령소갈비東嶺小碣碑'이다. 보물로 지정된 타루비는 이순신 장군을 추모하기 위해 순국 5년 후인 1603년선조 36 부하들이 세운 비이다. 짤막한 글이 새겨져 있는데 번역하면 다음과 같다.

> "영하營下의 수졸水卒들이 통제사 이순신 공을 위하여 작은 비석 하나를 세우고 타루墮淚라 이름을 붙였다. '중국 양양襄陽 사람들이 양호羊祜[9]를 생각하며 그 비를 바라보고는 반드시 눈물을 흘렸다'라는 고사에서 뜻을 취해 세운 것이다."[10]

9 양호221~278는 삼국 시대 위나라 사람으로 오吳나라를 멸하는 데 큰 공을 세운 무장이다. 양호가 죽자 고을 사람들이 그의 덕을 추모해서 비석을 세우고 제사를 드렸는데 그 비를 바라보는 사람 모두 눈물을 흘렸다 하여 타루비墮淚碑라 불렀다고 한다.

좌수영 수군들은 평소 이순신을 무서워했다. 하지만 이순신이 죽자, 그의 죽음에 눈물지으며 추모하는 마음으로 타루비를 세웠다. 부하들의 절절한 슬픔이 배어있는 타루비는 지금도 보는 이의 가슴을 먹먹하게 한다.

대첩비 왼쪽 동령소갈비[11]는 대첩비를 건립하는 데 참여한 사람과 그 경위 등을 기록해 1698년 세운 것이다. 타루비는 대첩비와 직접적인 관련이 없는 별개의 비석이지만, 동령소갈비는 대첩비에 딸린 부속 비라고 할 수 있다.

대첩비에는 무슨 내용이 담겼나

대첩비 비문은 이항복李恒福이 짓고, 당대의 명필 김현성金玄成이 썼으며, 비신 위 비의 제목은 김상용金尙容이 전서로 썼다.

비는 충무공 이순신 장군이 해전에서 거둔 전과와 명나라 진린과의 공동작전 등 수군의 활약과 공적을 기리고 있다. 마지막 전사하는 순간에 충무공이 '나의 죽음을 알리지 말라'하고 남긴 유명한 발언도 소개한다. "공이 새벽녘 총탄에 맞아 쓰러졌으나, 오히려 여러 사람에게 죽음을 알리지 말라며 '우리 군사들의 기운이 꺾일까 두렵다'고 하였다."

비문에는 충무공의 성품에 대한 칭찬도 이어진다. "온화하고 대범한 덕과, 과단성 있게 판단하는 재주와, 상과 형벌을 공평하게 집행하는 용기는 보통 사람이라면 족히 백세百世의 모범이 될 만한 것이겠지만, 공에게 있어서는 오히려 하찮은 일일 것이니 생략해도 좋을 것이다." 즉 워낙 공로가 탁월해 이런 정도는 별것 아니란 뜻이다.

이항복은 이어 "노량의 물은 깊고 깊은데 여기에 이공을 기리는 비석을 세우노라." 하며 다음처럼 대첩비의 끝을 장식한다.

10 원문은 營下水卒爲統制使李公舜臣立短碣名曰墮淚盖取襄陽人思羊祜而望其碑則淚必墮者也.

11 동령현지금의 여수 충무동에 세운 작은 비석이란 뜻이다.

"죽은 뱀이 꼬리를 흔들어 공의 몸에 독을 뿌리는데 신의 보살핌을 받지 못하였네. 노량은 어슴푸레 흐릿하고 물은 오직 깊은데 여기에 비석을 세우노라. 후세에도 없어지지 않고 공의 이름 우뚝하여 영원토록 으뜸가는 제사를 받으소서"

충무공을 기린 부하 장수와 증손자

통제이공수군대첩비는 애틋한 사연을 간직하고 있다. 국립문화재연구원의 번역에 의거해 동령소갈비에 적힌 내용을 간단하게 정리하면 다음과 같다. 수군통제사로 부임한 류형 장군은 자신의 상관이며 전전 통제사였던 충무공의 위대한 충절을 비에 적어 후세에 전하고 싶었다. 준비를 하던 중 이내 황해도 관찰사로 발령 나는 바람에 중단된다. 류형은 황해도에 와서 다시 비 건립을 추진하던 중 마침 좋은 돌을 찾았다.

> "(류형은) 힘과 생각을 간절히 한 끝에 강음현江陰縣, 지금의 황해도 금천군에서 쓸 만한 돌을 얻어 바다를 통해 배로 한강 어구까지 운반한 다음, 조정에 옮겨달라고 청하였다. 그러나 여의치 않아 바닷가에 버려둔 지 몇 해가 되었다."

전후 부족한 인력과 경비 문제로 후속 작업이 막혔던 것이다. 류형은 1615년 임종에 이르러 "이순신 장군의 비가 세워지기 전에는 내 무덤 앞에 돌을 세우지 말라." 하고 자녀들에게 당부했다. 대첩비는 마침내 1620년광해군 12에 세워진다. 당시 절도사 안륵安玏과 충무공의 맏아들 이회李薈, 1567~1625가 앞장섰다. 주변에서도 석공과 인부, 비용, 물자 조달 등을 기꺼이 돕겠다고 나섰다. 여수는 물론이고 인근 고을까지 관료, 변방의 장수, 유지들이 힘을 합한 끝에 대첩비 작업을 반년 만에 마쳤다. 요즘으로 친다면

'대첩비 건립을 위한 범시민추진위원회'가 구성되어 활동한 셈이다.

그런데 대첩비가 세워진 지 78년 뒤인 1698년숙종 24, 류형의 증손자 류성채柳星彩가 절도사로 부임받아 여수에 오게 된다. 그는 대첩비를 보고 나서 이순신 장군의 충절, 그리고 증조부가 먼 황해도에서 돌을 구해 비를 세운 데 대해 감회에 젖었다. 류성채는 충무공과 증조부를 추모하며 내력을 적은 동령소갈비를 대첩비 옆에 세우고 비각도 개축했다. 큰 비석 대첩비엔 류형의 마음이, 작은 비석 동령소갈비엔 류성채의 마음이 스며있는 셈이다.

대첩비의 시련, 고향 땅 다시 밟은 사연

대첩비각이 있는 지금의 고소대[12]는 원래 이순신이 작전 계획을 세우고 명령을 하달하던 곳이었다. 옥포해전을 앞두고는 탈영병을 붙잡아 목을 베어 효수梟首해 군율을 엄히 세운 곳으로 유명하다. 일제강점기 때는 신사神社가 들어섰다

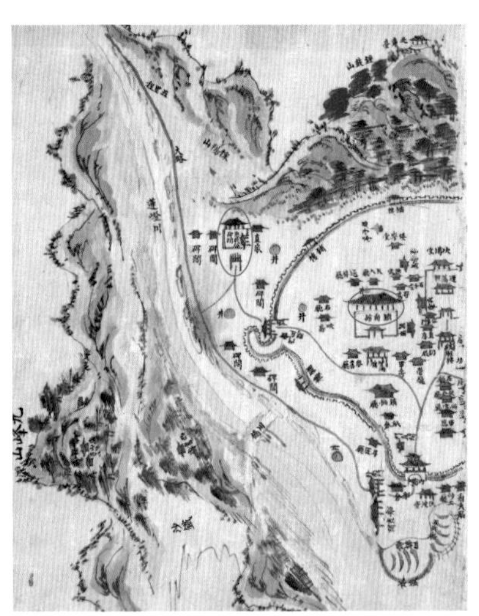

1847년 전라좌수영이 펴낸 『호좌수영지(湖左水營誌)』 8면을 보면 '충무공비각'은 원래 진남관 북동쪽에 있었다. ▷서울대 규장각 한국학연구원

대첩비는 본래 고소대가 아니라 좌수영성 서문 밖 동령현(지금의 전남 여수시 동령현1길 10)에 있었다. 동령소갈비의 '동령'은 이를 가리킨다. 그런데 1942년 당시 일본인 여수경찰서장이 비각을 헐고

12 예전에 고소정姑蘇亭이라는 정자가 있었다고 한다. 대첩비는 국보 '진남관鎭南館'을 마주 보고 있다.

대첩비를 몰래 어디론가 반출시켰다. 322년간 전라좌수영과 여수를 지켜온 비가 여수에서 사라진 것이다. 전남 해남의 명량대첩비鳴梁大捷碑도 함께 사라져 한동안 행방이 묘연했다.

대첩비는 어디로 간 것일까? 광복 이후 지역 유지들은 수소문 끝에 경복궁 근정전 앞 땅속에서 찾아냈다. 1947년 여수 시민들은 '충무공비각복구기성회'를 조직해서 서울에서 대첩비를 옮겨와 세우고 비각 짓는 일을 추진하게 된다. 당시 비를 다시 여수로 가져와 세우기까지는 많은 어려움이 따랐다. 시민들의 장군에 대한 존경심과 애향심이 뒷받침됐기에 가능한 일이었다. 비는 그사이 시가지가 개발되면서 원래 자리인 동령으로 가지 못하고 신사가 있던 지금의 고소대에 세워졌다.

류형은 누구? 가는 곳마다 축성 매진

류형의 본관은 진주, 호는 석담石潭이다. 1592년선조 25 임진왜란이 일어나자, 의병장 김천일을 따라 강화에서 활동하다가 선조가 피란한 의주 행재소에 가 선전관에 임명되었다. 1594년 무과에 급제해 남해현감이 되고, 경상우수영 원균 휘하에서 일했다. 그는 이순신의 신망이 두터웠으며, 1602년 삼도수군통제사가 되었다. 다시 충청도병마절도사를 거쳐, 함경도, 경상도, 평안도, 황해도 등 전국의 병마절도사를 두루 역임했다. 류형은 특히 부임하는 곳마다 성을 수리하고, 군량과 물자를 비축했다. 여러 번 큰 병영을 거쳤지만 떠나는 날 행장은 옷가지와 이불뿐이었다고 전한다.

류형은 충걸, 효걸, 신걸, 예걸, 제걸, 지걸, 의걸 등 아들 일곱을 두었다. 이름은 유교의 덕목인 효제충신 예의염치孝悌忠信 禮儀廉恥, 인의예지신仁義禮智信을 딴 것이다. 류형의 자손이 크게 번창하면서 진주 류씨는 후일 조선시대를 대표하는 무반 가문으로 명성을 떨친다.

류형을 모신 사당. 세종시 장군면 하봉리 '충렬사'.

◈ 류형의 생애

1566년(명종 21)	출생
1594년(선조 27)	무과 급제, 남해현감
1600년(선조 33)	경상우도수군절도사
1601년(선조 34)	삼도수군통제사
1609년(광해군 1)	함경도병마절도사, 회령부사
1613년(광해군 5)	황해도 병마절도사
1615년(광해군 7)	별세
1620년(광해군 12)	대첩비 건립

4
기억해야 할 정유 의병들

의병, 목숨 잃을지언정 굽히지 않았다
구례 칠의사, 석주관 굳게 지켜
고창 남당회맹, 호벌치서 순절
장성 남문창의, 세 차례 거병해

정유재란은 호남에 특히 커다란 상처를 줬다. 정유년 도요토미의 명에 따라 호남을 우선 공략한 왜군은 임란 때보다 훨씬 잔혹했다. 이들이 지나고 난 곳엔 오직 주검과 잿더미만 널브러져 있을 뿐이었다. 아비규환阿鼻叫喚의 지옥 그 자체였다. 1597년 8월 남원성처럼 왜군은 전라도 각지를 휩쓸고 다니며 살육과 방화, 약탈, 납치 등 천인공노할 만행을 저지르고 다녔다.

조선의 의사들은 숨어있지 않고 결연히 떨쳐 일어났다. 주어진 환경에서 최선을 다해 의병과 군량을 모아 싸웠다. 당시 호남의 피해가 막심했지만, 이들이 있었기에 조금이나마 피해를 덜 수 있지 않았을까?

호남 관문을 사수한 석주관성 칠의사

전남 광양과 경남 하동 사이 섬진강을 거슬러 올라가다 보면 매화로 유명한 광양시 다압면 도사리 매화마을이 나온다. 여기서 조금만 더 올라가

사적 경남 하동군 악양면 평사리 '고소성(姑蘇城)'. 험한 지리산 줄기를 뒤에 두고 섬진강을 굽어보는 천혜의 요새로, 남해에서 호남지방으로 들어가는 중요한 길목이다. 구례 석주관도 비슷한 길목이다.

면 구례읍 못 미쳐 석주관石柱關이 나온다. 구례군 토지면 송정리 지리산 남서쪽 왕시루봉1,240m 끝자락의 오지이다. 석주관 북쪽은 지리산, 남쪽은 백운산의 험한 산줄기이고 그 사이에 섬진강이 흐르는, 그야말로 전략적 요충지이다. 진주 방면에서 또는 섬진강을 따라 호남으로 가려면 이곳을 통과할 수밖에 없어 여기를 틀어막으면 호남행을 봉쇄할 수 있다.

석주관은 이름에 '관關'자가 있듯, 남원 등 호남으로 진출하는 관문이자 길목이다. 함양 안음의 황석산성, 진안의 웅치, 남원 운봉의 팔랑치와 함께 영남과 호남 사이 4대 관문의 하나로 꼽힌다. 그래서 고려 말에는 남해에서 침입한 왜구를 막기 위해 경사진 산허리를 따라 '석주관성'을 쌓았다. 구한 말에는 의병장으로 고경명의 후손인 고광순高光洵, 1848~1907이 이 일대와 연곡사에서 활동했다. 근래에는 국군의 빨치산 토벌로 피 흘렸던, 역사가 소용돌이칠 때마다 많은 희생으로 점철됐던 땅이었다.

사진 아래 왼쪽 담장 안이 칠의사 묘. 중간의 건물들이 사당이다. 오른쪽 위 구석에 석주관성의 처연한 모습이 조금 보인다.

이곳엔 사적 두 곳이 있다. '석주관성'과 '석주관 칠의사묘七義士墓'인데, 둘은 바로 인접해 나란히 있지만, 따로 지정돼 있다. 정유재란 때인 1597년 가을부터 이듬해 봄까지 석주관성을 무대로 싸웠던 의병 일곱 명이 묻힌 곳이 칠의사묘이다. 1597년 8월 3일 삼도수군통제사로 복직된 이순신은 구례 현감 이원춘李元春, ?~1597을 찾아와 석주관의 사수를 요청했다. 이원춘은 곧 1,000여 명의 관군을 데리고 시마즈 요시히로[1] 군과 싸웠으나 패퇴하고 전사했다. 이에 왕득인王得仁, 1556~1597은 3,000여 명의 의병을 일으켰다. 왕득인은 석주관에서 왜군의 보급로를 차단했다. 몇 차례 왜군의 군량을 빼앗고

1 임진왜란 때 제4군으로 참전했고, 전북 남원성에서 심당길沈當吉 등 80여 명의 조선 도공들을 납치해 간 것으로 전해진다. 정유재란 때 하동을 거쳐 구례, 남원, 전주 등지를 함락한 후 사천에 주둔했다. 1598년 11월 노량에서 이순신 함대와 싸우다 대패하고 일본으로 돌아갔다.

탄약을 불태우기도 했으나 강한 반격에 나선 왜군과 싸우다 조총을 맞고 숨졌다.

아들 왕의성王義成은 아버지의 전사 소식을 듣고 석주관으로 갔으나 시신을 찾지 못하고 복수를 맹세했다. 구례 출신 이정익李政翼, 한호성韓好誠, 양응록梁應祿, 고정철高貞喆, 오종吳琮 등이 함께 죽을 것을 맹세하며 합류했다. 화엄사에서는 스님 150여 명이 군량을 지고 석주관을 찾았다. 의병과 승병 1,000여 명은 석주관에 진을 치고 12월 맹렬하게 싸워 방어에 성공했다. 이듬해 봄 다시 왜군은 대대적인 공격에 나섰다. 하지만 다수의 훈련된 정규군을 당해내지 못했고, 칠의사는 모두 장렬하게 목숨을 버렸다. 왜군은 보복으로 화엄사의 모든 전각을 불태워버렸다. 본래 각황전이 들어서기 전에는 667년문무왕 17 의상대사가 세운 3층 규모의 장육전이 있었고 네 벽면에 돌로 새긴 화엄경판이 빙 둘러 있었지만 이때 파괴돼 현재 부서진 조각만 보물로 지정돼 화엄사 성보박물관에 보관되어 있다.

호벌치 지킨 채홍국의 남당회맹단

> "터럭과 신체身體는 모두 부모가 주신 것이며, 우리 임금님은 바로 부모이다. 부모의 위급危急에 당하여 자식 된 자로서 어찌 부모가 물려준 터럭과 신체를 아까워할 것인가?"
>
> –『야수선생채공실기野叟先生蔡公實記』 중 '흥의소완의興義所完議'

전북 고창군 흥덕면 용반리 남당회맹단, 커다란 무덤처럼 보이는 둥근 흙더미가 마을 한가운데 평지에 있어 눈길을 끄는 곳이다. 높이 10m에 직경 20m쯤 되는 이 구릉 앞에는 '임진창의남당회맹단기적비壬辰倡義南塘會盟壇紀績碑'가 서 있다. 비 앞쪽에는 채홍국 등 의병의 위패를 모신 모충사慕忠祠

가 자리 잡고 있다.

> "선생은 벼슬이 없는 선비의 몸으로 떨쳐 일어나시어 충신忠信으로 갑주甲胄를 삼으시고 인의仁義로 방패를 삼아 자신을 단련하니 일시에 수백 의사가 사방에서 회맹록會盟錄에 찬동하여 호응하였으니, 한 번 북 울려서 전전轉戰[2]함을 볼 수 있었다. 혹은 앞으로 쳐들어오는 적의 예봉銳鋒을 꺾고, 혹은 물러가는 적의 깃발을 쫓아가니, 고창 흥덕의 이웃 일곱여덟 군읍郡邑이 그 덕택에 온전할 수가 있었다."
>
> -『야수선생채공실기』 서

임진왜란 때 이 고장 출신의 야수野叟 채홍국蔡弘國, 1534~1597은 처음 고경명과 함께 금산으로 갔지만 싸움에서 패해 군사들이 흩어지자, 군사를 다시 모아 싸울 것을 다짐하고 일단 고향으로 돌아왔다. 채홍국은 고덕붕高德鵬, 1552~1626 등 92인[3] 의사와 함께 남당회맹단에 단을 쌓고 삽혈동맹歃血同盟[4]을 하며 나라를 지키자는 맹약을 했다. 세칭 '임진창의92의사'라 한다. 이들은 곡식 300석을 모아 의주 행재소로, 100석은 곽재우 의병군에 보냈다. 이어 왜적이 순천을 침범했다는 소식을 들은 그는 300여 명의 의병을 데리고 여수 석보石堡에 이르러 적병 수십 명을 참살斬殺하는 등 크게 이겼다. 선조는 이에 채홍국에게 특별히 첨지중추부사僉知中樞府事를 제수하고 다시 가선대부 동치중추부사嘉善大夫 同知中樞府事로 승격시켰다.

정유재란이 일어나자, 채홍국은 다시 의병을 규합했다. 지역 선비들과

---

2 여기저기 자리를 옮겨가면서 싸움.

3 92의사는 이름이 기록된 선비를 가리키는 것으로 전체 의병은 이들과 평민을 포함해 300여 명 규모이다.

4 희생犧牲을 잡아 그 피를 들이마셔 입술을 벌겋게 하고 함께 맹세하는 일.

고창군 흥덕면 남당회맹단.

농민, 천민, 승려가 망라됐다. 왜군은 1597년 8월 남원, 전주를 함락시킨 데 이어 호남 각지를 유린하려던 참이었다. 9월 말 왜군은 해로를 이용해 줄포에 상륙해 부안 방면으로 진격했다. 이에 채홍국이 이끄는 의병은 남당회맹단에서 11km쯤 떨어진 부안 호벌치胡伐峙로 향했다. 의병들은 이곳에서 왜군을 맞아 20여일 동안 아침부터 해 질 무렵까지 쉬지 않고 싸웠다. 화살이 다 떨어져 맨손으로 싸우던 채홍국은 그만 왜적의 칼에 맞아 숨졌다. 아들 채명달蔡命達, 채경달蔡慶達 등 대부분의 의병들도 장렬하게 전사했다.

채홍국[5] 후손인 평강채씨대종회는 호국얼 계승 조선무과대회, 모충사 시제 등 활발하게 선양사업을 펴고 있다.

세 차례 의병 일으켜 항전한 장성 남문창의

남문창의는 전남 장성과 전북 고창지역을 중심으로 일어난 의병운동이

5 채홍국은 평강 채씨 판서공파 야수공종친회 파조이다.

다. 1592년 7월 20일 김경수金景壽, 1543~1621, 기효간奇孝諫, 윤진尹軫 등은 장성 북일면 오산리의 남문에 의병청을 설치하고 고창, 영광, 담양, 정읍 등 각지에 격문을 보내 의병과 군량을 모았다. 1차 창의이다. 김경수를 맹주盟主로, 김제민金齊閔, 1527~1599을 의병장으로 삼았다. '오산남문창의비'에 따르면 의병군은 북으로 진군하여 직산과 용인 등지에서 많은 왜적을 사살하는 등 전과를 올렸다. 이 비에 기록된 77선열先烈 중엔 승려 아홉 명, 노복奴僕 한 명도 있다.

장성군 북이면 사거리 '오산남문창의비'. 1802년(순조 2) 호남 유림이 남문창의 사실을 기리기 위해 건립했다.

명·왜 간 화의가 결렬될 즈음 1593년 5월 29일 김경수는 2차 남문창의를 했다. 장성현감 이귀는 관군과 의병을 훈련시키는 등 의병을 지원했다. 1597년 3차 창의 때엔 직산전투에서 승리에 기여했다.

보성을 지킨 최대성과 전방삭

정유재란 때의 의병 활동은 임진왜란과는 다른 양상을 보인다. 임진왜란 시엔 호남이 보전됐기에 대규모 부대가 편성돼 근왕을 위해 북상했다. 그러나 정유재란 때엔 왜군이 전라도 각지에 주둔하며 분탕질을 치고 있었다. 따라서 대규모 의병이 일어나는 대신 연안 지역을 중심으로 수십에서 수백에 이르는 소규모 의병부대가 유격전을 펴며 해안에 출몰하는 왜군을 공격했다.

최대성崔大晟, 1553~1598은 총명한 데다 기골이 장대하고 무예가 뛰어나

보성군 득량면 삼정리 충절사에 봉안된 모의장군 최대성(위)과 보성군 벌교읍 영등리 충효사에 봉안된 어모장군 전방삭(아래).

1585년선조 18 무과에 급제했다. 임진왜란 발발 후 훈련원정의 신분으로 이순신을 따라 한후장捍後將이 되어 옥포, 한산도 등 여러 해전에서 뛰어난 전공을 세웠다.

정유재란이 일어나자, 동생 최대민·최대영과 아들 최언립·최후립, 친지, 집안 노비까지 총동원해 의병을 모집했다. 이런 뜻에서 모의장군募義將軍이라 칭하고 2,000여 명의 의병을 모아 광양, 보성 등지에서 싸웠다. 그러나 이듬해 6월 보성의 안치鴈峙에서 적을 대파하고 퇴각하는 왜적을 추적하던 중 조총을 맞아 전사했다. 보성 충절사에서 최대성을 배향하고 있다.

전방삭全方朔, 1545~1598은 1575년 무과에 급제하고 임진왜란 당시 이순신 장군 막하에 적진포 해전 등 크고 작은 해전에서 활약했고, 충무공의 조선수군 재건 활동을 도왔다. 전주에서 분조를 이끌던 광해군을 호종護從했다.

이후 고향인 보성에서 의병 300여 명을 모아 정유재란 발발 당시 보성, 고흥, 순천 등지에서 왜군과 싸움을 벌여 전과를 올렸다. 1598년 보성군 득량면 죽전벌 전투에서 전사했다. 순천시 충효사에서 그를 배향하고 있다. 사후 어모장군禦侮將軍으로 추증됐다.

4부 | 호남의 난중일기

1
안의·손홍록 『수직상체일기』

실록 지킨 두 '영웅', 역사 단절 막았다
안의와 손홍록, 태조어진 함께 이안
매일 불침번 서며 『수직상체일기』 남겨

우리는 흔히 '의병' 하면 칼을 들고 왜군과 맞서 싸운 사람을 떠올린다. 그러나 정읍의 두 늙은 선비의 '의로운 행동'은 실로 어떤 의병 못지않은 용기와 희생으로 우리 '역사'에 지대한 공헌을 했다.

물재勿齋 안의安義, 1529~1596와 한계寒溪 손홍록孫弘祿, 1537~1610, 이들이 있었기에 조선 전기의 역사가 온전하게 보전될 수 있었다. 노령의 두 선비가 참혹한 시기에 가산을 총동원해 1년이 넘도록 깊은 산속에서 실록을 지켜낸 숭고한 행적을 되새겨 보노라면 감동과 존경의 마음에 숙연해진다. 두 선비의 헌신적인 충정이 없었더라면 우리의 자랑스러운 문화유산은 온전하게 보존되지 못했을 것이다. 생각만 해도 끔찍한 일이며, 두 선비에게 진정 고개를 숙이지 않을 수 없다.

안의, 손홍록 등 네 명을 배향한 정읍시 칠보면 시산리 '남천사'.

깊은 산속 까마득한 절벽 위

전국 최고의 단풍 명소로 꼽히는 산이자, 산속에 소중한 것을 감추고 있다 하여 이름 붙은 내장산內藏山. 내장산이 감춘 것 중 백미는 『조선왕조실록』이 아닐까.

내장산은 신선봉神仙峰, 763.5m을 주봉으로 장군봉, 연자봉, 까치봉, 망해봉, 불출봉, 서래봉 등 칼날처럼 날카로운 봉우리가 늘어서서 험한 산세를 자랑한다. 말발굽 형태로 둥글게 감아선 깊숙한 곳에 내장사가 포근하게 안겨 있다. 지금이야 내장사까지 자동차로 비교적 쉽게 접근할 수 있지만 예전에도 그랬을까?

2023년 12월 장애숙 정읍시 문화관광해설사의 안내로 내장사에서 금선계곡을 따라 『조선왕조실록』 이안移安 관련 조형물을 보면서 1.5㎞ 남짓 계곡 깊숙이 들어갔다. "정읍시에서 '조선왕조실록 이안길(실록길)'이라 명명하고 길을 정비하면서 이전보다 훨씬 걷기 좋아졌다"라는 장 해설사의 설명이다.

2017년 정읍시가 '조선왕조실록 이안길'이라 하여 탐방로를 정비하고 조형물을 설치했다.

계곡을 건너는 여덟 번째 다리인 '실록8교'를 지나자, 용굴암으로 향하는 계단이 까마득하게 보였다. 숨을 헐떡이며 가파른 계단을 한참 오른 끝에 한 시간여 만에 힘겹게 용굴암에 도착했다. 10㎡가 될까 말까 한 작은 건물 터와 동굴이 있었다. 용굴암에 이르는 길은 몹시 좁고 가팔랐으며, 그 주변은 험한 절벽이 병풍처럼 둘러 있었다. 실록을 숨기고 지키기에 이만큼 적합한 곳도 없을 천혜의 요지였다. 그러나 당시 안의, 손홍록은 이마저 불안해서 다시 100m 이상 북서쪽으로 올라야 닿을 수 있는 은적암으로 실록을 옮겼다. 이들은 여기도 안심이 안 됐던지 북동쪽으로 약 350m 떨어진 비래암으로 실록과 어진御眞[1]을 다시 옮긴다. 비래암은 지금도 일반인 접근이 금

1 왕의 초상화를 가리킨다. 수용睟容, 성용聖容 등으로도 불린다. 창덕궁에 있던 어진이 한국전쟁을 피해 부산으로 갔으나 1954년 12월 화재로 대부분의 어진이 소실되고 말았다. 당시 부산에 보관돼 있던 어진은 12대 임금의 어진 46점이 있었던 것으로 전한다. 태조어진은 화마를 피했다.

계단을 한참 오르면 작은 용굴암과 암자 터가 나온다. 매우 험준한 곳이다.

지돼 있을 만큼 험준한 곳이다.

장애숙 해설사는 "'바라볼 수는 있어도 가히 오를 수 없는 험지', '끊어지고 이어지고 하여 진실로 오랫동안 보관할 만하다'라는 기록이 나올 정도로 요새 같은 곳"이라고 설명했다.

험준한 곳임에도 안의와 손홍록은 마냥 안심하지 않았다. 평양성까지 북상한 왜군이 호남을 호시탐탐 노리고 있기에 한순간도 편안하게 있을 수 없었다. 좁은 암자에서 혼자, 또는 둘이 함께 긴장의 끈을 놓지 않은 채 실록 곁에서 383일을 지냈다. 마음 놓고 이야기를 나눌 수 없었을 것이다. 따뜻하게 불을 지펴 난방도 하기 어려웠을 것이다. 언제 맹수가 닥칠지, 어느 때 왜군이 들이닥칠지 모르기 때문이다. 불안과 초조, 긴장이 범벅된 뒤숭숭한 나날들, 어둡고 춥고 좁은 암자에서 노령의 두 선비는 밤잠도 마다하고 매일 불침번不寢番을 섰다. 말 그대로 풍찬노숙風餐露宿[2]이었다. 어떤 대가도 바라지 않고 자신의 책도 아닌 나라의 책을 1년 넘게 이렇게 지켰을 상황을 상상해보라. 목숨 건 1년여의 '자원봉사'! 이들은 매일의 상황을 기록했고, 이름하여 『수직상체일기守直相遞日記』[3]를 남겼다. 일기는 안의 후손인 탐진 안씨 정읍문중에 대대로 전해 내려오다가 2000년대 초반 뒤늦게 세상에 알려지기 시작했다. 현재 일기는 정읍시립박물관에서 보관, 전시 중이다.

"실록을 안전하게 지켜라"

『수직상체일기』는 하루도 빠짐없이 당시의 수직 상황을 기록하고 있다. 하지만 내용이 워낙 간단해 실록을 이안하는 데 있어 관과 민 가운데 누가 주도했는지, 즉 이안 주체나 이안 방식, 수직 실태 등 구체적인 내용 파악에는 한계가 있다. 이 외에도 몇몇 기록[4]이 있지만 훗날 첨삭된 것으로 내용이 조금씩 달라 논란거리가 된다. 그럼에도 안의, 손홍록 두 선비가 결정적인 역할을 한 것은 분명하다. 국가유산청이 발간한 『월간 문화재사랑』 2015년 6월호를 참고해 당시 상황을 대략 재구성하면 다음과 같다.

1592년 4월 13일 오전 700여 척의 배를 타고 왜군 선봉 제1진 1만 8,700명이 부산에 상륙했다. 왜군은 북상하면서 닥치는 대로 살인, 방화, 약탈 같은 온갖 악행을 저질렀다. 이 바람에 성주와 충주의 사고, 한양의 춘추관까지 귀중한 서적이 모두 불길 속으로 사라졌다. 전 국토를 파죽지세처럼 휩쓸며 유린하는 왜군의 발길이 언제 전주에 닿을지 모를 일이었다. 절체절

---

2 바람 속에서 겨우 먹고 이슬 맞으며 잠잔다는 뜻으로, 객지에서 많은 고생을 겪는다는 것.

3 수직守直이란 건물이나 물건 등을 맡아 지키는 일을 말하며, 상체相遞는 번갈아, 교대한다는 뜻이다. 그러니까 교대로 지키면서 쓴 일기라는 뜻이다. 『임계기사』에 『수직상체일기』를 비롯한 여러 문헌이 포함돼 있다.

4 전주사고의 실록과 어진 이안에 대한 기록은 오희길의 『도암문집』, 안의 묘갈명, 손홍록의 '행장行狀', 『완산지』, 『호남절의록』 등에 나타난다. 하지만 기록 주체와 시기에 따라 조금씩 차이가 있어 논란이 되는데, 안의 집안에 전해져오는 『수직상체일기임계기사』가 기록 시점으로 보나, 기록 주체로 보나 가장 정확한 1차 자료인 것으로 평가받는다.

명의 위기였다. 전주사고에는 『조선왕조실록』을 비롯한 『고려사』, 『고려사절요』 등 모두 1,100여 책이 보관되어 있었다. 또 전주사고 옆 경기전에는 조선 왕조를 창업한 태조의 어진이 걸려 있었다. 조선 역사의 반 토막이 영원히 묻혀버릴지 모를 일촉즉발의 순간이었다.

그해 6월 15일 평양성이 함락됐다. 고바야카와 다카카게가 이끄는 왜군 제6군은 병참기지 확보를 위해 금산을 거쳐 전주로 향했다. 경기전을 지키고 있던 참봉 오희길吳希吉, 1556~1625 등은 왜적이 몰려온다는 소식에 눈앞이 캄캄해졌다. 용인전투에서 대패하고 전주로 돌아온 전라도관찰사 이광李洸, 1541~1607의 재가를 받아 내장산으로 옮기기로 했다. 허나 실록과 어진을 산속 깊숙한 곳으로 옮기려면 수십 필의 말과 많은 인부들이 필요했다. 마침 명망이 높고 넉넉했던 전라도 태인에 사는 유생 안의, 손홍록이 기꺼이 이 일을 맡겠다고 나섰다.

안의와 손홍록은 가솔 30여 명과 수십 마리의 말을 데리고 전주로 달려갔다. 이때 안의 나이는 64세, 손홍록 나이는 58세였다. 적지 않은 고령의 노인이었다. 이들은 실록을 숨길 만한 장소를 고민하던 중 정읍 내장산 은적암이 적격이라는 판단을 내렸다. 상자에 담겨 있던 『조선왕조실록』과 『고려사』 등 서책을 수십 마리의 우마牛馬에 싣거나 사람이 직접 멨다. 어진은 장식물 등을 제거해 가볍게 한 뒤 눈에 띄지 않도록 보통 물건처럼 위장했다. 둘은 잔뜩 긴장한 채 비장한 심정으로 전주에서 출발했다. 만일의 사태에 대비해 전주사고에서 내장산까지 쉬지 않고 약 125리를 하루 만에 이동했다.

소식을 듣고 달려온 내장사 희묵希默, ?~1597 대사와 승려, 무사 김홍무金弘武, 약초꾼 등 100여 명도 함께 나섰다. 왜군의 출몰에 대비해 실록과 어진 봉안처를 중심으로 요소요소에 경계를 맡은 사람들이 배치됐다. 참봉 오희길과 유인柳訒은 전주와 내장사를 오가며 첩보를 수집하고 수직 인원을 정리했다.

당시의 이안행렬을 상상해서 표현한 그림. ▷전주사고 실록각에서 촬영.

이듬해인 1593년 음력 7월 9일 조정의 명에 따라 실록과 어진은 드디어 내장산을 떠나 정읍현으로 옮겨진다. 그해 6월 제2차 진주성전투에서 진주성이 함락되자, 전라도의 안위를 염려했기 때문으로 풀이된다. 손홍록은 이때 잠시 집으로 돌아가 노잣돈 등 필요한 물품을 챙겨 온다. 이어 둘은 7월 11일 정읍을 떠나 충청도 아산으로 향한다. 7월 19일 마침내 충청도 아산에서 충청 검찰사檢察使[5] 겸 이조판서 이산보李山甫, 1539~1594[6]에게 실록과 어진을 인계한다. 비로소 직접적인 수직 책임에서 벗어난 것이다.

공식적으로는 7월 19일 조정 관리에게 실록과 어진을 넘겼지만 안의와 손홍록은 전쟁이 마무리될 때까지 항상 실록과 함께였다. 안의는 1596년 9월 실록을 강화도로 옮기는 과정에서 더 이상 몸이 버티지 못하여 정읍 집으로 돌아왔다가 얼마 후 68세의 나이로 생을 마감했다. 혼자 남은 손홍록은 계속 실록 보존에 힘쓴다. 1597년 정유재란이 발발해 또다시 일본군이 침략해 오자, 그는 묘향산 보현사로 실록을 옮기는 과정을 함께했다. 이렇듯

5 국가에 관계되는 대사나 군사상의 중대한 일을 보살피기 위하여 지방에 파견하던 임시직.

6 토정 이지함이 그의 삼촌이며, 영의정을 지낸 아계 이산해는 이산보의 사촌이다. 임진왜란 군량 운송에 힘썼고, 대기근을 수습하던 중 과로로 순직했다.

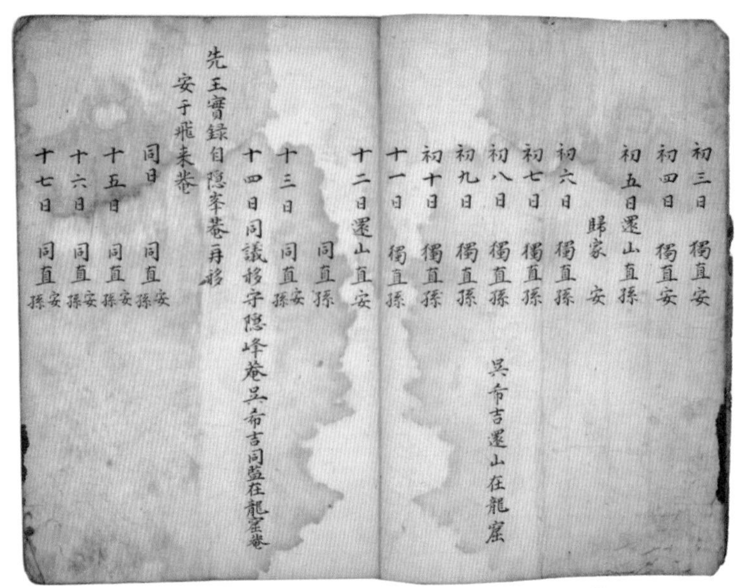

初三日 獨直安
初四日 獨直安
初五日還山直孫
歸家 安
初六日 獨直孫
初七日 獨直孫
初八日 獨直孫
吳希吉還山在龍窟
初九日 獨直孫
初十日 獨直孫
十一日 獨直孫
十二日還山直安
同直孫
十三日 同直孫安
十四日同議移守隱峯菴吳希吉同監在龍窟菴
先王實錄自隱峯菴再移
安于飛來菴
同日 同直孫安
十五日 同直孫安
十六日 同直孫安
十七日 同直孫安

『임계기사』 내 『수직상체일기』의 임진년 7월 부분. 7월 3일, 4일 안의 혼자 수직, 7월 5일 손홍록이 산으로 돌아와 수직하고, 안의는 귀가했음이 적혀 있다. 이어 7월 13일은 '孫安'(손안) 둘이 함께 수직했다. ▷정읍시립박물관

전주 경기전 정전에 봉안된 태조어진.

고령이었음에도 죽음에 이를 때까지 실록과 어진을 수호한 공로로 안의와 손홍록은 고향인 정읍 칠보면 시산리 남천사藍川祠에 배향됐다.

『수직상체일기』에는 무엇이 담겼나?

> "유학 안의와 손홍록은 평소 행실이 좋은 자들로 변란이 일어난 초기부터 내장산에 어진을 모셨는데 정성을 다하여 태만하지 않고 부지런히 수직했습니다. 자비로 양식과 말을 준비하여 천 리 길로 호종하여 함께 행재소에 도착했습니다. 그들의 충의가 가상합니다."
>
> – 충청도검찰사 이산보가 임금에게 올린 보고문

『임계기사』에 수록된 『수직상체일기』에 의하면 첫날인 임진년 6월 22일의 경우 "어진과 실록을 흉적을 피해 전주부에서 내장산 은봉암으로 옮긴다"는 내용과 전라도관찰사 겸 순찰사 이광, 도사 최철견崔鐵堅, 삼례찰방 윤길尹趌, 참봉 오희길과 유인, 수직 유생 안의 손홍록 등의 이름이 가지런하게 기록돼 있다. 이들이 이안 책임자였던 셈이다.

『조선왕조실록』은 6월 22일 처음 내장산 용굴암에 보관했다가 바로 은봉암으로 옮겼으며, 7월 1일 태조어진을 용굴암에 보관했다. 이어 7월 14일 실록을 은봉암에서 비래암으로 옮기고 9월 28일 태조어진을 용굴암에서 비래암으로 옮겼다.

이듬해인 1593년 7월 9일 마침내 내장산을 떠난다. 『수직상체일기』는 다음날인 10일 "정읍현에 머무르고 있으며, 손홍록이 돌아와 안의와 함께 지킴", 11일 "정읍현부터 배행하여 태인현에서 유숙함, 차사원差使員[7] 유탁兪

7 임금이 중요한 임무를 맡겨 파견하던 임시 벼슬.

정족산사고본 중 『세종실록』. 본래 전주사고에 있던 것으로 두 선비 덕에 무사히 전해 내려올 수 있었다. ▷서울대 규장각

濯, 참봉 구정려仇廷呂 지킴, 안의 손홍록은 집에 돌아가 노자를 준비함"이라고 적고 있다. 실록 이안 과정의 모든 비용 또한 안의와 손홍록이 자체적으로 마련한 것이다. 정읍현을 거쳐 아산현에 있을 때인 7월 25일 『수직상체일기』는 끝난다. 여기에 안의와 손홍록의 '중홍6책'이라는 상소문, 정읍현감 유탁과 충청도 검찰사 이산보의 보고문 등 관련 문서들이 뒤에 덧붙여진 것을 통틀어 『임계기사』라 한다.

수직상체일기를 분석해보면 안, 손 두 선비는 실록을 내장산으로 옮긴 6월 22일부터 383일을 교대로 한 명씩 또는 둘이 함께 노구를 이끌고 매일 밤 불침번을 섰다. 안의 혼자 지킨 날이 174일, 손홍록 혼자 지킨 날이 143일, 함께 숙직한 일수는 66일이었다. 그러니까 1592년 6월 22일부터 1593년 7월 9일까지 총 383일 동안 내장산에서 실록과 어진 곁을 밤새 지켰다. 이에 비해 경기전 참봉들은 전주와 내장산을 오가느라 수직하지 않은 날도 많았다. 가끔 중앙의 관리가 와서 보관상태를 점검하기도 했다. 임진년 11월 20일에는 상촌 신흠申欽, 1566~1628[8]이 찾아와 내장사에서 하루 묵은 뒤 이튿날 태조어진을 점검하고 예를 표시한 뒤 돌아갔다.

1597년 8월 20일 전주성이 함락되고 전주사고 건물은 불탔지만 조정으

8 글을 잘 지어 월사 이정구李廷龜, 계곡 장유張維, 택당 이식李植과 함께 조선 중기 4대 문장가로 꼽힌다. 훗날 영의정에 오른다.

로 인계된 전주사고본은 아산에서 해주, 강화를 거쳐 평안도 묘향산 보현사로 무사히 이안됐다. 이어 전쟁이 끝난 1603년부터 1606년까지 3년 동안 태조부터 명종까지 13대 왕 실록을 다시 간행해 각 사고로 분산시켰다.

실록과 어진의 이동 경로를 정리하면 아래와 같다.

◈ 전주사고본 실록 이안

전주사고 → 정읍 내장산 용굴암(1592. 6.) → 은적암(1592. 6.) → 비래암(1592. 7.) → 정읍현 치소(1593. 7.) → 아산현 객사(1593. 7.) → 해주(1593. 8. 추정) → 강화도 (1596. 말경) → 영변 묘향산 보현사 별전(1597. 9.) → 강화도(1603. 5. 이후) → 한양(1603. 8.) → 강화사고(1606.)

◈ 경기전 태조어진 이안

전주 경기전 → 정읍 내장산 용굴암(1592. 7.) → 비래암(1592. 9.) → 정읍현 치소(1593. 7.) → 아산현 객사(1593. 7.) → 강화도(1596. 말경) → 영변 묘향산 보현사 별전(1597. 9.) → 전주 경기전(1614.)

- 이동희(2021)

안의·손홍록은 누구? 문화재 지킴이의 날, 선양 모임 만들어져

안의의 본관은 탐진耽津, 호는 물재勿齋이다. 전라북도 정읍시 옹동면에서 출생했다. 손홍록은 밀양 손씨로 호는 한계寒溪이며 전라북도 정읍시 칠보면에서 태어났다. 안의와 손홍록은 나이 차가 조금 있지만 태인현의 대유학자인 일재 이항李恒, 1499~1576 문하에서 동문수학한 제자였다. 왜적이 쳐

들어오자, 스승의 뜻을 받들어 김천일과 오봉 김제민金齊閔, 1527~1599, 도탄 변사정邊士貞, 1529~1596 등 여러 제자가 의병을 일으켰다. 정읍에서 태어난 동래부사 송상현도 이항의 문인으로 볼 수 있다.

안, 손 두 선비는 또 임진왜란 당시 의곡계운장義穀繼運將이 되어 군량 300석, 목화 1,000근, 종이 등을 모아 절반은 임금의 피난처인 의주 행재소에, 절반은 의병장 고경명, 최경회, 민여운閔汝雲 ?~1593의 진중에 보냈다.

좌찬성 정탁鄭琢은 실록과 어진 이안 및 수직의 공으로 이들에게 관직을 내려줄 것을 청했다. 1593년 안의는 선교랑宣敎郎 활인서 별제活人署 別提[9]에, 손홍록은 선무랑宣務郎 사포서司圃署[10] 별제別提에 제수됐다. 둘 다 실제 벼슬길에 나가지는 않았다.

조선의 사관史官은 학식이 뛰어나며 문벌까지 좋은 당대 최고의 엘리트가 선발됐다. 그런 만큼 자부심 또한 대단했다. 일찍이 사관 김일손金馹孫, 1464~1498은 현덕왕후玄德王后, 1418~1441[11]의 능 복구를 건의하고 이극돈李克墩의 비행을 낱낱이 사초에 싣는 등 역사를 바르게 지키려다 목숨을 잃지 않았던가. 그러나 선조의 몽진 당시 조존세趙存世, 박정현朴鼎賢, 임취정任就正, 김선여金善餘 등 네 사관은 모의하여 사초를 불태우고 행렬에서 탈출한 기막힌 상황까지 빚어진 시기였다. 안의와 손홍록 두 선비가 있어 참으로 다행이었다.

이런 안의와 손홍록의 정신을 기리기 위해 2018년 기념일[12]이 만들어졌

---

9 병든 사람을 구호하고 치료하는 일을 담당하던 종6품 관직.

10 왕실의 밭과 채소 재배 등을 관장하는 곳.

11 문종의 비이자 단종의 어머니. 단종 복위사건으로 폐위되어 종묘에서 신주가 철거된다.

12 임진년 6월 22일은 음력 일이나 문화재지킴이의 날은 혼동을 피하기 위해 그냥 양력으로 정한 것이다.

'제2회 문화재지킴이의 날' 기념식. 국가유산청과 (사)한국문화재지킴이단체연합 공동주최 아래 2019년 정읍 내장산에서 열렸다. ▷국가유산청

다. 국가유산청은 매년 6월 22일을 '문화재지킴이의 날'로 제정하고 경복궁 수정전에서 선포식을 했다. 2019년엔 문화재지킴이의 본고장 내장산에서 기념행사를 성대하게 열었다. 문화재지킴이의 날인 2023년 6월 22일, 안의 손홍록을 기리기 위한 모임도 만들어졌다. 박영일 전 쌍용양회 대표, 안의와 문중 대표 안성 협씨, 손홍록 문중 대표 손상호씨, 이학수 정읍시장 등이 모여 서울 매헌윤봉길의사기념관에서 '안의·손홍록 선생 선양 모임' 창립식을 가졌다. 이들은 안의와 손홍록의 행적을 널리 알리고 선양하기 위해 이안 과정 웹툰 제작, 초상화 및 흉상 제작 등을 추진하는 한편 그들의 고향인 옹동면과 칠보면 소재 학교 장학사업을 펴나가기로 했다.

선양모임 창립식에 참여한 이학수 정읍시장은 인사말을 통해 "안의 손홍록 선생 같은 의롭고 용기 있는 행동은 우리 후손이 반드시 기리고 이어가야 할 정신"이라며 "이분들의 노고에 대해 절대 잊지 말아야 한다"라고 말했다.

실록은 어떻게 편찬됐나?

세계 최대의 단일 왕조 역사서인 『조선왕조실록』은 우리의 소중한 역사인 동시에 인류의 위대한 문화유산이기도 하다. 1973년 국보로 지정된 데 이어 1997년 『훈민정음』과 함께 유네스코 세계기록유산으로 등재됐다. 조선시대 제1대 왕 태조로부터 제25대 철종에 이르기까지, 25대 472년간의 역사를 연월일 순서에 따라 기록된 역사의 보고이다. 전 세계를 따져봐도 이렇게 장구한 세월에 걸쳐 객관성을 잃지 않고 상세하게 기록된 사례는 없다. 공정하고 철저하게 남기려는 준엄한 역사 의식, 숱한 전란 속에서도 이를 온전하게 지키려는 눈물겨운 헌신과 노력의 결정체이다. 고종과 순종의 실록도 있긴 하나 공식적인 『조선왕조실록』에 편입시키지 않는다. 일제의 간섭 아래 편찬돼 실록으로서의 가치를 상실했기 때문이다.

조선왕조실록의 편찬은 사관의 기록에서 시작된다. 사관은 평소 임금 곁에서 국정에 관한 모든 일을 꼼꼼하고도 소신껏 기록했는데 이를 사초史草라고 한다. 이 외에도 『승정원일기』[13], 『비변사등록』[14], 『일성록日省錄』[15], 『춘추관일기』, '조보朝報'[16] 등 공식 기록은 물론 개인의 일기나 문집에 이르기까지 방대한 자료가 실록의 기초 사료로 활용된다.

실록 편찬 작업은 선왕先王이 승하해서 다음 왕이 즉위하면 임시로 '실록청'이란 기관을 만들어 시작한다. 기초 사료 중 하나인 '사초'는 설령 임금이

13 임금의 비서기관인 승정원에서 매일 취급한 문서와 사건을 기록한 방대한 양의 일기. 총 3,243책이 전한다. 국보이며, 유네스코 세계기록유산이기도 하다. 서울대 규장각 소장.

14 선 중기 이후 국정의 최고 의결기관이었던 비변사에서 매일의 업무 내용을 기록한 책으로 사료적 가치가 매우 크다. 국보로 지정돼 있다. 서울대 규장각 소장.

15 왕의 입장에서 펴낸 일기. 국보인 동시에 유네스코 세계기록유산이다. 서울대 규장각 소장.

16 조선시대 국가에서 발행한 관보官報.

정세균 전 국무총리(뒷줄 왼쪽에서 다섯 번째)와 문중대표 등이 선양 모임 창립식을 갖고 있다.
▷정읍시

라 해도 볼 수도, 손댈 수도 없었다. 임금과 신하들의 잘잘못, 사관의 평가 등을 기록한 것이므로 사관 이외에는 아무도 볼 수 없도록 했다. 사관 자신 역시 사초 내용에 대한 비밀을 지켜야 했다. 이를 위해 사관에 대한 신분보장이 이루어졌다.

사초에 대한 비밀 유지의 원칙이 지켜지지 않은 경우가 있었는데, 바로 연산군이 일으킨 무오사화戊午士禍였다. 임진왜란으로 사초가 미흡했던 선조 때 그리고 당쟁이 심했던 시기, 실록이 부실하거나 공정성을 잃은 경우가 간혹 있었다. 그래서 『선조수정실록』, 『현종개수실록』, 『경종개수실록』이 발행됐다. 그렇지만 이 경우에도 『선조실록』, 『현종실록』, 『경종실록』을 없애지 않고 남겨둬 무엇이 달라졌나 살펴볼 수 있게 했다.

실록 편찬 작업이 마무리되면 시비를 없애기 위해 사초는 없앴다. 역사 왜곡을 막기 위한 엄격한 제도적 장치였다. 해당 왕의 사후에 실록 편찬 작업에 들어가는 것도 객관성을 담보하기 위한 것이다. 실록의 편찬은 역사의 기록인 동시에 왕에 대한 견제와 감시였다. 세계적으로 유례가 없는 500년 왕조를 지탱시킨 한 원천으로 꼽힌다.

사고는 어떻게 변천됐나?

세종대왕은 1439년세종 21 실록과 같은 국가 중요 문헌의 멸실滅失에 대비해 실록이 편찬될 때마다 네 부를 인쇄해서 한양 춘추관, 충청도 충주, 전라도 전주, 경상도 성주 등 네 개 사고史庫에 분산하여 보관토록 했다. 그러

일제강점기 때 찍은 강화 정족산사고.

봉화 태백산사고 내부.

평창 오대산사고. ▷조선고적도보

나 1592년 임진왜란 때 왜군의 진로 주변에 있었던 춘추관사고, 충주사고, 성주사고가 모조리 불에 타 없어졌다. 사람이 많이 사는 대처大處에 있다 보니 왜군의 표적이 되기 쉬웠고, 다른 건물에서 불이 쉽게 옮겨붙는 문제가 있었던 것이다.

다행히 전주사고본만은 안의, 손홍록 등의 노력에 힘입어 미리 내장산으로 옮겨졌다. 이듬해 해주, 강화, 묘향산 등으로 옮겨 다니며 가까스로 전란을 피해 1603년 강화부로 이전됐다. 전란을 수습한 조선은 유일하게 남은 전주사고본을 바탕으로 세 부를 더 찍어 인적이 드문 깊은 산 속에 보관하기로 방침을 바꾼다. 이렇게 해서 강화 태백산·오대산·묘향산사고가 새로 생겨 춘추관사고까지 더해 사고는 총 다섯 개가 된다. 본래의 전주사고본 원본은 강화도에 두고, 새로 찍은 세 부는 각각 춘추관, 태백산, 묘향산에 봉안된다. 오대산에는 전란 후 궁핍해서인지 교정쇄본[17]을 폐기하지 않고 그대로 오대산에 보관한다.

『조선왕조실록』 사고별 잔여 책 수 및 보관기관

사고	책 수	보관기관
강화 정족산사고본	1,187	서울대 규장각
봉화 태백산사고본	848	국가기록원 부산역사기록관
평창 오대산사고본	75	국립조선왕조실록박물관(평창)
무주 적상산사고본	4	국립중앙박물관(1책), 한국학중앙연구원(3책)
봉모당본	6	한국학중앙연구원
낙질 및 산엽본	99	서울대 규장각

17 교정을 위해 정식으로 발간하기 전 찍은 실록을 말한다. 현재 남아 있는 75책은 『성종실록』, 『중종실록』, 『선조실록』, 『효종실록』 일부이다. 이 중 『성종실록』, 『중종실록』은 교정쇄본이며, 임진왜란 후 발행된 『선조실록』, 『효종실록』은 정본이다.

인터뷰

이용찬 정읍 문화재지킴이 대표

"실록 이안 및 수직, 관 주도설은 잘못"

"안의·손홍록 두 분이 앞장서"

"실록, 어진의 이안과 수호가 조정 관리에 의해 이루어진 것이라는 일각의 주장은 현실과 동떨어진 것입니다. 오히려 관官이 안의와 손홍록을 보조했다고 봐야죠."

이용찬 정읍 문화재지킴이 대표는 실록과 어진 이안에 대해 안의와 손홍록 즉 민民이 주도했다는 입장이다.

현재 지배적인 시각은 관이 이안 및 수직을 주도하고, 민이 협력했다는 것이다. 당시의 정황과 일부 기록으로 볼 때 호남은 아직 행정력이 온전한데 실록과 어진이라는 중요 물건을 민이 앞장서 이안했다는 것은 어불성설이라는 논리에서다.

이 대표가 내세우는 '안의 손홍록 주도설'의 근거 중 하나. 안의 종고조부 從高祖父 안지安止, 1377~1464 세종 때 예문관 대제학으로 〈용비어천가龍飛御天歌〉를 지었던 인물 중 한 명이자, 처음 전주 경기전에 실록을 이안했던 '실록배행차사원'이었다. 이런 인연 때문에 안의가 임진왜란 당시 경기전으로 달려가 실록을 안전한 곳으로 옮겨야 한다고 적극 나섰다. 기록이나 정황상 실록 수호에 대한 책임이 자신의 문중에 있다고 생각했다는 것이다.

그는 "설령 이안과 수직을 관이 주도했다고 해도 1년여 동안 곁에서 실제

로 지킨 것은 안의와 손홍록이잖아요. 실록 수호에 있어 두 분의 공로는 절대적입니다. 지금의 문화재지킴이 역시 두 분이 시대를 뛰어넘어 앞서 실천하셨던 것을 제도적으로 따라가고 있는 것이거든요."

이 대표는 2014년, 2019년 두 차례 실록 이안에 대한 논문을 학계에 발표해 그동안의 오류를 바로잡는 데 앞장섰다. 또 관련 연구와 활동을 통해 안의, 손홍록 행적을 널리 알리고 선양에 기여한 공로로 문화재지킴의 날 선포식 때 국가유산청으로부터 탐진 안씨, 밀양 손씨 두 문중의 직계 후손과 함께 유공자 표창을 받았다.

2
노인『금계일기』

목숨 건 긴장·불안·초조의 포로 탈출기
노인, 3개 전쟁 당사국 모두 경험
중국 거쳐 천신만고 끝 극적 귀환

금계錦溪 노인魯認, 1566~1622은 임진왜란 때 의병장으로 활약했다. 정유재란이 일어나자 전쟁에 또 참여했다가 왜군에게 붙잡혀 일본으로 끌려가 포로 생활을 한다. 천신만고 끝에 명나라로 탈출해 2년 4개월 만에 다시 조선으로 돌아온다. 그는 이때의 여정을 일기 형식으로 기록한『금계일기錦溪日記』를 남긴다.

거평사 내 노인 초상.

노인은 특히 다른 포로와 달리 중국을 경유함으로써 전쟁 당사국인 한·중·일 삼국을 모두 체험한 이력을 지녔다. 본래 해외에서 지낸 전 기간 일기를 썼을 것으로 추측되지만 현재 앞

뒤가 유실된 채 1599년 2월 21일부터 6월 27일까지 약 4개월분만 남아 있다. 그럼에도 긴박한 탈출 과정과 중국에서의 생생한 체험 등이 풍부하게 담겨 있어 16세기 한·중·일 삼국의 시대 상황을 살필 수 있는 중요한 자료로 평가된다. 1963년 보물로 지정됐다.

노인 모신 사당, 나주 거평사

2023년 3월 전라남도 나주시 문평면 동원리 '거평사居平祠'를 찾았다. 나주시 문화해설사 임태영 씨의 안내를 받아서이다. 거평사는 다소 부지가 좁아 보였지만 정갈하게 잘 관리되고 있었다. 선조를 받드는 함평 노씨 후손들의 정성을 짐작하고도 남음이 있다. 미리 연락돼 있었던 듯 후손 노판규 씨가 와서 굳게 잠겨 있던 문을 열어 일행을 반갑게 맞아주었다.

"거평사는 1789년 금계공錦溪公 탄생지인 무학산 기슭에 금계사라는 이름으로 처음 창건됐습니다. 1814년 노인의 9대조 무열공武烈公 악은岳隱 노신魯愼, 1336~?을 추가로 배향하면서 거평사로 이름을 고쳤어요."

김시습의 한문소설집 『금오신화』 중 「만복사저포기(萬福寺樗蒲記)」의 배경이 됐던 전북 남원시 왕정동 만복사 터. 고려시대를 대표하는 큰 절이었으나 남원성전투 때 왜군이 불을 질러 폐사됐다.

현재는 〈당포전양승첩도唐浦前洋勝捷圖〉[1]를 하사받은 관암 노홍魯鴻, 1561~1619 등 4위를 모시고 있다. 사당 안에는 노인의 초상이 걸려 있다. '증 자헌대부병조판서'라는 추증 관직이 적혀 있다. 물론 초상은 당대의 것이 아니고 후손들이 제향을 위해 상상하여 제작한 것이다.

임태영씨의 설명이다. "금계공은 학식이 높아 당시 일본의 스님과 관리, 중국의 사신 등 여러 사람과 교류를 했고, 이것을 인연으로 탈출할 수 있겠다는 희망을 품게 됩니다. 중국 황제의 허가를 받아 귀국하고 마침내 고향으로 돌아가기까지 파란만장한 삶을 살았습니다."

『금계일기』 1, 탈출과 중국 생활

1597년 정유재란 때이다. 왜군은 7월 16일 칠천량해전에서 조선 수군을 완벽하게 제압하고 거침없이 호남으로 향한다. 도원수 권율은 왜군이 남원으로 이동한다는 첩보를 접하고 8월 10일 노인에게 지원군을 이끌고 남원성으로 가도록 한다. 노인은 의병장으로 활약하다 하동에서 권율 장군을 돕고 있었다. 하지만 8월 16일 성이 함락돼 1만여 명에 이르는 성안의 군사와 백성 모두 처참하게 목숨을 잃고 만다. 노인은 함락 전인 8월 15일 화살에 맞고 쓰러져 왜군의 포로가 된다. 일본으로 이송되는 도중에 자결하려고 했지만, 몸이 묶여 뜻을 이룰 수 없었다. 노인은 순천, 쓰시마對馬島를 거쳐 시고쿠四國 와텐슈和天州에 끌려가 19개월 동안의 포로 생활을 시작한다.

적국에 끌려간 포로 생활이야 뻔한 것. 이루 다 말할 수 없을 만큼 고초가 심했다. 하지만 노인이 글을 잘 쓰고 학식이 높다는 소문이 조금씩 퍼지면서 그는 많은 사람과 사귄다. 일본 승려와 관리는 노인에게 부채를 들고

1 1604년 임진왜란 직후 벌어졌던 당포전 승리를 기념해 제작된 것으로 노홍, 노인, 신여량申汝樑, 1564~1593 등 27명의 이름이 적혀 있다.

와 글씨와 시를 써달라고 부탁했다. 노인은 그들이 두고 간 돈을 모아 통역관을 매수하고 일본의 지세와 군사 정보 등을 꼼꼼하게 기록해 나간다. 노인은 이때 명나라 사신 수행원 진병산陳屛山을 알게 되고, 이를 이용해 탈출하기로 결심한다. 목숨을 걸어야 하는 일이었다. 『금계일기』에는 이때 겪은 초조와 불안, 공포 등 심적 고초가 오롯이 담겨 있다.

> "노학老瘧[2]이 걸린 듯 눈물을 흘리며 신음하는데 진병산이 나를 보고 말하기를 '대장부의 의지가 어찌 아녀자 같으시오?' 하매, 내가 대답하기를 '곰곰이 생각하니 갈 길은 멀고, 몸은 아프니 눈물이 절로 흐릅니다'라고 하였다. 진병산이 말하기를 '내가 실언하는 사람은 아니니 의심하지 말고 믿으십시오'라고 하였다."
>
> – 한국고전종합DB: 『금계일기』 1599년 3월 1일

> "맑음. 진병산은 들킬까 두려우니 내게 글을 쓰지 말라고 한다. 일을 꾀함에 조심하는 것이므로 감격했다. 꿈에 부모와 처자를 보았다."
>
> – 『금계일기』 1599년 3월 6일

수많은 사람의 코가 잘리고 주검이 산하에 널려 있다시피 한, 사람 목숨을 마치 파리 목숨처럼 여기던 전쟁의 한가운데였다. 노인의 두려움은 극도에 이르렀다. 탈출 계획이 탄로 나지 않을까 하는 팽팽한 긴장과 불안, 고국 친지를 그리는 애끓는 향수 등이 그의 일기에 잘 나타나 있다.

노인은 이후 3월 16일까지 일본군의 명나라 함선 수색에 대비해 미리 거룻배를 타고 먼저 섬에 나가 있다가 수색을 마치고 나온 중국 배에 옮겨 타는

2 학질의 하나. 잘 낫지 않고 이틀 걸러 발작한다고 하여 '이틀거리'라고도 한다.

묘책 등 탈출 준비에 대해 서술한다. 중국 배에 몰래 탄 조선 사람이 발각돼 죽은 일이 있었다는 이야기를 진병산으로부터 들은 터여서 노인은 조심 또 조심했다.

결국 노인은 1599년 3월 17일 중국 관리의 도움을 받아 중국으로 가는 배에 올라탔다. 임진왜란 때 포로 생활을 하며 기록을 남긴 이는 노인 외에 『간양록』을 집필한 강항, 『월봉해상록月峯海上錄』을 남긴 정희득鄭希得, 1573~1623[3] 등이 있다. 하지만 이들은 일본의 허락을 얻어 귀환하며 그래서 그 과정에 대한 기록도 짧다. 이에 비해 노인은 목숨을 걸고 몰래 탈출하는 모험을 감행한다. 노인은 열흘 만인 3월 28일 천신만고 끝에 중국 푸젠성福建省 장저우漳州에 도착한다. 그는 취안저우泉州를 거쳐 푸조우福州에 와서 일기가 끊기는 6월 27일까지 중국에서 생활하며 여러 기록을 남긴다. 노인은 양현사서원兩賢祠書院[4]의 강학에 참여해서 중국 유생과 시를 주고받고, 학문에 대해 토론한다. 중국의 풍경과 풍속에 대해서도 여러 기록을 남긴다.

그러나 노인은 중국에 체류하는 중에도 고국으로 돌아가는 꿈을 여러 차례 꾸고 눈물을 흘릴 정도로 고향 생각이 한시도 머리에서 떠나지 않았다. 그의 이런 마음은 네 차례나 쓴 '최귀문催歸文'[5]에 잘 나타나 있다.

현재 남아 있는 『금계일기』를 노정路程에 따라 크게 구분해 표로 나타내면 아래와 같다.

노정	기간	주요내용
일본 억류	2월 21~3월 16일	중국인들과 탈출 준비
중국으로의 항해	3월 17일~3월 28일	3월 17일 항해 시작 3월 28일 중국 복건성 도착
중국 생활	3월 29일~6월 27일	중국인과의 교유 최귀문催歸文 작성 5월 12일부터 양현사서원의 강학 참여

▷김미선(2013)

『금계일기』 2, 마침내 귀국

"집안의 친척은 다 죽어 간과 뇌가 땅바닥에 버려져 여우와 이리 밥이 되었을 것이니, 생각하면 피눈물이 흐르며 오장이 찢어지고 혼이 나가 미칠 것만 같아 세상이 깜깜합니다. 어서 돌아가 금년 겨울 눈이 내리기 전에 부모의 백골을 거두어 장사지내고 싶을 뿐입니다. 원수 갚을 계책을 준비하고자 합니다."

-『금계일기』 1599일 4월 14일 최귀문의 일부

노인은 네 개의 최귀문 중 첫 번째 글에서 '간과 뇌', '여우와 이리 밥', '피눈물이 흐르고 오장이 찢어지고 미칠 것만 같아' 등 격한 단어를 동원한다. 상대를 설득하기 위한 것이지만 그의 심정은 실제 그러고도 남았을 것이다. 부모의 장사를 지내고 원수 갚을 준비를 해야 하니 고국으로 돌려보내 달라고 명나라 관리들에게 통사정하는 것이다.

세 번째 최귀문에서는 약간 논리를 바꾼다. 조선에 표류했던 중국인을 조선이 본국에 돌려보냈던 세 가지 사례를 자세히 들어가며 조선이 그랬던 것처럼 명나라도 자신을 돌려보내야 한다는 당위성을 피력하고 있다. 『금계일기』 1599년 4월 26일 자에서 "천하제일 중국의 도량으로 볼 때 외로운 이내 몸을 돌려보내는 것이 뭐 어렵겠느냐"라고 상대를 치켜세우며 인정에 호소한다.

최귀문에는 고국에 돌아가고 싶은 절절한 마음이 잘 나타나 있다. 전쟁

---

3 1597년 9월 27일 형 정경득鄭慶得, 조카 정호인鄭好仁 등과 함께 일본에 포로로 잡혀갔다가 1599년 6월 29일 귀국했다. 이때의 체험을 기록한 것이 『월봉해상록』이다.

4 주희朱熹가 복건성 무이산武夷山에 세운 '무이서원'과 같은 서원으로 짐작된다.

5 명나라 관리들에게 하루빨리 귀국을 허락해달라고 호소하는 글이다.

당시의 참혹한 상황, 자신의 처지, 돌아가야 하는 이유(부모의 유골 수습, 일본에 대한 복수 계책 수립), 보내 줘야 하는 당위성 등을 눈물로 호소하며 적극적인 아니 필사의 귀환 의지를 표출한다.

일기에 따르면 노인은 최종적으로 귀국 허가를 얻기까지 악몽에 시달리며 불안한 나날을 보낸다. 그는 고향 땅을 밟지 못하는 서글픈 심정, 임금과 부모 형제에 대한 그리움, 복수와 원한 등을 시로 표현한다. 때로는 꿈으로 나타나 눈물을 적신다. 포로의 신분으로 전쟁통에 떠도는 신세이니 그의 마음은 당연히 온갖 상념으로 가득했을 것이다. 마침내 5월 10일 중국 당국에서 장마가 그친 가을에 보내주겠다는 답을 보낸다.

노인은 비로소 안정을 되찾는다. 양현사서원에서 공부하며 필담으로 명나라 유생들과 활발하게 학문을 토론하고 시를 지어 주고받는다. 조선의 선비로서 유학의 본고장 중국에서 학문에 대한 관심을 충족시킬 수 있게 된 데 대해 기뻐하는 모습이 자주 등장한다. 노인은 서원의 유생들이 조문 가는 것을 보고 상례喪禮를 구경하고 싶다며 부탁해서 일부러 따라가기도 한다. 그는 상주의 차림새, 관의 모양, 명정銘旌[6]의 글귀, 식사 등을 관찰한 뒤 주자가례 및 조선의 상례와 비교해 상세하게 적는다. 또 성리학의 본고장인 중국에서 도교가 성행하는 데 대해서도 의문을 표시한다. 명나라의 과거, 세금, 군사, 종교 등 여러 제도와 풍속에 대해서도 상세하게 관찰해 기록을 남기고 있다.

노인은 1599년 7월 푸조우를 떠나 북경으로 향한다. 노인은 북경에서 신종神宗, 재위 1572~1620 황제에게 따로 소를 올린다. 최귀문과 비슷한 내용이다. 황제는 "그대의 충은 문천상文天祥과 같고, 절의는 소무蘇武와 같다"고 치

---

6 기다란 붉은색 천에 죽은 사람의 관직과 성씨 등을 적은 기. 장사 지낼 때 상여 앞에서 들고 가며 관널 위에 펴 묻는다.

하한다. 신종은 조선으로 돌아갈 수 있도록 말 한 필을 내려준다. 현재 노인의 무덤 오른쪽에는 이 사실을 기려 '신종황제 하사마비下賜馬碑'라는 비석과 함께 말 무덤이 따로 조성돼 있다. 노인은 마침내 북경, 산해관을 거쳐 압록강을 건너 1599년 12월 25일 꿈에 그리던 한양으로 돌아온다. 포로로 끌려간 지 2년 4개월여 만이다.

비극의 남원성 전투

"남원성을 공격하여 남녀노소 할 것 없이 모두 죽여서 성내에는 살아있는 사람이 없다." (1597년 8월 16일)

"성안으로 진을 이동하다 날이 밝아 성 주위를 보니 길바닥 위에 죽은 자가 모래알처럼 널려 있다. 눈 뜨고 볼 수 없는 처참한 상황이다." (1597년 8월 18일)

종군 의승 케이넨이 『조선일일기』에 쓴 목격담이다. 남원성전투는 2차 진주성전투와 함께 임진왜란 중 벌어진 최대 학살극 중 하나이다. 군사와 백성 등 무려 1만여 명이 사망했다.

남원은 일찍부터 왜적이 표적으로 삼은 요충지였다. 서쪽으로는 전라도 곡창지대가 펼쳐지고, 동쪽은 지리산 너머로 경상도를 넘나들기에 편하다. 섬진강을 따라 바다와 통해 일본을 오가기에 수월하다. 이에 정유재란 때에는 남원을 먼저 공략했다. 1597년 7월 칠천량해전으로 제해권을 확보한 왜군은 쉽게 섬진강을 거슬러 올라 구례를 거쳐 남원에 당도했다. 우군은 경상도를 가로질러 황석산성 지리산을 넘어 남원에서 합류하기로 했다. 남원에 대군을 집결시켜 호남을 장악하고 한양으로 북진할 계획이었다.

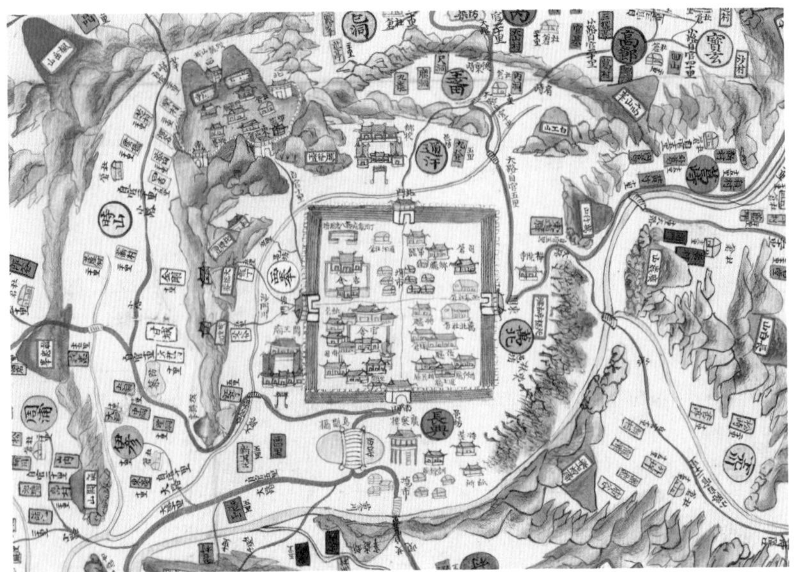

1872년 **남원부 지도.** 남원성 주위로 교룡산성, 향교, 선원사, 광한루, 관왕묘 등이 표시돼 있다.
▷서울대 규장각

정유재란 때 성이 함락되면서 1만여 명이 학살당했던 남원성.

물론 조명연합군은 낌새를 알아차렸다. 이에 조선군은 남원 서북쪽의 교룡산성에서 왜적을 맞고자 했다. 험난한 지형이어서 다수의 공격을 방어하기에 좋기 때문이었다. 하지만 지휘권을 가진 명나라 부총병副總兵 양원[7]은 산보다 들에서 싸우기를 좋아하는 기병 출신이었다. 그는 교룡산성 대신 평지읍성인 남원성으로 들어갔다.

1597년 8월 13일 총사령관 우키다 히데이에, 선봉장 고니시 유키나가 등이 이끄는 좌군 5만여 명이 남원읍성을 포위하고 공격을 개시했다. 남원성의 병력은 양원 지휘의 명군 3,000명과 전라병사 이복남李福男, ?~1597 지휘의 조선군 1,000명 등 겨우 4,000명이었다.

일본군은 조총을 쏘아대며 사방에서 조여왔다. 조명연합군은 화력이 센 총통으로 맞섰다. 8월 14일 남원성을 완전히 포위한 왜군은 인근 사찰과 민가에서 집, 목재 등을 약탈해 성 주위에 쌓고 성벽보다 높은 망루를 세워 공성 준비를 마쳤다. 8월 15일 왜군 공격이 본격적으로 시작됐다. 사방에서 총과 화살을 소나기처럼 퍼부으며 성을 넘었다.

> "여러 날 포위당하였는데 적의 형세는 더욱 성하여 호호탕탕하고 위급하기가 바람 탄 불과 빠른 우레 같았다. 점차 성에 다가와 더욱 공세를 퍼부으니 우리 형세는 다급하여 날마다 점점 외롭고 위태해 갔다. 성 내외의 명나라 병사들이 서로 부르짖기 시작하고, 우리나라 남녀 백성들도 동분서주하며 울었다. 적이 이것을 알고 공격을 배나 강화했다. 이날 밤 큰비가 오자, 적병은 어둠을 틈타 성을 공격하였는데 우리 군대와 중국 군대는 맞아 싸우느라 잠자고 밥 먹을

7 남원성이 함락될 때 기병 50명을 데리고 성을 탈출한다. 허나 이 일로 명군 경리 양호楊鎬에 의해 처형된다.

틈도 없었다."

– 한국고전번역원: 『대동야승』 중 「난중잡록」 3권, 정유년 8월 15일

악몽의 추석이었다. 일본군이 성안으로 쏟아져 들어와 닥치는 대로 칼을 휘둘렀다. 16일 새벽 남문과 서문이 왜군 수중에 떨어졌다. 조명연합군과 주민들은 혼란에 빠져 북문으로 몰렸다. 명의 양원은 휘하 기병 100여 명을 데리고 성을 탈출했다. 양원은 이때 성을 내주는 대가로 안전한 탈출을 보장받았다는 의심을 받는다. 이때의 일로 양원은 이듬해 처형당한다.

성안에 남은 조선군은 이복남의 지휘 아래 일본군과 맞서 필사적으로 싸웠으나 조선군, 명군은 물론 백성들까지 왜군의 잔인한 칼날 아래 모두 도륙당하고 만다. 1만여 명의 희생을 낸 채 8월 16일 함락됐다. 성에 쌓인 시신은 북문 밖 구덩이에 묻혔다. '만인의총萬人義塚'[8]이다.

18일 고니시 유키나가의 왜군은 전주로 향했다. 전주성을 지키고 있던 명의 유격장遊擊將 진우충陳愚衷과 전주부윤 박경신朴慶新은 성을 버리고 도망쳐 달아났다. 덕분에 왜군은 전주에 무혈 입성했다.

남원성전투와 거의 동시에 황석산성에서는 조선군과 가토 기요마사가 지휘하는 왜 우군과의 싸움이 벌어졌다. 안음현감 곽준郭䞭, 함양군수 조종도趙宗道 등 조선군은 험준한 지형을 이용하여 며칠 잘 막아냈으나 8월 17일 결국 점령당했다. 왜군은 북상하여 9월 충청남도 천안시 직산에 이르렀으나 직산 소사평에서 구로다 나가마사黑田長政가 부총병 해생이 지휘하던 명군 기병 부대에게 패했다. 또 바다에서는 명량해전에서 일본 수군이 이순신에게 패전하면서 보급로가 차단될까 우려한 왜군은 북상 계획을 포기하고

8 전북 남원시 향교동 소재. 당시 희생당한 1만여 명의 관리와 군사, 백성을 한곳에 합장한 곳이다.

퇴각하기 시작했다. 이후 왜군은 다시 북상하지 못한 채 남쪽 해안에 왜성을 쌓고 머물며 장기전 태세에 들어간다.

왜·명 체험한 노인의 복수 계책

임진·정유년의 참상을 몸소 보고 겪은 노인으로서는 왜적에 대한 원한이 뼈저리게 사무쳤을 것이다. 그래서 그는 나름의 복수책을 강구한다.

1599년 5월 16일 자 『금계일기』에는 중국 관리 서광악徐匡嶽과의 대화가 나온다. 서광악은 일본에 대한 복수 방법으로 "월越나라가 오吳나라를 보복할 때 10년 동안 군사와 물자를 모으고, 10년 동안 훈련시켜 단번에 오나라를 멸망시켰다"라는 사례를 제시한다. 그러나 노인은 "우리가 일본을 쳐들어가는 것은 월나라의 경우와 다르다"라며 반론을 제기한다. '오, 월 간 거리는 500리 정도로 가까운 데 비해 일본은 바다를 사이에 두고 만 리 밖에 있다, 또 왜인들은 배를 집으로 삼아 신출귀몰하고 목숨을 가볍게 여기고 독해서 싸우다가 죽는 것을 영광으로 생각한다, 그래서 전력을 기울여도 이기는 것은 쉽지 않다'라고 노인은 설명한다.

노인은 대신 나름의 계책을 만들어 구체적으로 제시한다. 대마도를 매수해서 간첩으로 이용하기, 10여 년 동안 부국강병에 힘쓰면서 군함 1,000여 척을 만들기, 명나라가 대마도, 일기도日岐島 등의 섬을 점령하고 기다리기, 왜적이 대군을 동원해 밀

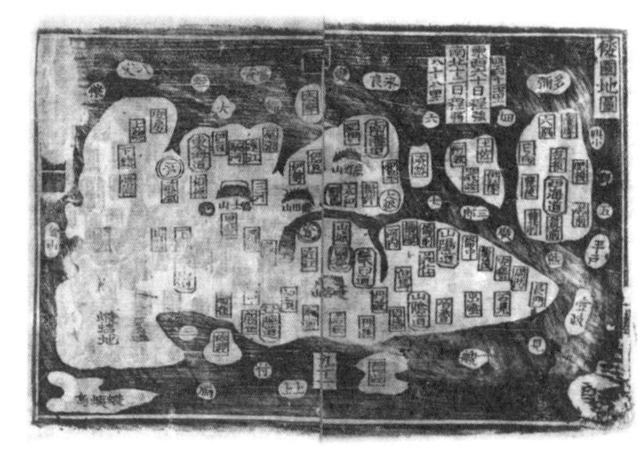

금계집에 수록된 일본 지도 〈왜국지도〉. 노인이 그린 것으로 전한다. ▷한민족문화대백과

어닥칠 때까지 몇 달이고 기다리기, 우리의 우수한 전함이 왜적을 전멸시키기 등이다. 요약하면 명나라와의 협력 아래 명군의 도서 점령, 첩보전, 조선군의 해전 준비, 부국강병 추진 등이다.

노인은 귀국 직전인 1599년 12월 선조에게 왜의 동정을 10가지로 정리하고 일본 지도까지 곁들인 서계書啓[9]를 올리기도 한다.(『선조실록 120권, 선조 32년 12월 25일) 이 역시 복수를 위한 것으로 노인은 왜군은 토루土壘라고 진지를 구축하는 데 우리보다 우수하다, 도쿠가와 이에야스德川家康가 내부 동요를 진정시키는 데 애쓰고 있다, 내부가 진정되면 도쿠가와는 모든 장수를 동원해 재침할 가능성이 크다, 왜군은 명나라와 조선의 병선兵船이 크고 대포 위력이 강해 두려워한다, 명 해안 지방은 왜구 방어에 힘쓰고 있다 등을 적었다. 중국과 일본의 내부 상황, 왜의 재침 가능성 등을 지적하면서 전쟁 준비에 힘쓸 것을 제안하는 내용이다.

노인은 누구? 포로 생활 기록 남겨

노인은 17세에 진사시에 합격하고 향촌 사족으로 살고 있던 차에 임진왜란이 일어나자, 100여 명을 규합해 의병을 일으켰다. 기록이 다소 미흡하지만, 노인은 권율 장군의 요청으로 바로 의병을 이끌고 휘하에 들어가 전쟁에 참여한다. 그는 이때부터 권율 장군과 함께 여러 전투를 치른다. 이치대첩 때에는 황진 장군과 함께 선봉에서 치열한 전투를 벌여 이치전투를 승리로 이끄는 데 공헌했다. 이후 행주대첩에도 권율의 휘하 장수로 참여해 공을 세운다. 1594년 강화협상으로 전쟁이 소강상태에 이르자, 고향으로 돌아가 부모를 봉양했으며, 정유재란으로 다시 권율 군에 합류했다.

---

9 『선조실록』 선조 32년 12월 25일 두 번째 기사에 '전별제 노인 서계, 헌십조前別提 魯認書啓, 獻十條'라는 제목으로 실려 있다.

일본에 포로로 끌려갔다가 살아 돌아온 기록으로는 강항의 『간양록』과 정희득의 『월봉해상록』, 정경득鄭慶得의 『만사록萬死錄』[10], 정호인鄭好仁의 『정유피란기丁酉避亂記』[11]가 대표적이다. 앞서 성종 때인 1487년 최부崔溥, 1454~1504가 중국에 표류하여 돌아온 뒤 일기체 형식의 기행문인 『표해록漂海錄』을 남겼는데 최부 역시 나주 사람이다.

후손 노판규 씨가 '거평사'에서 노인의 복수 계책에 대해 설명하고 있다.

노인의 11대손이자 함평 노씨 문평 문중 회장 노병식 씨는 "명 황제 신종이 금계공의 학식에 감탄해서 해동부자海東夫子[12]라고 칭하며 말 한 필에 마부까지 딸려 보냈을 정도로 뛰어났던 분"이라며 "파란만장한 생을 보냈음에도 만년에는 문평 고막강에 보를 쌓아 인근 백성이 안심하고 농사를 짓도록 했다"라고 덕을 칭송했다.

노인은 이이李珥의 문인이며 월사 이정구李廷龜, 한음 이덕형, 수은 강항 등과 교유했다.

10 정유재란 때 영광에서 왜군에게 붙잡혀 1597년 8월부터 1599년 7월까지 2년 동안 일본에서 포로 생활을 했고, 이때 있었던 일을 기록한 것이다.

11 1597년 8월 12일부터 귀국 후인 1599년 7월 23일까지의 일들을 일기日記로 적고, '왜국풍물기倭國風物記' 등을 첨부했다. 정희득, 정경득, 정호인은 같은 날 포로로 잡혀간 일족이어서 이들이 남긴 세 기록은 비슷한 점이 많다.

12 덕행이 높아 모든 사람의 스승이 될만한 사람에 대한 존칭.

◈ 노인의 생애

1566년(명종 21)	전남 나주시 문평면 북동리에서 출생
1582년(선조 15)	진사시 합격
1592년(선조 25)	의병 창의
1597년(선조 30) 8월	일본군에 붙잡힘
1599년(선조 32)	3월 17일 중국으로 탈출
1599년(선조 33) 12월	한양 귀환
1603년(선조 36)	선전관
1605년(선조 38)	수원부사
1607년(선조 40)	황해수사
1622년(광해군 14)	사망

3
강항 『간양록』

조선인 포로, 왜에 주자학을 전수하다
강항, 충절 가득한 『간양록』 남겨
고국에 정보, 방책 몰래 전달해

수은睡隱 강항姜沆, 1567~1618은 정유재란 당시 가족들과 함께 왜군에게 붙잡혀 포로로 끌려갔다. 강항은 억류 생활을 하면서 『간양록看羊錄』을 써 남겼다. 『간양록』은 일기 또는 포로 체험기라 볼 수 있지만, 오히려 적국에 대한 방대한 정보를 수집해 보고하고 이에 근거해 여러 방책을 제시한 기록물이란 성격이 훨씬 강하다. 목숨이 경각에 달린 포로 신세지만 어떻게든 고국에 도움이 되려 애쓴 간절한 충정이 『간양록』 전편에 걸쳐 오롯이 담겨 있다.

강항 초상.

강항은 이처럼 '조선의 관리'였지만 왜의 지식인과 교류하면서 성리학의 씨

앗을 뿌린 학자이기도 했다. 강항은 전쟁이 끝난 뒤 한 많은 2년 8개월 동안의 포로 생활을 마감하고 귀국한다.

조용필 노래에 등장하는 『간양록』

이국 땅 삼경이면 밤마다 찬 서리고
어버이 한숨 쉬는 새벽달일세
마음은 바람 따라 고향으로 가는데
선영 뒷산에 잡초는 누가 뜯으리
(…)
피눈물로 한 줄 한 줄 간양록을 적으니
임 그린 뜻 바다 되어 하늘에 닿을세라.

신봉승 작사, 조용필 작곡, 조용필 노래의 〈간양록〉이다. MBC가 1980년 방영한 드라마 〈간양록〉의 주제가이다. 이 노래의 가사는 강항이 남긴 『간양록』에 실려 있는데, 이엽李曄 장군이 포로 생활 중 지은 시를 소재로 만든 노래이다. 강항이 직접 지은 시는 아니지만, 적국에 강제로 끌려와 살아서 돌아갈 수 있을지 기약할 수 없는 상황에서 고향을 그리워하는 심정은 강항과 이엽이 똑같았을 것이다. 부모의 묘를 돌보지 못하는 포로의 한숨이 사뭇 여기까지 들리는 듯하며, 시에는 이들의 눈물이 대롱대롱 매달려 있다.

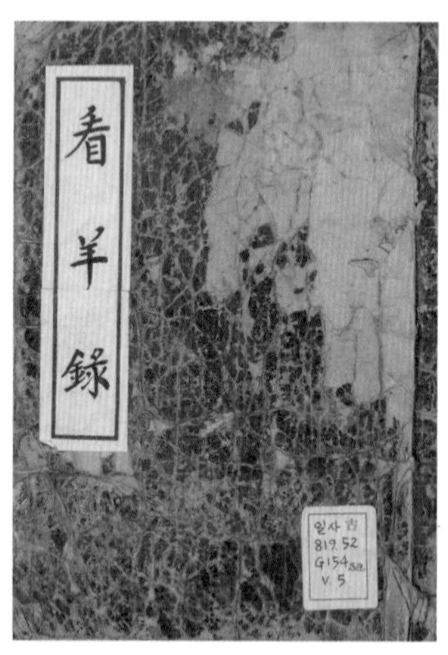

『간양록』. ▷서울대 규장각 한국학연구원

종합 정세분석 보고서 『간양록』

『간양록』은 1597년 9월부터 1600년 5월까지 포로 생활 중 쓴 글과 귀국 후 쓴 글 등을 한 데 모아 정리한 책이다. 강항 자신이 붙인 『간양록』의 본래 제목은 '건거록巾車錄'이었다.

'건거巾車'는 죄인을 태우는 수레이니 적군에 사로잡혀 끌려가 생명을 부지한 자신을 죄인으로 자처하는 의미가 담겨 있다. 그러나 강항이 세상을 떠난 뒤인 1654년 그의 제자들이 책을 펴내면서 제목을 '간양록'으로 바꿨다는 사실이 윤순거尹舜擧, 1596~1668가 쓴 발문跋文에 나온다.

'간양看羊'은 글자 그대로 풀이하면 '양을 돌본다'는 뜻이다. 중국 한나라 무제 때 흉노에 사신으로 갔다가 억류되어 흉노 왕의 회유를 거부하고 양 치는 노역을 하다가 19년 만에 돌아온 소무蘇武의 고사에서 충절을 뜻하는 말이 됐다. "적국에서조차 나라와 임금을 위해 엄청난 정보를 수집하고 글을 써 고국으로 보낸 스승이 어찌 죄인일 수 있느냐"라며 제자들이 충신으로 바꾼 것이다.

『간양록』은 임진왜란 때 포로가 되어 남긴 기록물 즉, 노인의 『금계일기』, 정희득의 『월봉해상록』 등과 구성이나 내용이 크게 다르다. 『간양록』의 구성을 보면 크게 '적중봉소賊中封疏'[1], '적중문견록賊中聞見錄', '고부인격告俘人檄'[2], '예승정원계사詣承政院啓辭'[3], '섭란사적涉亂事迹'[4] 등 다섯 편의 글에 제자 윤순거가 쓴 발문으로 이루어졌다. 즉 소, 록, 격문檄文, 계사, 일기섭란사적 등 다섯 가지 형태의 글로 구성된 것이다. 『금계일기』, 『월봉해상록』 등이 일

---

1 적국에서 올린 상소란 뜻이다.

2 왜에 잡혀간 포로에게 고하는 글이란 뜻.

3 귀국하여 임금께 올린 글이란 뜻.

4 난을 당하여 겪은 일이란 뜻.

기 중심인 데 비해 『간양록』은 '왜'라는 적국의 여러 정보를 수집해 본국에 알리는 보고서 성격이 강하다. 『간양록』 중 '적중봉소'와 '적중문견록'의 비중이 가장 크다는 것이 이를 증명한다.

적중봉소

'적중봉소'는 강항이 포로로 있는 동안 왜의 지리와 군사시설을 비롯한 적정敵情을 상세하게 살핀 뒤 이를 꼼꼼하게 적어 선조에게 몰래 올린 소疏이다. 강항은 이 소를 1598년과 1599년 세 통 써서 각기 다른 사람을 통해 보냈다. 이 중 중국인 왕건공王建功을 통한 소가 조정에 전달돼 『선조실록』 선조 32년1599년 4월 15일 기사에 실려 있다.

이 소는 처음 강항이 붙잡혀 왜로 끌려가는 과정과 거주 생활에 대해 간단하게 적고 있다. 이어 왜의 역사, 지리, 정세政勢, 군사제도 등 나름 적국에 대해 탐색한 내용을 놀랄 만큼 자세히 담고 있다. 또 조선의 각종 제도와 정책을 사례를 들어 하나하나 비판하고 개선책을 제시하는 부분도 있다. 비록 전쟁이 끝났지만 향후 있을 국난에 대비하고 부국강병을 이루었으면 하는 그의 간절한 충심이 담겨 있다. 유성룡의 『징비록』과 비슷한 동기라고 할 수 있다.

예컨대 강항은 "전하께서는 장수 하나를 내실 때에도 신중히 생각하셔서 문관이든 무관이든 국한하지 마시고, 품계와 격식으로 예를 삼지도 마시고, 고루한 신의와 사소한 덕행도 묻지 마시고, 이름난 가문을 택하지도 마소서"라고 지적하며 그간의 인재 기용 방식에 대한 절절한 안타까움과 소망을 토로한다.

"이순신은 수로水路의 장성長城입니다. 죄상이 나타나지도 아니했는데 마침내 옥에 잡아넣고, 원균으로 그 임무를 대행하게 하였으니, 불가합니다"라며 이순신의 파직에 대해 비판한다. 그는 또 칠천량해전과 명량해전을

전남 영광군 불갑면 '내산서원'. 강항의 고향에 세워졌으며, 강항과 제자 윤순거를 배향하고 있다.

들어 원균과 이순신의 작전 및 통솔력을 비교하기도 한다.

이밖에 대마도 사정 보고, 조선과 왜의 축성술, 봉화烽火제도 등 포로 신분으로 이만큼 쓴다는 것이 가능한지 의문이 들 정도로 다양하고 방대한 내용을 담고 있다.

적중문견록

'적중문견록'은 귀국 후 왜에서 보고 들은 것을 구체적으로 적어 조정에 바친 글이다. 적국과 대결하는 데 있어 꼭 필요한 정보를 담아 만든 종합보고서인 셈이다. '왜국백관도倭國百官圖', '왜국팔도육십육주도倭國八道六十六州圖', '임진정유입구제장왜수壬辰丁酉入寇諸將倭數' 세 부분으로 이루어져 있다. '왜국팔도육십육주도'는 왜의 8도 66주에 대해 각주의 관할 지역, 땅의 특징, 곡식 소출, 지배자의 이름, 사회경제적 수준 등을 하나하나 적고 있다. 강항이 일본 승려로부터 자료를 구해 이를 베껴 쓴 뒤 보충 설명을 한 것이다.

'임진정유입구제장왜수'는 임진왜란 때 조선을 침략했던 여러 장수에 설명했는데 특히 도요토미 히데요시의 성장 과정부터 성격, 출세 과정, 일화 등에 대해 자세히 적고 있다. 새로 유력 지배자로 떠오른 도쿠가와 이에야스에 대해서도 많은 부분을 할애하고 있다.

> "가강家康이라는 사람은 관동關東의 대수大帥이다. (…) 그 사람됨이 날쌔고 사나워 싸움을 잘하는 까닭에 온 나라 사람이 감히 그 서슬에 맞서지 못했다. (…) 심중深重하고 침착하여 말이 적으며, 얼굴과 모양이 풍후豐厚하고, 마음속이 대단히 깊다. 수길[5]이 살아 있을 적부터 자못 군중의 환심을 샀는데, 급기야 수길을 대신하면서부터는 왜인들의 소망에 차지 못하였다. 수길은 성城을 공격하여 적을 쳐부수다가도 적이 이미 항복하고 나면 즉시 원한을 잊어버리고 성지城池와 민사民社를 일체 침탈하지 않고, 더러는 다른 고을을 가져다가 도와주기도 하였다. 그러나 가강은 은연중에 은혜와 원한을 행사하여, 한번 서로 반목이 되는 날에는 반드시 사지死地에다 넣고서야 만다. 그러므로 모든 추장酋長들이 힘을 두려워하여 겉으로는 복종하지만 한 사람도 심복하는 사람은 없었다고 한다."
>
> – 한국고전종합 DB: 『간양록』

도쿠가와의 가계, 식읍, 성품을 간략하게 적었고 위 인용에서 빠졌지만 도요토미와 대립했다가 싸움에서 져 화친을 맺고 복종한 일, 후계자로 정하는 상황, 영지가 250석이라고 하지만 실제로는 훨씬 더 많을 것이라는 등의 정보도 담고 있다. 또 도쿠가와에게 진심으로 복종하는 장수가 없다고 말하며 왜에서 내란의 조짐이 생기면 조선 재침으로 이어질 가능성이 있다는 점을 경고하고 있다. 이는 강항이 일본 내부에 거주하고 있었기에 접할 수 있

5 도요토미 히데요시

는 내밀한 최신 정보였으며, 처음부터 적국의 정보를 적극 수집하고 염탐하려는 목적 의식이 강했다는 점을 나타낸다.

고부인격

'고부인격'은 왜에 잡혀온 조선의 포로들에게 용기를 잃지 말라고 당부하는 비교적 짧은 글이다. 글 뒷부분을 소개하면 "저 산 저 봉우리를 오르면 부모 생각이 나고, 어느 물 어느 언덕은 어릴 적에 낚시질하고 놀던 곳이 아니던가? 쓸쓸한 비, 쇠잔한 연기 어느 것 하나 마음 상하게 하는 풍경 아닐까. 우는 닭과 짖는 개도 모두 애끊는 소리를 하는구나. 선영先塋의 우거진 풀에 누가 한 그릇의 보리밥을 올리며, 황량한 논밭의 곡식은 누가 거둬들이랴! 아득한 심정이지만 어찌 답답히 앉아만 있겠는가? (…) 돈이 있으면 귀신도 부릴 수 있으니 동해에 어찌 다리가 없음을 걱정하랴. 작은 배를 타는 일도 어렵지 않으니, 서풍이 반드시 힘을 빌려줄 것이다. 성패는 하늘에 달린 것이라, 비록 앞일을 내다보지 못하지만 정성이 있으면 꼭 성공할 것이니 힘을 모으라." 절로 눈물이 흐르고 힘이 솟는 명문名文이다.

예승정원계사

'예승정원계사'는 '적중봉소', '적중문견록'과 달리 귀국 후 한양으로 올라가 왕명에 의해 왜의 사정에 대해 써 올린 글이다. 위의 글과 중복을 피해 일본인의 특성과 풍속, 사회상 등에 대해 적고 있다.

예컨대 왜는 조선과 달리 장인匠人을 우대하며, 아무리 하찮은 기술이라 해도 각기 해당 분야에서 천하제일 또는 최고를 지향하는 일본 기술문화에 대한 강항의 날카로운 관찰을 엿볼 수 있다.

"왜의 풍속은 백공百工의 모든 일에 있어, 반드시 한 사람을 내세워서 천하일天下一을 삼고, 한 번 천하일의 손만 거쳤다면 비록 심히 추악하고 비록 심히 미미한 물건일지라도 반드시 금은의 중가重價로 보상하며, 천하일의 손을 거치지 아니한 것이라면 비록 심히 기묘한 것일지라도 축에 들지 못한다. 나무를 얽어매고, 벽을 바르고, 지붕을 이는 등의 하찮은 기술에도 모두 천하일이 있다. (…) 호리다 오리베掘田織部라는 자가 있어, 매사에 천하일이라는 칭호를 얻었는데, 무릇 꽃과 대나무를 가꾸고 심거나 다옥茶屋을 장식하고 짓게 되면 반드시 그에게 황금 100정을 가져다주면서 한 번 감상해 주기를 청하며, 숯을 담은 깨진 쪽박이나 물을 긷는 나무통이라도 만약 직부織部가 좋은 것이라고 말만 하면 다시 값을 따지지도 아니한다."

이 글로 미루어 호리다 오리베는 식당에 별점을 매기는 미쉐린처럼 감정사 또는 평가사로 보인다. 그가 좋다고 평가하면 그 즉시 물건의 가치가 확 오르며, 그 덕에 재산이 도쿠가와와 견줄 만큼 많다고 강항은 말한다.

강항의 눈에는 외국과의 통상에 적극적인 것도 이상하게 비쳤다. "왜적들이 남만南蠻의 사신이 왔다고 떠들썩하기에 물어본즉, 장사꾼 10여 명이 흰 앵무새 한 쌍을 가지고 왔다고 했다, 왜적의 성질이 신기한 것을 좋아해 먼 데서 온 외국 사람을 해치기라도 하면 그들과의 길이 끊어질까 염려해 조정은 가해자의 삼족을 멸했다, 그래서 나귀, 노새, 낙타, 코끼리, 공작, 앵무 등이 해마다 끊임없이 들어오며 으레 금은과 창검으로 중하게 보상한다"라고 책은 전한다.

섭란사적

'섭란사적'은 포로 체험을 일기체로 기술한 부분이다. 피란 전의 상황부터 일본에서 포로 생활을 거쳐 돌아오기까지의 체험과 심리에 대해 썼으며, 당시의 시 31수가 삽입돼 있다. 노인의 『금계일기』, 정희득의 『월봉해상록』이 매일 겪은 개인적인 체험과 감정을 많이 서술한 일기 중심인데 비해 『간양록』은 일기가 마지막에 첨부돼 있고, 일기가 차지하는 비중 역시 작다는 점이 특징이다.

> "1600년선조 33 2월 적장賊將이 우리 집을 지키는 보초병을 불러 경비를 늦추라고 하니, 보초는 곧 나갈 것이라고 말하였다. 그래서 바로 지인을 통해 돌아가기에 편리한 길을 알아보았다. 4월 2일 왜국을 출발하여, 배를 타고는 시 한 수를 지었다.
>
> 임의 은혜 적굴 속의 수인에게 미치어　　聖恩遙及窖中囚
> 이역을 떠난 돛은 보릿가을 가까워라　　絶域歸帆近麥秋
> 봉도는 아득아득 창해는 넓고 넓은데　　蓬島渺茫滄海濶
> 충의를 가득 실은 외로운 저 배 한 척　　却將忠義滿孤舟
>
> 일기도壹岐島에 이르러서 풍우 때문에 열흘 동안을 머무르고 산에 올라 하늘에 바람을 비는 제사를 지냈다. 이튿날 새벽에는 별과 달이 밝았고 풍백風伯이 길을 인도했다. 때는 5월 5일이었다."
>
> – 한국고전종합DB: 『간양록』 중 '섭란사적' 끝부분

그토록 기다리던 고국으로의 귀환을 앞두고 있음에도 어떤 감정 표현도 없이 매우 간단하게 과정만 짧게 서술돼 있다. 이동 중 지었다는 시에서조차 기쁨 등 감정 표현은 없다. 다만 임금의 은혜가 멀리 왜국까지 미쳤고, 귀국길의 배는 충의忠義를 가득 실었다고 표현하고 있을 뿐이다.

이렇듯 강항은 개인적인 일보다 일본을 탐색해서 조선의 미래를 걱정하는 일에 훨씬 더 많은 신경을 썼다. 그는 기본적으로 포로 신분임에도 자신이 조선의 신하라는 본분을 늘 간직한 채 나름 할 일을 찾고자 했다. 자신이 고국을 위해 할 수 있는 최선은 바로 적국인 일본을 적극 탐색하여 일본에

대한 정보를 얻고, 이를 바탕으로 적의 침략에 대비하는 한편 조선을 발전시키기 위한 계책을 연구하여 조정에 알리는 것이었다. 이러한 강항의 의식은 '적중봉소' 등에서 잘 드러나고 있으며, 가장 개인적인 글인 '섭란사적'에서조차 개인적인 분노나 슬픔, 기쁨을 절제한 채 국가 차원의 일을 중시하고 있음을 엿볼 수 있다.(김미선, 2013)

일본에서의 억류 생활

형조좌랑이었던 강항은 1597년 잠시 휴식 차 고향 영광에 있다가 정유재란을 맞게 된다. 전쟁 발발 후 그는 남원에서 분호조참판分戶曹參判 이광정李光庭의 지휘 아래 군량 운반에 힘쓰던 중 남원성이 함락된다. 강항은 영광으로 돌아가 종사관 김상준金尙寯과 함께 여러 고을에 격서를 보내 의병을 모집하지만 왜적의 기세는 더욱 거세어져 의병은 뿔뿔이 흩어지고 만다.

결국 강항과 아버지, 형제, 자녀와 조카 등 집안 식솔을 배에 태우고 피난길에 나섰다. 강항은 "배 안에 있는 장정이 모두 사십여 명이니 삼도수군통제사의 군에 붙어서 한편으로 싸우고 한편으로 퇴각하면 비록 성공하지 못한다 해도 명예롭게 죽을 수 있다"[6]라며 이순신 휘하에 들어가려 길을 떠난다. 하지만 뱃사공의 잘못으로 물길을 잘못 들어 9월 23일 도도 다카토라의 수하들에게 붙잡힌다. 강항은 물에 뛰어들어 자살하려 했지만 실패했고, 어린 딸과 아들이 눈앞에서 물에 빠져 죽는 비참한 꼴을 보게 된다. 왜군들은 강항의 여덟 살 난 어린 조카가 구토와 설사를 하며 병이 나자, 바다에 던지기도 했다. 이런저런 일로 왜군의 칼에 목숨을 잃은 식솔이 여럿이었다.

"나이 30세에 비로소 이 아이를 얻었는데, 태몽에 새끼 용이 물 위

6 『국조인물고』 권55 '왜난시 입절인 피구인부'

에 뜬 것을 보았으므로 드디어 이름을 용龍이라 지었다. 그런데 누가 그 아이가 물에 빠져 죽으리라 생각했겠는가? 부생浮生의 온갖 일이 미리 정해지지 않은 것이 없는데, 사람이 스스로 깨닫지 못하는 모양이다. 왜적이 내가 타고 가던 배를 저희 배의 꼬리에 달고 바람을 따라 남으로 내려가는데 배가 살과 같이 빨랐다."

– 한국고전종합 DB: 『간양록』 중 '섭란사적' 9월 23일

그 후 강항은 일본의 대마도 등을 경유하여 시고쿠 에히메현愛媛縣, 오사카를 거쳐 1598년 8월 교토 후시미성伏見城으로 이송된다. 그는 이곳에 억류돼 2년 동안 머무르며 시를 짓고 사람들과 어울려 지낸다. 그러면서도 늘 간절하게 고향을 그리던 강항은 세 차례에 걸쳐 탈출을 시도하다가 실패하여 죽을 고비를 넘기기도 한다. 마침내 전쟁이 끝난 1600년 봄 제자 후지와라 세이카 등의 도움으로 귀국을 승인받는다. 그리하여 1600년 4월 2일 강항과 가족, 다른 선비, 선원 등 38명이 귀국길에 올라 대마도를 거쳐 5월 19일 부산포에 도착한다. 강항은 선조의 부름으로 8월 1일 왜국 사정에 대해 고한 뒤 임금이 내린 말을 타고 고향 영광으로 돌아왔다. 선조는 강항에게 왜의 상황에 관해 물었고 강항은 자신이 파악한 것들을 정리하여 선조에게 올렸다.

왜에 성리학의 씨를 뿌리다

강항은 1598년부터 교토의 후시미성에서 2년여 억류 생활을 하는 동안 지식인들과 교제하면서 다쓰노龍野 성주였던 아카마츠 히로미치赤松廣通, 후지와라 세이카藤原惺窩, 1561~1619 등에게 유학을 가르쳤다. 특히 세이카는 일본 성리학의 시조始祖로 불리는 인물. 세이카는 1590년 조선통신사 종사관으로 온 허성許筬, 1548~1612[7]을 만나면서 주자학에 관심을 가졌고 강항과의 교류를 통해 성리학에 대한 깊이를 더해간다. 세이카와 그의 제자들은 일본

일본인들이 2019년 6월 강항이 처음 발을 디뎠던 오즈시의 '홍유 강항 현창비' 앞에서 위령제를 지낸 후 기념사진을 찍었다. ▷강대의 씨 제공

에 성리학을 전파시켜 점차 뿌리내리게 한다.

세이카의 제자인 하야시 라잔林羅山, 1583~1657[8]이 쓴 글 에 따르면 1600년 세이카가 승려의 옷을 벗고 조선 선비들이 입는 유복儒服 즉 심의深衣를 입고 교토에 온 도쿠가와 이에야스를 만났다. 조선 말 선비 최익현崔益鉉이 단발령에 저항하면서 "내 목을 자를 수는 있어도 상투는 자를 수 없다"라고 한 말을 생각해보면 승복 대신 유복을 입었다는 것이 보통 의미가 아님을 알 수 있다. 세이카의 유복 착의는 승려에서 유학자로의 변신을 나타내는 것이자 그를 일본 성리학의 시조로 여기는 것을 상징하는 사건이라 할 것이다.

---

7 허성이 쓴 문장과 시詩가 『세이카문집惺窩文集』에 실려 있기도 하다. 허성은 허균許筠의 형이며, 허난설헌許蘭雪軒의 오빠이다.

8 1607년 도쿠가와 이에야스의 시강侍講이 된 이후 4대 쇼군 도쿠가와 이에쓰나에 이르기까지 막부의 시강으로 일하면서 쇼군 집안의 교육도 담당했다. 주자학이 정식 관학으로 채택되는데 큰 역할을 했다.

강항은 또 후지와라 세이카의 질문에 응하여 조선의 과거 제도와 춘추 석전釋奠 의례[9]를 설명해주었다. 세이카는 강항을 통해 여러 유교식 의례를 익혔으며 공자묘도 세웠다.

유복을 입은 후지와라 세이카(위), 하야시 라잔(아래). ▷위키미디어

강항은 세이카를 통해 여러 분야를 전수해줬지만 대표적인 것이 『강항휘초姜沆彙抄』라는 중요한 서적이다. 『사서오경』, 『소학』, 『근사록』 등 16종 21책을 강항이 필사해 만든 책으로, 지금도 일본 내각문고內閣文庫에 전해 내려오고 있다. 강항이 남긴 방대한 내용의 가르침과 책은 일본 사상계에 커다란 변화를 일으킨다. 이는 성리학 나아가 일본의 학문과 문화 발전 결과적으로 근대화에 이르기까지 원동력이 된 것으로 평가받는다. 제2의 왕인王仁[10]이라 할 만하다.

이런 공으로 오늘날에도 일본은 강항을 크게 기리고 있다. 강항이 처음 일본에 상륙한 시고쿠 에이메현 오즈大洲시는 1990년 '홍유 강항 현창비鴻儒姜沆 顯彰碑'를 세운 데 이어 매년 추모제를 지내고 있다. 이 인연을 계기로 오즈시와 강항의 고향인 전남 영광군은 2001년부터 교류를 하고 있다. 또 『조선유자의 일본억류기朝鮮儒者の日本抑留記』라는 제목의 책이 1984년 일본 도

---

9 문묘文廟에서 공자에게 지내는 제사.

10 백제 근초고왕 때 『천자문』과 『논어』를 갖고 일본으로 건너가 아스카문화의 꽃을 피운 인물이다.

2019년 일본에서 열린 '강항 국제학술세미나' 포스터(왼쪽)와 『유자(儒子) 강항과 일본』 제하의 서적(오른쪽).

쿄의 헤이본샤平凡社에서 간행됐다. 1991년과 2007년엔 '일본에 유학을 전한 조선인'을 주제로 두 권의 책이 발간됐고, NHK 텔레비전에서 〈유자儒子 강항과 일본〉이란 특집 프로그램이 방영되기도 했다.

한국에서는 전남 영광군 불갑면 강항로 101 '내산서원內山書院' 등지에서 제향 등 강항 현양사업이 활발하게 벌어지고 있다. '영광내산서원보존회', '수은강항선생기념사업회'(이사장 박석무)가 조직돼 이를 중심으로 강항문화제, 학술세미나 등 다양한 추모행사를 개최하고 있다. 내산서원은 조선 인조 때 세운 서원으로 강항을 주향으로, 제자 윤선거를 종향으로 모시고 매년 진주 강씨, 파평 윤씨 후손들이 추모 제향을 지내고 있다. 서원 주변에는 사당(용계사), 강항 동상 및 신도비, 묘소, 유물전시관 등이 들어서 있다. 꽃무릇으로 유명한 '불갑사'가 내산서원에서 자동차로 5분 거리에 있다.

강항은 누구? 귀국 후 후학 양성

강항은 전라남도 영광靈光에서 태어났으며, 조선 초의 저명한 관리 강희맹姜希孟, 1424~1483의 5대손이다. 정유재란 때인 1597년 9월 왜군에게 붙잡혀 포로가 되었다. 도쿠가와 이에야스가 정권을 장악해 조선과의 관계를 회복하려는 움직임 속에서 1600년에 풀려났다.

고향에 돌아온 강항은 은거하면서 독서와 후학 양성에만 전념했다.

2023년 5월 내산서원 사당에서 열린 추모제향. 강항과 윤순거 두 명의 위패가 모셔져 있다.

1602년 대구교수大丘教授에 임명됐으나 스스로 죄인이라 하여 얼마 후 사임했고, 1608년 순천교수에 임명됐지만 역시 취임하지 않았다. 1618년 52세를 일기로 세상을 떠났다.

◈ 강항의 생애

1567년(명종 22)	영광에서 출생
1593년(선조 26)	문과 급제, 교서관정자 임명
1595년(선조 28)	교서관 박사
1596년(선조 29)	공조좌랑, 형조좌랑
1597년(선조 30)	왜군 포로
1598년(선조 31)	교토 압송
1600년(선조 33)	귀국
1602년(선조 35)	대구교수 임명됐으나 사직
1608년(선조 41)	순천교수 임명됐으나 사직
1618년(광해군 10)	별세

인터뷰

강대의 이데일리 대표

"포로 신분에도 나라에 도움 되려 최선 다해"
강대의 씨, 강항 현양사업 힘써

"수은공은 학문을 숭상하는 선비로서 비록 적국이지만 뛰어난 학식과 인품을 가진 후지와라 세이카 같은 이와 진정성 있는 교류를 했어요. 일본 유학의 비조로 오히려 일본에서 더 알려졌고, 더 추앙받고 있는 분입니다."

진주 강씨 강항의 후손인 강대의姜大義 이데일리 대표에게 『간양록』은 단순한 일기가 아니다. "조선의 관리로서 왜적에 붙잡혀 포로가 된 죄인이지만 최선을 다해 나라에 보탬이 되겠다"라는 철저한 목표 의식을 갖고 일본의 주요 인사들과 교류하며 내밀한 정보를 얻어 이를 분석하고 방책을 제시한, 적국에 대한 종합 정세분석 보고서 및 대응책이다.

"수은공은 그래서 문헌을 구해서 분석하고, 지인에게 물어 꼼꼼하게 기록하는 등 적극적으로 정보수집 활동을 펴요. 포로임에도 몰래 글을 써서 중국 사신을 통해 조선에 전달하잖아요. 미증유의 국난을 당한 것은 정보 부족에서 기인한 측면이 크다고 보고 자신의 처지에서 할 수 있는 최대한의 일을 한 것이지요."

'강항바라기'가 된 그는 누구보다 강항 선양사업에 힘을 쏟고 있다. 2014년 '강항선생기념사업회' 창립, 2018년 수은강항선생 사망 400주년

기념 국제학술세미나 개최 등에 앞장섰다. 또 2020년부터 '강항문화제' 사무총장을 맡아 매년 9월 '국제선비한복모델선발대회', '강항문예제전' 등을 성황리에 개최하고 있다.

강 대표는 2020년 『수은 강항 선생 일대기-강항 선생 간양록의 재발견』이라는 책을 펴냈다. 〈강항의 노래〉(작곡 문경재)라는 추모곡 노랫말을 작사하기도 했다.

강 대표는 "『간양록』의 역사적 가치가 매우 큰데도 국가문화유산으로 지정되지 않은 이유를 대체 모르겠다"라며 "가치를 적극 알려서 보물로 지정될 수 있도록 노력할 생각"이라고 다짐했다.

참고문헌

사료

- 『各船圖本』
- 『看羊錄』, 한국고전번역원 한국고전종합DB
- 『錦溪日記』
- 『金忠壯公遺事』
- 『亂中雜錄』, 한국고전번역원 한국고전종합DB
- 『大東野乘』, 한국고전번역원 한국고전종합DB
- 『晩全堂洪可臣先生文集』, 한국예총아산시지부, 2006.
- 『燃藜室記述』, 한국고전번역원 한국고전종합DB
- 『壬辰錄』
- 『海東名臣錄』
- 국립진주박물관 편집부, 『임진왜란사 학술총서 1: 고경명의 의병운동』, 국립진주박물관, 2008.
- 박을수, 『晩全堂洪可臣研究』, 글읽는들, 2006.
- 세종대왕기념사업회 편집부, 『국역 국조인물고』, 세종대왕기념사업회, 2006.
- 안방준 저, 김동수 역주, 『호남절의록』, 경인문화사, 2010.
- 오희문 저, 전주대학교 한국고전학연구소 역, 『쇄미록』, 국립진주박물관, 2019.
- 유몽인 저, 신익철·이형대·조융희·노영미 역, 『어우야담』, 돌베개, 2006.
- 유성룡 저, 장윤철 역, 『징비록』, 스타북스, 2020.

· 이민웅·정진술·양진석 외 역주, 『신정역주 이충무공전서』, 석오문화재단 기획, 태학사, 2023.
· 이순신 저, 송찬섭 역, 『난중일기』, 서해문집, 2004.
· 『野叟先生蔡公實記』
· 『重峰集』
· 『霽峯集』
· 케이넨(慶念) 저, 신용태 역주, 『임진왜란종군기』, 경서원, 1997.
· 황진 저, 황한구·황석주 편저, 안태석·안진회 역, 『무민공 황진장군, 무민공실기』, 전북향토문화연구회, 2008.

인터넷 사이트

· 국립문화재연구원 국가유산지식이음 https://portal.nrich.go.kr
· 국립중앙도서관 https://www.nl.go.kr
· 국사편찬위원회 우리역사넷 http://contents.history.go.kr
· 국사편찬위원회 한국사데이터베이스 http://db.history.go.kr
· 서울대학교 규장각한국학연구원 http://kyudb.snu.ac.kr
· 조선왕조실록 https://sillok.history.go.kr
· 한국고전번역원 한국고전종합DB https://db.itkc.or.kr
· 한국학중앙연구원 한국학종합서비스 http://rinks.aks.ac.kr

단행본

강대의, 『수은 강항 선생 일대기』, 수은 강항선생기념사업회, 홍인문화사, 2020.
국립나주박물관, 『호남의 임진왜란 그 승리의 기록-무숙공 최희량이 쓴 임란첩보서목』, 2018.
국립진주박물관, 『동아시아 7년전쟁, 임진왜란』, 2019.
김연수, 『임진왜란 비겁한 승리』, 2013, 앨피.
김영진, 『임진왜란 - 2년 전쟁 12년 논쟁』, 성균관대학교출판부, 2021.
김익두·허정주 주해, 『문열공 건재 김천일 선생 전집 I, II』, 언양김씨대종회, 2017.
김재근, 『거북선』, 정우사, 1992.
김종대, 『이순신, 하나가 되어』, 가디언, 2022.
김평원, 『임진왜란과 거북선 논쟁의 새로운 패러다임』, 책바퀴, 2022.
류근환·류근영, 『충경공 류형 장군: 노량해전의 선봉장 5개 수군 통제사』, 한들출판사,

2008.
박희봉, 『호남 관군과 의병은 왜 진주성에서 목숨을 바쳤을까』, 논형, 2016.
송병완, 『해광 송제민 선생의 생애와 업적』, 한국문화원연합회, 2010.
심경호, 『내면기행』, 민음사, 2018.
언양김씨대종회, 『언양김씨 종사보감』, 정미문화사, 2022
오욱환, 『승리한 전쟁 임진왜란 그 시작과 끝』, 조윤커뮤니케이션, 2022.
윤동한, 『조선을 지켜낸 어머니』, 가디언, 2022.
윤영수, 『거북선 타고 장군의 바다路』, 사천문화재단, 2021.
이민웅, 『이순신 평전』, 성안당, 2012.
이중현, 『구례 석주관 칠의사지: 임진·정유년 왜란때 칠의사와 의·승병 항쟁사』, 상산문화재단, 2010.
이철헌·조규환, 『갑사 표충원』, 대한불교조계종 불교사회연구소, 2015.
이한우, 『선조, 조선의 난세를 넘다』, 해냄, 2007.
이형석, 『임진전란사』, 사사연, 1994.
임진왜란사연구회 찬, 『임진왜란과 전라좌의병』, 보고사, 2011.
장세균, 『조선왕조실록과 안의(安義) 손홍록(孫弘祿)』, 신아출판사, 2012.
정읍시립박물관, 『1592년 6월 22일 조선왕조실록, 삼천리 여정을 시작하다』 개관기념 특별전 도록, 2012.
제장명, 『이순신 파워인맥, 이순신을 만든 사람들』, 행복한미래, 2018.
조원래, 『임진왜란과 湖南地方의 義兵抗爭』, 아세아문화사, 2001.
조종영, 『지당에 비 뿌리고』, 북랩, 2019.
화순군, 『화순지방의 임란의병활동』, 1988.
홍양호 편저, 『새로 풀어 쓴 해동명장전』, 박이정출판사, 2014.

논문

강주진, 「제봉 고경명 선생의 생애와 사상」, 『韓國思想史學』, Vol. 4~5 No.1, 1993.
곽호제, 「임진왜란기 호서의병 연구」, 충남대학교 박사학위 논문. 1998.
김강식, 「임진왜란 시기 전라의병의 경상우도에서의 활동과 의미」, 『임진왜란과 전라좌의병』, 보고사, 2011.
김경록, 「임진전쟁 초기 선조의 전쟁인식과 파천(播遷)논쟁」, 『民族文化硏究』 Vol.92, 고려대학교 민족문화연구원, 2021.
김경수, 「임진왜란 기 '이몽학의 난'에 대하여」, 『韓國史學史學報』 No.46, 2022.

김경호, 「임진왜란시 호남의병에 관한 연구」, 조선대학교 교육대학원 석사학위논문, 1989.
김낙진, 「임진왜란기 이영남 장군의 수군 활동」, 『中原文化論叢』 11, 충북대학교 중원문화연구소, 2007.
김남철, 「임진왜란기 전라좌수군과 해상의병」, 한국교원대학교 석사학위 논문, 2001.
김덕진, 「해광 송제민의 학문성향과 의병활동」, 『역사학연구』 Vol.44, 호남사학회, 2011.
김동수, 「정유재란기 호남 지역 의병의 향토 방위전 사례 검토」, 『역사학 연구』 No.30, 호남사학회, 2007.
김두산, 「김덕령 설화연구, 설화에 나타난 전승양상을 중심으로」, 호남대 석사학위논문, 2005.
김문자, 「임진전쟁기의 일본자료 연구 : 모리게(毛利家)문서의 자료적 성격을 중심으로」, 『韓國史學史學報』 제44권, 2021.
김미선, 「임진왜란기 해외체험 포로실기 연구」, 전남대학교 박사학위 논문, 2013.
김병륜, 「나대용과 임진왜란기의 거북선」, 호남사학회·(사)체암나대용장군기념사업회, 2022.
김상일, 「조선후기 사대부의 시문에 보이는 영규대사(靈圭大師)의 정체성과 형상」, 『태동고전연구』 Vol. 47, 한림대학교 태동고전연구소, 2021.
김영나, 「임진왜란 시기 2차 진주성전투 순절자의 참전과정과 활동양상」, 『전북사학』 No.45 2014, p127~160.
김정우, 「건재 김천일의 학문과 의병활동」, 조선대학교 석사학위논문, 2010.
김정진, 「義兵運動과 民族의 主體意識: 霽峰 高敬命先生의 三父子 殉國精神을 中心으로」, 『東洋文化硏究』 Vol.6, 1979.
김재경 김기림, 「초야(草野)의 선비 송제민의 복수(復讎) 논의가 지닌 의의」, 『동양철학연구』 Vol.112, 2022.
김종수, 「임진왜란 초기 방어실태와 웅치·이치 전투」, 『전북사학』 제51호, 2017.
김철환, 「무기체계 발전과정에서의 거북선의 위상」, 『이순신연구논총』, 2004.
남천우, 「거북선의 발명자 문제」, 『한국과학사학회지』, Vol.9 No.1, 1987.
노기욱, 「금계 노인 연구」, 조선대학교 석사학위 논문, 2001.
노기욱, 「임란의병장 노인의 일중편력과 대왜복수책」, 『한국인물사연구』 2호, 한국인물사연구소, 2004.
노성환, 「교토의 귀무덤에 대한 일고찰」, 『동북아 문화연구』 Vol.1 No.18, 2009.
류권석, 「임병양란기 인물전의 비극성 연구 -김덕령·임경업·이순신이 전을 중심으로-」,

우석대 박사학위논문, 1997.
리기용, 「한국문화 중봉 조헌의 개혁사상과 의병활동에 관한 고찰」, 『한국사상과 문화』 제15집, 2002.
박경석, 「임진왜란기 가리포첨사 이영남의 생애와 해전활동」, 충북대학교 석사학위논문, 2008.
박균섭, 「선산부사-통제사종사관 정경달의 임진왜란에 대한 기록과 기억」, 『영남학』 77권, 경북대학교 영남문화연구원, 2021.
송기섭, 「만전당 홍가신의 생의 자취와 삶의 지향」, 『漢文古典研究』 33집, 한국한문고전학회, 2016.
송기중·신병주·박지선·이인성, 『조선왕조실록 - 보존을 위한 기초 조사연구 1』, 서울대학교 출판부, 2005
송은일, 「조선시대 전라좌수영의 승군 및 의승수군과 주둔지 흥국사 고찰」, 『세계 역사와 문화 연구』 No.59, 2021.
신윤호, 「임진왜란기 영광지역의 대응과 참상」, 『이순신연구논총』 No.36, 2022.
신현승, 「17세기 한 조선 지식인의 일본 인식 -강항의 간양록을 중심으로-」, 『日本思想』 Vol.0 No.17, 2009.
오석원, 「중봉 조헌의 의리사상」, 『동양철학연구』 제39집, 2004.
오수열, 「의병장 최경회 장군의 생애와 의부인(義夫人) 주논개에 관한 소고(小考)」, 『군사발전연구』, 조선대학교 군사학연구소, Vol. 10, 2016.
오수열·황상웅, 「의병장 김천일의 생애에 관한 소고」 『군사발전연구』 Vol.9 No.2, 조선대학교 군사학연구소, 2015.
오수열·황태섭, 「의병장 고경명 선생의 생애에 관한 소고」, 『군사발전연구』 Vol.9, 2015.
이관호, 「내포지역 마을신앙의 전승과 변이」, 연세대학교 박사학위논문, 2008.
이동희, 「전주사고본 조선왕조실록의 정읍 내장산 이안과 수호」, 『조선시대사학보』 98권, 조선시대사학회, 2021.
이용찬, 「勿齋 安義의 家系와 壬癸記事 研究: 안의의 墓碑와 임계기사를 중심으로」, 『國語文學』 제71집, 국어문학회, 2019.
이정주, 「노인의 금계일기 연구」, 동국대학교 석사학위논문, 2014.
이채연, 「임진왜란 포로 실기문학 연구」, 부산대학교 박사학위논문, 1993.
이현석, 「대굴포 전라도수영 고찰」, 함평문화원, 2003.
이화영, 「논개 담론의 전승과 재현 양상 연구」, 전주대학교 박사학위논문, 2019.
임형, 「제봉 고경명의 충의정신」, 『향토문화』 Vol.37, 2018.

장경남, 「임진왜란 실기문학 연구」, 숭실대학교 박사학위논문, 1997.
정래수, 「무민공 황진에 대한 고찰」, 전북대학교 석사학위논문, 1985.
정용락, 「임란초기 전라도의병과 장윤의 의병활동」, 조선대 교육대학원 석사학위 논문, 1991.
정진술, 「임진왜란 시기 거북선의 기능과 주요 해전」, 『이순신연구논총 제34호』, 순천향대학교 이순신연구소, 2021
제장명, 「나대용의 임란시기 활동과 역사적 의미」, 호남사학회·(사)체암나대용장군기념사업회, 2022.
제장명, 「정유재란 시기 해전과 조선 수군 운용」, 부산대학교 박사학위논문, 2014.
조원래, 「김천일의 의병활동과 그 성격」, 『사학연구』 31, 한국사학회, 1980.
조원래, 「朴光前의 擧義와 그 一家의 의병운동」, 『退溪學과 韓國文化』 No.32, 2003.
조원래, 「任亂初期 두차례의 금산전투와 그 戰略的 의의」, 『忠南史學』 Vol.12, 2000.
조원래, 「전라 우의병과 최경회 일가의 의병 운동」, 『임란 의병사의 재조명』, 임진란 정신문화 선양회, 2012.
조원래, 「전라좌수군과 海上義兵」, 『새로운 관점의 임진왜란사 연구』, 아세아 문화사, 2005.
조원래, 「정유재란과 호남」, 『역사학연구』 8, 전남사학회, 1994.
최영희, 「임진왜란사에서의 이치대첩의 의의」, 『충남사학』 제12집, 2000.
하태규, 「임란에 있어 웅치전의 위상에 대하여-호남방어와 관련하여-」, 『전라문화논총』 4, 전북대학교 전라문화연구소, 1990.
하태규, 「임진왜란 초 호남지방의 실정과 관군의 동원실태」, 『지방사와 지방문화』 16권 2호, 역사문화학회, 2013.
홍순구, 「이순신의 '별제귀선(別制龜船)' 연구: 구조와 전술 중심으로」, 홍익대 박사학위논문, 2017.

호남·충청 순례
의병은 살아 있다

초판 1쇄 발행 2024년 8월 10일

지은이 임도혁
기획 (사)서울여해재단

펴낸이 신민식
펴낸곳 가디언
출판등록 제2010-000113호
주 소 서울시 마포구 토정로 222 한국출판콘텐츠센터 419호
전 화 02-332-4103
팩 스 02-332-4111
이메일 gadian7@naver.com

CD 김혜수
마케팅 남유미
디자인 임경선

종이 월드페이퍼(주)
인쇄 제본 (주)상지사P&B

ISBN 979-11-6778-125-3 (03900)

* 책값은 뒤표지에 적혀 있습니다.
* 잘못된 책은 구입처에서 바꿔 드립니다.
* 이 책의 전부 또는 일부 내용을 재사용하려면 사전에 가디언의 동의를 받아야 합니다.